本书受到教育部人文社会科学研究项目（11YJC850031）的资助
贵州大学民族学重点学科群建设项目资助

象征人类学视野下彝族丧礼文化研究：以威宁沙石村红彝支系为例

余　舒　著

知识产权出版社
全国百佳图书出版单位

图书在版编目（CIP）数据

象征人类学视野下彝族丧礼文化研究：以威宁沙石村红彝支系为例/余舒著 .—北京：知识产权出版社，2017.6
ISBN 978-7-5130-5008-1

Ⅰ.①象…　Ⅱ.①余…　Ⅲ.①彝族—葬礼—文化研究—威宁彝族回族苗族自治县
Ⅳ.①K892.22

中国版本图书馆 CIP 数据核字（2017）第 162198 号

内容提要

本书建立在象征人类学的视野下，结合地方知识、彝族文献及相关人类学、宗教学等学科理论和方法阐释村彝族丧礼文化，具体解决丧礼文化蕴含的观念世界、象征特点和价值意义等问题，以认识在社会变迁视野下人们如何通过此仪式来传承自身文化和反映社会生活的，从而揭示传统文化与社会的互动关系。

责任编辑：王　辉　　　　　　　　　　　责任出版：孙婷婷

象征人类学视野下彝族丧礼文化研究:以威宁沙石村红彝支系为例
XIANGZHENG RENLEIXUE SHIYE XIA YIZU SANGLI WENHUA YANJIU:YI WEINING
SHASHICUN HONGYIZHI XIWEILI
余　舒　著

出版发行：知识产权出版社 有限责任公司	网　　址：http：//www.ipph.cn		
电　话：010-82004826	http：//www.laichushu.com		
社　址：北京市海淀区气象路 50 号院	邮　编：100081		
责编电话：010-82000860 转 8381	责编邮箱：wanghui@cnipr.com		
发行电话：010-82000860 转 8101	发行传真：010-82000893		
印　刷：北京中献拓方科技发展有限公司	经　销：各大网上书店、新华书店及相关专业书店		
开　本：720mm×1000mm　1/16	印　张：14.25		
版　次：2017 年 6 月第 1 版	印　次：2017 年 6 月第 1 次印刷		
字　数：210 千字	定　价：48.00 元		

ISBN 978-7-5130-5008-1

摘　要

　　沙石村彝族丧礼是彝族人在不断适应社会环境过程中进行的礼仪，是承载该民族传统文化及社会文化的礼仪习俗之一，包含丰富的象征符号系统，如指路经、劝善经、雨斗经（献祭经）等祭祀的语言符号；道具、服饰等物件形式；祭祀等行为方式。这些符号系统蕴含丰富的文化内涵，是人们社会生活的真实写照。因此，本研究试图选取威宁沙石村彝族丧葬仪式为研究视角，根据自己的调查资料，在深入了解彝族的深层文化逻辑基础上，在象征人类学视野下结合地方知识、彝族文献及人类学相关理论阐释其观念世界、象征特点和价值意义等，以认识在社会变迁的背景下人们在长期与其他民族交往的过程中如何通过丧葬仪式这一文化展演来传承自身文化和反映社会生活的，从而揭示在社会发展的历史进程中传统文化与社会的互动关系。具体问题概括如下：在社会变迁背景下彝族丧葬仪式符号系统如何反映人们的文化观念、特点、价值意义及仪式反映的内容如何与人们的社会生活相联系等问题。基于以上问题，本书主要从以下几方面展开。

　　第一，描述沙石村地理环境、经济、地方历史政权、地方文化等。简要梳理此区域背景与历史境遇的目的是为个案与专题研究做铺垫。在介绍沙石村这一空间文化面貌时不仅关注现实，同时梳理了此现象形成的历史原因，如民族居住格局、相对稳定的社会网络关系如何形成等，以进一步说明当今地方社会文化并不是凭空产生的，而是传统与现代生活的积淀。

　　第二，梳理彝族丧葬葬式历程和彝族丧葬仪式过程。由于同一民族迁

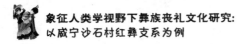
徙、历史背景等方面不同致使丧葬葬式存在差异，文中主要对两种葬式，如土葬和火葬进行简单介绍，随后结合时间顺序、人们的观念、历史及其地方文化知识对沙石村彝族丧葬仪式个案过程进行描述。

第三，结合地方知识针对性地阐释上述梳理的丧葬过程所蕴含的文化意义，如观念文化、特点及价值意义，在阐释其文化意义时不仅关注丧葬仪式本身，同时注重仪式内容如何与历史文化、人们的社会生活发生互动，如在分析仪式社会价值意义时，不仅关注礼仪文化所包含的文化记忆内容，同时关注当人们为了唤起大家对传统文化的记忆时，人们采取什么方式进行建构等的现象。

第四，分析在社会变迁背景下为了适应社会的发展，丧葬仪式在遵循其核心文化的同时，如何随着国家政策、涵化、观念等因素的推动下不断发生变迁。在分析仪式本身内容、社会结构、观念等因素的变迁时，并不是孤立地看待仪式本身，而是结合地方历史、社会文化等因素进行阐释。

通过基于在社会变迁背景下结合地方知识对包含着丰富象征符号系统的沙石村红彝丧葬礼俗的以上几方面，即文化观念、特点、社会意义、变迁、社会影响等深入完整的考察得出结论：在社会变迁的背景下，人们为了适应社会的发展不断保持其核心文化内容的同时也不断地建构自身文化，因而，传统文化并不是静止的，是动态发展的，随着社会的发展而发生变化，揭示了传统文化与社会的互动。总之，对沙石村丧葬礼仪的研究不仅有利于人类学相关理论知识与社会实践的结合，理论的验证和支持，而且对传统文化的传承与保护提供一定的参考，对宏观研究是一种必要的补充。

目 录

第一章　导　论

　　民族文化和民族生活方式相互制约，前者影响、制约和规范后者；反之，后者为前者的形成创造了条件。显然，民族生活方式的选择与所处的社会环境紧密联系，民族文化的形成是在一定社会环境之中铸造而成的。文化现象和自然现象一样，有自己生存和发展的环境、条件，有自身的内在结构、秩序和规律。具体来说，文化生态和自然生态一样，是社会大系统中的一个有机、有序的系统。文化可以被看作是人类社会对特定环境相互作用的一种生存系统，构成文化的各种特征在生存系统适应中的作用是不同的。原生文化的发展是缓慢的，但是经过长期的发展，不同环境中的文化可能会变得差异很大。这种变化主要是由技术和生存方式的重新适应造成的。❶ 此现象是人类对文化生态适应过程的反映。从生态人类学的视野来看，适应是指有机体发展自身生理与行为特征，从而使其能在所处环境中生存和繁衍。人类适应社会的过程呈现了人的需要与社会环境供给之间的动态平衡。人类与其他物种不同之处就在于人类适应外部社会环境的变化主要是通过文化的手段。概括来说，此过程就是人类与社会环境发生适应性互动。❷ 显然，每个民族的文化是本民族在特定人文环境下长期积累起来的整套适应系统，是适应一定生产力水平上的最佳选择，在适应过程中，有的传统生活方式被牢固地保留下来形成相对稳定的价值体系。

　　文化是人类在谋求生存和发展过程中的内化，是对各种自然和人文环

---

❶ 戴斗勇.文化生态学[M].兰州:甘肃人民出版社,2006:7.
❷ 庄孔韶.人类学通论(第三版)[M].北京:中国人民大学出版社,2016:197.

境的心理反应，或者说是"意识形态化"的结果。具体来说，各民族生活方式的选择是他们对不同自然环境、社会环境和资源的适应方式，同时这种方式也影响着社会文化的形成，如礼仪、宗教信仰、亲属关系等。其中融汇丰富民族文化的礼仪是具有理解、界定、诠释和分析意义的广大空间与范围，被认为是一个巨大的话语包容体，包容上至宇宙观下至具体的实践行为，因而具有多维度的可能性，主观—客观。❶ 因此，对礼仪的研究是探索该民族社区文化的重要途径。各民族礼仪种类繁多，由于各种原因所致，礼仪的分类、内容、隆重程度、传承方式等方面都有所不同，针对本书选择的沙石村红彝来说，他们的主要礼仪有出生礼（30天、100天）、三岁礼、成人礼、婚礼、葬礼、建房礼等。目前，据笔者对该村红彝的调查得知，丧礼是所有礼仪活动中保留得相对完整、隆重的礼仪。该礼仪是人们一生当中最重视的大事，在办理丧事时，人们会倾其所有来办理丧事。关于红彝的人口分布并不集中在同一区域，其居住格局呈现大分散、小聚居的特点情况在下文有所介绍，在此不再赘述。由于不同区域红彝的居住环境、宗教信仰等方面不同，他们的倾其内容也有区别。例如，从物质的角度来说，沙石村的红彝多以敬献羊、牛、猪作为财富的象征，而相对属于平坝区的大街乡的红彝来说，隆重的葬礼通常以敬献猪、鸡等作为最高礼节，甚至如果是实行基督教式的葬礼，消费的牲畜就相对少得多。在村庄人们的心目中，一个人的去世不仅是一家人的事情，而是整个家族、亲属乃至所有村民的大事，是寄托子孙后辈在内的亲属们对死者的依恋与祝福，也是人们衡量子孙后辈孝顺与否的重要标准。因而，丧葬礼仪不是任何一个家庭能单独胜任的，若要圆满地完成此过程需要具备很多条件，如主持丧葬仪式的人物——布摩，对整个仪式过程进行组织、协调的权威人物及相关物品的筹备等。因此，丧葬仪式的整个过程都需要大家的帮助。实际上，丧葬仪式活动的隆重程度与否是人们评价下一辈对老一辈的孝敬标准。总之，隆重的葬礼不仅具有加强团结、凝聚社会结构、社会组织等

---

❶ 彭兆荣.人类学仪式的理论与实践[M].北京:民族出版社,2007.

社会关系的作用外，也是培养人们文化自觉意识的重要方式。显然，在社会变迁背景下，丧礼在村庄相对完整地保持着有其重要的价值意义。

红彝丧葬礼仪是人们在不断适应社会环境的过程中而进行的礼仪，融汇、积淀了该族群或民族丰富的文化内涵。此礼仪由一系列仪式实践行为及祭祀词构成，二者缺一不可。其中仪式是人们肉眼能够看到的实际操作方式，而伴随仪式的祭祀词是运用语言来表达的，对仪式起着解释的作用。祭祀词通常以彝文诗歌的形式书写而成，是古代民间文学的经典，一般为五言韵文体，使用排比、对偶、比喻、夸张等修辞手法，语言生动，具有鲜明的文学性和哲理性。丧葬礼仪由丰富的象征符号系统构成，如指路经、劝善经、雨斗经（献祭经）等祭祀的语言符号；道具、服饰等物件形式；祭祀、舞蹈等实践行为。这些特定的祭祀象征符号往往因其具有多种不同的特征而被人们用来表达相应的宗教观念，如祭祀物品的种类、颜色、大小、生熟、甚至性别都被人们用来象征人们的权力、道德等观念。各种礼仪象征符号系统均是人们生存需要与观念结合的产物，同时也是人们所处社会环境的价值观和心理的反映。沙石村红彝的丧葬仪式正是通过上述所举的符号体系来反映人们的观念文化，如家族、道德、价值等。丧葬礼仪中的文字和语言都是一种符号，借这种符号的象征可以把感情和思维表达发泄出来。具体来说，也就是通过象征达到调适人们的心理及理解对方文化的目的。我们知道，对于中国这样的多民族国家来说，宗教祭祀作为各个历史时期人们的社会生活重要组成部分已经不足为奇。在历史古籍中关于祭祀礼仪称为"吉礼"，受到人们的高度重视，古代所说的"国之大事，在祀与戎"的记载反映了祭祀礼仪对于掌权者来说是必不可少的。在不同的祭祀象征又与整个中国的社会结构和传统文化有着紧密的关系。如皇帝祭天地反映政治权力的社会结构和权力关系；宗庙上的祭祀反映的是人们对祖先崇拜观念和伦理的意识再现；农民们在农耕季节举行的祭祀活动反映农业环境的脆弱性；生殖祭祀现象反映人们多子多孙的生育观念等。可见，对于各个民族乃至同一民族的不同现象的祭祀都是有其自身的理由可循的。其意义的通过丰富象征符号来实现。象征是随着文化的发展而发生变化的,是人与动物区别的特征之一,是民族文化现象普遍存在的。它的产生与文化有关,随文化的出现而出现。各个群体都有自己的符号象征文化,但各自的表现形式均有所不同。不同学科对象征的表述也不同,对于文学而言,象征是一种修辞手法,由两个互为依存、对等的部分构成,一个是能指,一个是所指,即用一个与之相似的事物来代替具体地表现出来,而真正所要表达的意思却被隐含,隐含的意义是该事物所要表达的意思,用来代替隐含意义的是能指的部分;对人类学学科而言,人们把真正所要表达的意义表象形于此,而意于彼,这就是象征。❶ 文化象征是人类学、民族学研究的重要内容。象征文化源远流长,在远古蛮荒时代就已存在,诞生于古老民族的神话、传说之中,也来自许多教义抽象的宗教,着眼于情感、心灵体验和内心震撼,隐含于浩如烟海的文学艺术和传统文化之中,同时也进入当今人们的现实生活和潜意识中,成为古今中外历史和现实的纽带。象征文化具有文化人类学、文学、哲学、社会学、心理学、民族宗教等学科重要的研究探索价值。

总之,沙石村彝族红彝支系的丧葬仪式在一定的人文环境之中举行,在历史长河中以适应其社会发展、生态的变化等因素而不断地吸取当前文化而发生变迁,不断在人们的生产生活中发挥其所特有的作用,是人类社会生活的文化展演。这是源于中国经济生活变迁的真正过程不是从西方社会直接转渡的过程,传统动力与新的力量具有同等的重要性。显然,关注民间的、边缘的或者地方性叙事是对历史和当下文化的一种实证态度,也是关注主流声音之外的民间的、边缘的、地方性的叙事。这些在现代性叙事中作为他者而存在的文化并没有因为现代性的压制和排斥而消亡,现代性的同质性与民间文化的差异性在同步发展。现代性的发展是由多元文化构成的文化体系,文化的发展并不因为现代性的叙事而失去多元性。❷ 从上述所述,彝族红彝的丧葬仪式是通过一定事物、行为方式等象征符号体系与一定时代的经济生活、政治制度、思想观念、宗教信仰及人们所处的社

---

❶ 瞿明安,等.中国象征文化[M].上海:上海人民出版社,2001:7.
❷ 刘晓春.仪式与象征的秩序[M].北京:商务印书馆,2004:37.

会地位产生密切关系的。因此，对融有丰富文化内涵的沙石村红彝支系的丧葬礼仪象征文化的挖掘和整理不仅可以透视他们的传统价值观念、心理状态和思维方式，而且可以考察他们的家族观、社区结构、道德观、行为方式、风俗习惯、族群关系等，从而有助于人们对人口相对较少的彝族红彝支系文化的认识、理解和交流；还有对民族区域自治、民族宗教等政策的制定、消除各民族文化歧视等方面都有深远的价值意义。

第一节　研究意图

选取沙石村这一社区作为调查重点，目的是通过小社区看大社会，即深入、细致地对此田野点进行研究，由点及面，鸟瞰式地看社区，从而反映社区文化与社会的互动关系。正如埃马纽埃尔·勒华拉杜里在《蒙塔尤》一文的前言中指出的："在无数雷同的水滴中，一滴水显不出有何特点。然而，假如是出于幸运或是出于科学，这滴特定的水波放在显微镜下观察，如果它不是纯净的，便会显现出种种微生物和细菌等，一下子就引人入胜了。"❶ 对于本研究而言，选择典型社区是研究的第一步。汉语"社区"一词来源于英语"community"，在不同的学科背景和具体场合下被分别译为社区、社群、社会共同体。选择的社区既是一个独立完整的社会单位（也就是说，无论大小，这个点是人类社会的完整切片），又是能在社会的若干点中具有一定典型性和代表性，它必须在大体上足以代表社会构成的普遍规律，本身又在很多方面更典型、更明显。笔者之所以选择威宁沙石村彝族红彝支系作为重点田野点，基于以下几方面的原因。

第一，对于威宁彝族回族自治县来说，彝族人口居少数民族中人口第一位、居住集中、历史文化底蕴深厚，红彝是彝族的一个支系；第二，沙石村是彝族红彝支系居住集中、传统文化保留得相对完整的村寨，如拥有丰富礼俗，如出生、婚嫁、丧葬、建房及服饰、传统手工业等。沙石村的

---

❶ 勒华拉杜里.蒙塔尤[M].许明龙，马胜利，译.北京:商务印书馆,1997.

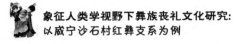
背景知识在文章的第一章有介绍，我们通过背景知识的民族构成等方面获知，此村寨不是一个自给自足的区域，而是一个文化多元，多民族共生，相互依赖的村寨。说它多元主要源于村寨在传承保持自身文化的同时又体现了他们文化的相互融合。这种现象的形成与周边民族长期交往互动是分不开的，如从语言的角度来说，人们在不同场合选择不同语言交流，与彝族人交流时选用彝语，而与汉族、回族交流时选用汉语；与周边苗族的长期交往，他们说苗语也比较流利，当然，文化互融的例子很多，在此不一一列举。说到相互依存主要体现在他们的生计方式等方面，在后文有介绍。总的来看，选择这样的社区作为研究点是具有一定代表性的；第三，相对稳定的婚姻圈。此村红彝多姓氏，本支系内婚。据笔者调查所知，他们的婚姻圈除了涉及本村寨外，还有其邻乡镇的大街乡铁匠村和勺窝乡等村寨。这样相对稳定的联姻空间建构了相对固定的亲属网络空间；第四，村庄礼仪活动内容大多数以布摩经书为依据，同时结合所处的社会环境对其中的内容进行相应的建构；第五，丧礼的隆重性和复杂性；第六，对边缘群体的民族文化保护、经济发展、民族团结等方面都有着重要的探讨价值。众所周知，随着社会变迁、现代化进程加速、各个民族之间频繁交流、人口较少族群受人口较多族群文化方面的冲击等因素的影响下，人口较少族群的传统文化受到外界影响、文化侵扰、流失加大等现象是无法回避的。对于沙石村红彝而言，除了他们的礼仪文化、服饰文化、语言等传统文化相对保留完整外，其他的传统文化如歌谣、舞蹈、手工业等的流失也是很明显的。但是对该群体民族文化的逐渐流失并不代表自身意识的淡忘。关于文化流失与族群认同也有学者讨论过，有的学者认为，文化的流失取决于民族文化的适应或者互融的发生是否自愿，当面临外界或政策的强制条件下，可能出现共同体内部认同的分化或者分散，也有可能出现文化接触抵抗，激发自身的认同的加强，这样不利于各民族之间的融合，进而诱发民族主义的强烈反应。而对于该村来说，文化的变迁并不是强迫性的互融，而是在适应社会发展的过程中逐渐发生了变迁，体现了文化的环境适应性特点。据目前调查而言，对于该群体的生存、发展、文化自觉等方面来说，自身文化居于核心地位，也是构成他们自我认同的基础。正如有学者指出的，"对于少数民族社区而言，保持民族文化特性和认同，保护民族自然资源以维持其再生产及发展和繁荣民族经济都是民族生存权利的重要方面。"❶在经济、教育等方面发展滞后状况下，人口较少的群体在遭遇现代化发展压力下，愈发明显会表现出同化心理压力和文化流失。上述这些方面都是笔者选择这一对象作为研究点的重要缘由所在。概而言之，调查村庄丧礼的目的不是对仪式过程本事的描述，重要的是在社会发展的今天，仪式背后的观念意义及其如何与社会生活互动等一系列的问题是笔者需要解决的，即对仪式进行阐释。

礼仪文化研究一直以来是学者关注的热点，特别是随着西方仪式理论的传入，引起宗教学、民族学、人类学、文学等学科的重视。100年来，人类学宗教礼仪文化研究从发生到发展经历了一个明显的变化轨迹，主要集中于神话和宗教范畴。在人类学和比较宗教学领域里，人们认为宗教社会学可通向后来的社会人类学，把礼仪作为比较新鲜的东西来看待，因而，对于宗教礼仪的研究一方面主要审视仪式与宗教的历史纽带关系；另一方面探索宗教化仪式在社会总体结构和社会组织结构的指示功能。❷ 总的来看，仪式研究令民族学、人类学领域的学者颇感兴趣的涉及以下几方面：第一，主持礼仪的专门人员、伴随仪式的歌舞；第二，参与礼仪的不同身份成员；第三，礼仪特征；第四，仪式与国家在场；第五，仪式与社会等。从目前来看，仪式作为行为活动的文化反映方式，并没有消失在多重压力之中，而是随着社会的发展依然保持一如既往的活力，这是引起笔者关注的原因之一。但是，丰富的研究成果存在一定的局限性，主要表现在以下几方面：第一，由于笔者选取的社区范围长期以来交通不太方便，很多关注此地的学者主要借助于走马观花的访问形式获得一些表面信息，具体细节未进一步探索，因此，对此地的研究相对较少。第二，很多学者缺乏从本地人的角度入手进行分析他者文化的方法，主要从自身角度对特定礼仪

---

❶ 黄光学,等.中国的民族识别[M].北京：民族出版社,2005.
❷ 彭兆荣.人类学仪式的理论与实践[M].北京：民族出版社,2007.

文化进行理解，不遵从当地人看待社会、理解社会的眼光，因此，导致在理解方面有很多偏见。这样的例子很多，比如马歇尔·萨林斯在他的《石器时代的经济学》一文中有这样的内容：人类学对旧石器时代的偏见，恰是来自人类学自身的田野，来自欧洲人对既存狩猎采集者观察的文本，这些走马观花的观察者对沙漠生活萌芽如是之想，"这地方叫人如何活下去呢"。观察者进而对原住民的生活下结论，原住民仅仅以此为生。萨林斯指出这样的结论大多出现在早期，多见探险家或传教士的日记，而非人类学家的专著，但也正由于探险家的报告更早接近于原生态，为我们了解原住民的生活留下了某种认识上的弊端。❶ 但是，据笔者调查，仅从调查的当地人角度对符号象征意义进行解释也有很多不可理解的地方，因为当地行为者对他们操作的很多生活活动包含的真正含义不理解。第三，学术界对彝族礼仪的研究不少，不过，大多是选取其中一个仪式或者对所有礼仪进行概括性地描述，或者从历史学、宗教学等角度进行单学科的研究，从人类学的角度进行专题研究的不多。纵观国内学者对礼仪的研究主要表现以下趋向：一是对仪式的研究偏重于理论上的建树，缺乏实证的支持和推动，从自身角度对特定文化进行理解，缺乏从本地人的思维方式看待自然、理解社会的眼光，缺乏从人们的价值观或者地方知识角度进行分析他者文化的方法，即缺乏深入调查，从而形成错误的对地方文化的建构，造成对异民族文化方面的偏见理解；二是很多学者对于地方文化研究只停留在对当地文化现象的描述极其简单的层面分析，而缺乏与西方相关理论的对话，无法从实践上升到理论的关怀；三是对于其他民族丧礼习俗的研究比较丰富，并且大多数学者主要关注凉山彝族的礼俗研究，而建立在理论的基础上对于黔西北彝族礼仪文化，特别是对于彝族支系红彝等此类处于社会边缘群体礼仪或者其他方面的研究几乎没有。

总的来看，虽然他们在展现"真实的过去"，但应该如何对这些"过去"进行解释却一直没有得到很好的重视，结果对了解彝族内部的差异性

---

❶　萨林斯.石器时代经济学[M].张经纬,等,译.北京:生活·读书·新知三联书店,2009:8.

也没有提供有益的借鉴。黔西北地区的大多数学者对于丧礼习俗研究主要停留在翻译、描述层面上，建立在田野的基础上结合地方文化、相关人类学理论对丧礼文化进行专题或个案进行剖析的研究成果目前还没有。鉴于此，本书选取威宁沙石村红彝丧葬仪式为研究视角根据自己的调查资料深入了解他们的深层文化逻辑，结合地方知识、彝族文献及人类学相关理论阐释其人们的观念世界和象征特点、价值意义等，以认识在社会变迁的背景下，人们在长期与其他民族交往的过程中如何通过丧葬仪式这一文化展演来传承自身文化和反映社会生活的？揭示在社会的发展历史进程中传统文化与社会的互动关系。具体要解决的问题概括如下：在社会变迁的背景下红彝丧葬仪式符号系统如何反映人们的文化观念、具有哪些特点、价值意义何在及仪式反映的社会生活内容如何与人们的社会生活相联系等问题。

第二节 研究理论

就民族学、人类学研究而言，研究主题除了选定相对合适的田野点之外还应关注相关的理论。如果有了充分的田野资料而没有前人研究理论作为基础也无法阐释，但有了一定的解释模式，对其没有充分的理解、反思，知之不深或者不了解近期对这一模式的反思和讨论也会影响田野民族志的写作质量。概而言之，学习、积累理论是建立在对选题、相关人类学理论的理解、梳理、提炼与反思基础之上才能与研究的前沿领域对话、构建选题的理论意义。而且，解答类似的问题仅从某一种理论来解释是不够的，需要借助多个方面、多种理论来综合考察。所幸的是，仪式一直以来是人类学及其他学科关注的热点，对其研究已有相当丰厚的研究成果。

国外相关仪式研究文献回顾

首先，从发生学角度研究仪式与宗教的起源。泰勒与弗雷泽从人类学的角度研究宗教起源，认为仪式是宗教与文化的源头，前者《原始文化》、后者《金枝》。英国人类学家泰勒被公认为是现代人类学之父，他的《原始

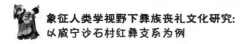
文化》一书详细描述了众多的仪式场景。原始人认为山有山神、水有水神,万物都是有灵魂的,宗教仪式表现的灵魂观念与他们的社会生活是密切联系的,显然,仪式是与社会生活互动的。笔者通过对丧葬礼仪研究而揭示其观念文化时不仅关注仪式本身,也要关注人们与之相应的社会生活内容,因此,这一研究为本书的进一步探索也奠定了一定的理论基础。弗雷泽在他的《金枝》一书所述:宗教起先从巫术开始,进而发展为宗教,再由宗教发展到科学。关于巫术和宗教何者首先产生并不是本文关注的,因为对于丧葬仪式而言,巫术、宗教内容相互融合共同渗透于仪式活动之中。显然,对宗教起源的研究是早期进化论的人类学研讨的重点,他们把巫术、宗教、科学进行区分,并且认为宗教、巫术都是非理性的,科学是理性的等观点的出现,但由于各种观点都拿不出充足的历史事实作为依据,进而产生了不同的解释,因而起源研究在方法上有很多难以摆脱的困境,因此,进化论模式在概括宗教历史、思想历史等方面有缺陷,随之在此基础上产生了功能论。

其次,功能学派对仪式的研究。仪式是社会生活的反映,因而人们举行仪式有一定社会价值是毫无疑问的。对于不同的仪式,价值意义、社会功能不同,并且人们的关注点也不一样。19世纪末至20世纪初,杜尔干、马克斯·韦伯是宗教社会学这一新领域的开创者,杜对宗教功能进行分析的研究成果影响一直延续至今。宗教社会学一词最早见于杜氏笔下,杜氏认为,宗教与社会是互动的,我们必须知道如何通过礼仪的符号去触及它们代表的、赋予的真正现实,礼仪和神话都转述了人类的某些需要,即个人或社会生活的某些方面,因而不存在虚假的宗教,所有宗教按它们各自的方式来说是真实的,尽管方式不同,所有的宗教都是对人类存在的某些特定条件的回应。❶马克斯·韦伯在他的《新教伦理与资本主义精神》一文也强调了宗教与社会生活的互动,指出世界诸宗教的经济伦理观,谈民族的精神文化气质与社会经济发展之间有着密切的关系。英国人类学家马凌

---

❶ 杜尔干 E.宗教生活的初级形式[M].林宗锦,彭守义,译.北京:中央民族大学出版社,1999:3.

诺夫斯基依据自己田野调查所获的丰富资料探究宗教在原始社会的地位与功能，从而总结宗教信仰一方面满足了人的需要；另一方面增强了人类团结的维系力。❶ 布朗的功能论探讨社会结构与社会生活之间的相互关系，在他的《原始社会的结构与功能》一书中谈道，人类学家所观察、描述、比较、分类的具体事实不是一种实体，而是一个过程，即生活过程，调查单位是某一时期、某个特定地区的社会生活，这个过程由人们的各种行动和互动构成，从而把仪式和社会结构紧密联系在一起。❷ 总之，在研究丧葬仪式的社会价值意义时，上述的仪式功能论有重要的贡献，但是毕竟地方历史环境、社会背景、关注点等方面的不同，价值意义是不同的。功能学派强调人们信仰宗教的目的是满足个人一定需要，对社会稳定有着相应的持续功能等，但是，这一理论忽视了信仰宗教也存在社会冲突的这一事实，从而被仪式象征学派所代替。

最后，20世纪70年代，象征人类学对仪式的理论关怀仪式。对仪式进行分类以分析仪式社会秩序性的，如范根纳普在《过渡仪式》一书中对仪式进行分类，把出生礼、成年礼仪、婚礼、丧礼归为过渡仪式，又对某个仪式进行具体划分阶段，如分离、转变、聚合。他主要强调仪式在个体转型期的重要作用，指出过渡仪式对克服危机、巩固社会秩序等方面起重要作用，但未关注聚合仪式这一重要阶段。❸

维克多·特纳（Victor Turner）在范根纳普的仪式分类基础上把仪式看成一场表演戏剧，在功能理论基础上指出仪式具有减轻一定社会结构的压力与紧张感，同时也在杜尔干理论的基础上指出，仪式不仅对社会群体有一定的整合作用，而且使这种团体整合性不断生产，从而总结，作为社会戏剧的仪式并不是静止的，而是在不断恢复社会平衡的同时也不断地对自身进行复兴。这一过程融合了群体内部的很多冲突。❹ 他对恩丹布人的仪式

❶ 马凌诺斯基.文化论[M].费孝通,译.北京:华夏出版社,2002：85,79.
❷ 拉德克利夫-布朗.原始社会的结构与功能[M].潘蛟,等,译.北京:中央民族大学出版社,1999.
❸ Arllold Van GenneP.The Rites of Passage Chicago[J].University of Chicago Perss,1960.
❹ V.Turner Dramas. Fields And Metaphernes:Symbolic Action In Human Society[J].Cornell University Press,1974:103.

进行研究指出，象征符号指的是物体、行动、关系、事件、体态和空间单位，研究符号时要与事件的相关时间序列联系起来，因为象征符号是社会过程的一部分，仪式表演是社会过程的特别阶段，需要调整以适应内部变化和外部环境。❶ 总的来看，特纳通过对仪式一系列象征符号系统研究认为，仪式是由象征符号系统构成，是社会生活的表达，是解决社会矛盾的方式，因而总体上强调仪式的积极作用。

格尔兹对仪式的关注与特纳的不同，他将文化界定为一个反映价值观的符号体系，同时把仪式看成是文化展演，是社会生活的反映，仪式就是社会。他认为作为文化的符号不仅仅包括其中的物质等形象的符号，还包括行为方式、事件等。例如，他通过结合其地方知识对一个变迁社区爪哇人的礼仪进行阐释，总结了宗教信仰的产生是以宗教仪式的具体活动为背景的，在一定的仪式场景之中，仪式象征符号所指向的各种动机与所反映的观念文化是互动的。在仪式上，现实与想象是借助这一象征系统融合而成的，从而呈现现实感。而且进一步指出，布朗提出的结构功能主义学派和马氏的功能学派注重的是社会结构的平衡、稳定、永恒的特征，而不注重历史的发展过程，因而忽视了社会的变迁。总的来看，格尔兹认为，文化是由人们广泛使用的象征符号构成的，人类学研究主要是解读这些符号的意义，因此，人类学家的使命不是孤立地解释文化的成分，而是通过了解文化的其他成分来阐述其本身。真正的人类学家能够阐明文化系统的某个事物是如何与同一系统的其他事物呈现意义的，因为解说就是让人看到事物的来龙去脉，这才是事物的意义所在。也就是说，宗教是一种文化体系，是本土社会用以解释人生与社会的概念框架与词汇。正如列维·斯特劳斯指出，神话与仪式的表演是我们渗入人类心灵、体察人类文化深层结构的途径。❷ 格尔兹通过符号对仪式进行阐释的这种方法是本书借鉴的研究方法之一，因为彝族丧葬仪式也是由一系列的象征符号系统构成，如语言、行为方式、物品、神话等都是意味深长的符号。这些符号系统反映的文化

---

❶　特纳.象征之林——恩丹布人仪式散论[M].赵玉燕,欧阳敏,等,译.北京:商务印书馆,2006:19.

❷　王铭铭.社会人类学与中国研究[M].桂林:广西师范大学出版社,2005.

意义是由这些符号与观念、情感等因素的联系所界定的。但是，西方学者对非西方仪式研究与中国社会有所不同，他们关注的群体是无国家、无文字，长期处于封闭状态，与外界很少保持联系，而笔者关注的群体是一个具有丰富的语言、文字长期与外界保持联系，不仅是邻居与邻居之间的接触，并且长期以来受中央王朝管辖的，生活在一个多民族、多宗教信仰这样的区域，各民族文化互融。显然，研究此区域并非以相互孤立的民族和边缘来标识，历史上的此区域并非是静止、固定的图像，它有着流动的一面和文明的历史。因而，对仪式符号文化进行分析时，不仅关注其本身，更需要从纵向、横向等角度进行整体思考才能理解其仪式的文化意义，整体性地理解和把握中国区域历史与现实的联系。显然，中华文明的历史有自身特点，这就使得仪式理论应用于中国应是一个本土化的要求。总之，考察一种礼仪现象必须放在特定的情境之中，尤其是人类学的微观社区研究，只有用本土的实证研究才能与西方理论形成对话，才能丰富和发展本土理论，从而为此学科中国化，为学科和社会的发展做贡献。

国外学者对中国民间宗教文化的研究

首先，关注中国的仪式与国家关系。美国学者杨庆堃对中国社会的宗教进行了研究，主要关注宗教在社会生活和组织中的功能作用，对一些重要事实做出功能性解释，指出宗教的仪式和信仰是中国社会，包括家庭、经济活动等都是必不可少的一部分，从而展示了宗教和社会秩序的关系模式。实际上，对于中国民间宗教的研究仅仅关注其功能是不够的。如果对于很多宗教行为方式仅仅关注功能，那只是一个片面的理解，因为很多细节有其形成的原因，与历史或者社会环境有密切的联系。

法国社会学派著名的汉学家葛兰言主要借助文献获取古代事实，如借助《诗经》的歌谣来研究民间仪式和信仰如何与自然界农作物的成长季节相联系，即生长、成熟、收获等，从而指出，上古中国社会的最高秩序与诗歌有着密切的联系。后来官方吸收这些具有社会价值的祭祀仪式，有的被改造为帝国和官方的观念文化，为中国的政治服务，并以文本的方式保存。显然，中国民间宗教与民间生产和人们的生活是分不开的。但总的看来，仅从文献获取事实对民间宗教研究是不够的，对它的阐释需要依赖于它的内涵、意识形态和社会作用、地方性知识等。

王斯福把对福建及河北赵县民间信仰的研究写成了《帝国的隐喻》一书，此书为海外中国民间宗教研究领域的经典著作，企图从社会学与人类学视角审视中国民间宗教的问题和讨论是无法避开此书的。赵旭东先生在为此书作序时有这样的评价：本书关怀的一个核心问题是民间宗教组织如何将分散的个人组织在一起；如何通过隐喻的修辞学来模仿帝国的行政、贸易和惩罚体系的，在模仿中，意义会发生逆转，不是复制和一一对应。❶王铭铭在他的《社会人类学与中国研究》一书中对此书也作了评论：王斯福在描写民间宗教的社会功能方面有创见，从超自然界的角度来探讨信仰的社会作用。❷

不少学者为了更深地理解文化的目的，指出单研究民族宗教的组合意义还不够，需要把民间宗教放在区域社会的各种关系中来考察，才能解释其存在基础。如杜赞奇在研究文化权力与国家关系时，认为民间宗教是作为权力的文化网络中的一个重要部分，从社会学的角度考察了宗教和其他社会现象，特别是与社会权力之间的相互作用，并从历史学的角度考察了相互作用的变迁。在文中谈到了帝国的政治权力、绅士及其他社会阶层是上古中国社会共存的时空，并且这一时空以权力的文化网络为基础，包括乡村社会组织，如市场、宗族、等级制和社团等。

上述通过研究民间宗教来探讨文化与社会互动的理论为笔者的研究提供了理论基础，但笔者并不是仅靠历史文献，重点关注的是随着社会的发展，为了适应其社会环境，这些历史叙事是怎样通过仪式这样的行为方式来进行建构的，并不是运用理论去套现实，因为各区域是动态发展的。

其次，研究中国乡村仪式与社会网络关系。施坚雅的《中国农村的市场和社会结构》一文通过研究四川一个村庄，指出市场是村庄文化网络形成的

❶ 王斯福.帝国的隐喻[M].南京:江苏人民出版社,2008.
❷ 王铭铭.社会人类学与中国研究[M].桂林:广西师范大学出版社,2005:165.

重要区域，市场体系模型解释了村庄的联姻。❶ 他关注的此区域研究不仅关系到仪式，还涉及神话传说、神庙、戏剧等与民间文化的多层关系。这一理论有助于分析村落社会结构，但是，了解村落的社会结构的形成还需要考察社会文化网络中的其他关系。笔者选取的沙石村对于社会结构的建构是多方面的，网络空间重要的不是市场，而是相对稳定的婚姻圈形成长期稳定的社会关系。

弗里德曼通过阅读中国东南的地方历史资料来研究中国东南的村庄宗族，写成了《中国东南的宗族组织》一文，指出乡村和宗族是重合的。他的这一理论有助于分析村庄宗族网络关系，但不同民族、不同区域的宗族涉及范围与村落是不对应的。据笔者调查，汉族很多村落与家族重合，但是对于很多彝族家族而言，他们的家族与村落是不一致的，因而社会网络空间范围比较大，因为在举行成盛大活动时，居住在不同区域的家族都来参加本家族的活动。

研究村庄经济与文化关系从而建构社会网络关系的，如萨林斯的《石器时代经济学》等。萨林斯通过研究石器时代交换这一经济方式探讨了经济与文化的关系。这一理论对于笔者的研究有贡献。在彝族红彝支系的丧葬礼仪上，人们有丰富的礼物交换习俗，实际上，礼物的交换习俗不仅仅是一种经济形势，它的背后反映了彝族的道德观、权力观、生态观等，并且具有丰富的价值意义，如社会网络关系的建构、创建社会记忆等，仪式活动给村庄带来了生机与活力。

国内学者对仪式文化的研究

首先，通过研究仪式探讨传统文化与社会互动的。王铭铭在《社会人类学与中国研究》一书中作了这样的说明：人类学者所观察的民间宗教是历史文化的再创造，是过去文化在当代社会中延续甚至被人们再创造出来的。他认为要回答文化与社会互动的问题首先应考虑历史感在现实社会生活中的作用，如历史感与民间的关系、民间宗教的复兴等，反映了民间把

---

❶ 施坚雅.中国农村的市场和社会结构[M].史建云,等,译.北京:中国社会科学出版社,1998.

过去的文化改造为能够表述当前社会问题的交流模式的过程。❶ 他从社会变迁的背景下探讨民间宗教，揭示了民间宗教在社会发展的过程中不断在复兴传统文化的同时也在吸收其新的文化以适应其所处的社会环境，写成了《村落视野中的文化与权力》《社区的历程——溪村汉人家族的个案研究》等书籍。但是笔者所关注的区域与王铭铭老师的不同，他关注的是中国东南村庄的仪式生活，人们主要通过修建祠堂等方式建构文化而形成一定的社会记忆，但是笔者关注的村庄并不是通过这样的方式来创建文化记忆，而是通过自身传统特色的手工业、口头流传文化等方式传统文化建构自身文化记忆，同时根据所处的社会环境不断吸收其他文化成分丰富其自身文化的，从而实现与其他民族相互交流构建和谐的局面。还有由王铭铭、潘忠党主编的《象征与社会：中国民间文化的探讨》、郭于华主编的《仪式与社会变迁》等。除此之外，从其他视野研究的，如从历史学的角度，郑振满、陈春声主编的《民间信仰与社会空间》一书，此书在田野和文献的基础上解决中国民间宗教这一社会空间如何存在这一问题，以揭示其中所包含的文化内涵从而了解乡村社会，如乡村社会结构、社会组织等；杨念群主编的《空间·记忆·社会转型——"新社会史"》研究论文精选等；还有一些学术论文，如博士论文《乡村民间信仰：体系与象征》；硕士论文《民间信仰视野下的国家与社会——以明清时期的苏州地区为例》等，指出了社会史学和人类学共同关注了民间信仰及乡土社会这一对象，展示了民间宗教的历史性与社会性的关联性，在此不一一举出。

其次，丧礼习俗研究。第一，汉族丧礼研究。从历史文献的角度对汉族丧葬进行研究从而展示该民族文化的著作，如万建中的《中国历代葬礼》，李如森的《汉代丧葬制度》，杨树达的《汉代婚丧礼俗考》，陈华文的《丧葬史》，徐吉军、贺云翱的《中国丧葬礼俗》，周苏平的《中国古代丧葬习俗》等。这些著作主要侧重从考古学角度对我国古代历史典籍中存在的丧葬礼俗进行分析和研究，认为古代的丧葬文化主要是一种礼俗交错并存的行

---

❶ 王铭铭.社会人类学与中国研究[M].桂林:广西师范大学出版社,2005.

为；还有硕士论文，对陕西地区紫石汉族丧葬仪式研究揭示现代性与民间传统的关系（陈小峰，2009）；解读汉族丧葬习俗文化，从而思考如何传承传统文化（朱荣艳，2010）。第二，少数民族丧葬习俗研究。各少数民族从丧葬形式到丧礼过程等方面都存在很多差异性，如关注南方少数民族中盛行的悬棺葬，不仅关注葬式本身，更重要的是通过各民族盛行的相同葬式来展示民族之间的关系史（陈明芳，2004）；结合当地社会环境对藏族地区所独有的天葬文化进行研究的（朵藏才旦，格桑木，2000）；对合肥农村地区回族丧葬仪式的文化研究的硕士论文（张文娟，2010）；还有单篇论文，如从功能论的角度谈彝族、白族、仡佬族丧葬（白永芳，2009）；结合藏族文化对三岩藏族丧葬中的尸体符号进行阐释的论文（岳小国，2014）等。

最后，彝族礼俗文化研究。在 20 世纪 80 年代前期，林耀华将英国社会人类学的结构——功能主义理论与方法用于对四川凉山彝族社会的调查和研究，从婚俗、亲属制度、经济等方面作了全方位的细致描述，写成了民族志文本《凉山夷家》；对新中国成立前贵州毕节三关寨彝族的民间宗教调查（马学良，1993）；马学良先生借鉴历史比较语言学理论，从彝族语言的角度研究彝族的民俗写成了《倮族的招魂与放蛊》等；庄学本对凉山彝族社会组织和文化的考察与记录有《倮倮的婚姻》《倮倮的婚姻生育及丧葬》；罗兴友对彝族民间存书进行收集整理翻译的《西南彝志》也涉及部分礼俗内容。

20 世纪 80 年代后期，资料收集整理翻译的成果逐渐增多，一是宏观对四川凉山、贵州西部彝族礼俗收集整理（王昌富，1994；李兴秀，2009）；翻译整理乌撒传统礼俗的资料（禄志义，2012）。二是宏观对彝族原始宗教文献解读（王继超，余海，2010）、宏观对彝族原始宗教资料收集整理（张纯德，阿牛史日，2007）；巴莫阿依对凉山彝族进行了调查，从功能论的角度对凉山彝族祖灵信仰进行了研究写成了《彝族祖灵信仰研究》《彝人的信仰世界——凉山彝族宗教生活田野报告》；巴莫曲布嫫对彝族祭祀诗、彝族经籍诗学的研究著有《彝族古代经籍诗学的学术流变》《彝族祝咒经诗〈紫孜妮楂〉的巫化叙事风格》；程发根的《贵州彝族婚姻、丧葬研究》硕士论文、日本人樱井龙彦的《彝族的家支制度与祖先崇拜》。黔西北地区主要集中于彝族文献的翻译整理，如《西南彝志选》《摩史苏》《曲谷走谷选》《彝文典籍目录》《彝族指路丛书》等，大量民间收藏的礼俗文化方面的经书还未收集、翻译。三是对彝族宗教仪式研究的单篇论文：介绍凉山彝族仪式特点，分析其功能和文化发展的；分析凉山彝族杀猪祭祖仪式及象征意义；从非物质文化遗产保护的角度谈彝族仪式。从彝族民间信仰、民间习俗分析彝族道德、审美、生态观。

从上述对于国内外礼仪成果梳理来看，主要呈现以下特点：一是礼仪是人类学、民族学界研究社会的重要领域之一；二是西方仪式理论成果丰富；三是结合本土地方知识，结合西方礼仪理论进行对话的研究成果不多；四是宏观的理论探讨和资料收集多于具体调查与理论结合的研究，泛化理论多而具体针对性强的理论少。而对于黔西北翻译文献丰富的区域来说，仅仅建立在对彝族礼俗文化的文献梳理或者描述层面上是不够的，应该从纵向、横向的角度上针对社区的背景知识来分析礼仪文化，站在理论与实践结合的高度上来研究其礼仪，从而反思当前很多人对较少、边缘群体所持的片面观念等。笔者认为将来对彝族礼仪研究应该从整体观的角度、多学科结合、跨文化等视野入手。

第三节　研究意义和方法

研究意义

第一，丰富仪式理论。对礼仪文化研究一直以来是各界学者关注的热点，特别是随着西方仪式理论的传入，引起宗教学、民族学、人类学界、文学等学科的重视，特别是 100 年来，人类学宗教礼仪文化研究成果比较丰富，从发生到发展经历了一个明显的变化轨迹。不同学科对其关注的视野不同，宗教学研究主要集中于仪式神话、宗教范畴等；而民族学或人类学家关注的是仪式文化与社会互动等。关于西方仪式研究很多学者着重于没有国家、文字的土著部落，形成西方社会仪式理论，而中国社会和中华文明的历史有自身特点，这就使仪式理论应用于中国应是一个本土化的要求。笔者认为，西南彝族多元化丧葬不仅是传统文化的再现，重要的是在随着社会发展的过程中，背后组织形式、动机、情感及其意义发生了变化，是不断适应社会环境而进行的礼仪。本项目采取批判吸收态度，用实证研究方法深入村庄进行调查，接近当事人所生活的世界，明白他们的文化，结合所处地方社会文化知识，把一套复杂的深层意义揭示出来。即笔者对仪式的研究主要基于对国内外相关文献进行梳理和评述，采取批判吸收的态度，用实证研究的方法深入村庄进行田野调查，结合地方知识，并与象征人类学的相关理论形成对话，在前人研究的基础上进行。因此，这是人类学相关仪式理论与本土个案的结合，是理论的验证和支持，对推动理论本土化进程有积极的意义。

第二，此研究不是静态研究，而是建立在变迁视野下对彝族丧葬的整体研究，即不仅停留在相对传统的彝族丧葬，还需要研究变迁的彝族丧葬。通过研究相对传统的、变迁的彝族丧葬有助于丰富传统文化保护和传承、和谐社区建构、文化多样性等理论。

第三，有利于各民族之间的相互理解和保护民族文化提供借鉴。各民族文化是该民族在一定的自然人文环境下长期积累起来的整套适应系统，是在一定生产力水平上的最佳适应选择。在适应自然的过程中，传统生活方式被牢固地保留下来，形成长久不变的价值体系。因此，对彝族红彝的丧葬祭祀词及仪式的考察是认识彝族传统文化和实现彝族地区发展的需要。作为他们传统文化的礼仪习俗的丧礼蕴含了丰富的象征，其内容不仅是传统文化的再现，更重要的是随着社会的发展，背后的组织形式、动机、情感及其意义发生了变化，以不断地适应社会环境而进行的礼仪。总之，在全球化背景下，以经济建设为中心、注重民族和谐、民族团结，特别是近年的社会发展越来越使人们意识到中国的发展离不开少数民族的发展，边疆少数民族的发展不能一味地靠社会各界人士的"输血机制"，而一定要有自身的"造血机制"，那么要让少数民族自身产生"造血机制"，离不开对其社会文化的深入研究。可见,对于这一范围的深入调查研究有利于少数民族自身文化传承与保护、构建民族团结等方面提供一定的思考,对宏观的研究是一种必要的补充。

研究方法

本项目主要从人类学的角度对威宁彝族红彝支系的丧葬仪式进行研究,结合地方知识阐释其象征文化意义(深层结构),在理论上借鉴上述提到的相关理论;在方法上将基于田野材料的微观研究、历史文献资料细阅等,主要方法如下。

第一,格尔兹的解释论。格尔兹把文化与象征符号紧密联系起来指出,象征符号是反映人们的生活。人类学研究的目的是对文化的解释,他们如同当地人一样解释世界。❶ 本书对红彝支系丧葬仪式的研究重要的是关注当地人的解释,毕竟这一文化象征是他们所拥有的,是他们用来表达观念所选择的方式之一,然后在此基础上借助地方知识对此文化现象进一步阐释。在对仪式的外在表现形式进行描述之后,结合所学的理论知识及其地方文化知识分析观念文化,最后揭示其价值意义。如红彝与其他民族的交往致使其文化与其他民族的文化有融合的部分,人们的观念文化也受到了相应的影响,因此复合现象也需要借助地方历史文化进行探析,如果只借助当地人的看法是无法对其进行阐释的。仪式是动态发展的,经过多年的变迁、很多代人的进一步解释及含义处在不断的发展过程中,因此,若要相对全面的认识仪式,仅仅从横向的角度探讨仪式本身是不够的,对仪式进一步了解还需要从纵向的角度,借助地方历史文献资料,建立在彝族红彝支系的文化不断变化的历史背景下进行阐释仪式象征文化。

第二,整体观、主位与客位相结合的方法。在探讨丧葬仪式时,并不是只谈论仪式,而是把仪式放在整个区域文化背景之中进行理解,在各种关系与互动之中观察、感受与理解其中的含义,把对仪式文化的相对真实、

---

❶ 格尔兹.文化的解释[M].纳日碧力戈,等,译.上海:上海人民出版社,1999.

客观的理解呈现出来。也就是说，对彝族红彝支系的丧葬仪式文化的研究，既将其置于该群体的文化演变的历史脉络之中，梳理该仪式的发生、发展的过程，又从社会环境等方面进行解释仪式文化，利用人类学的整体性、主位与客位等方法呈现相对真实、客观的研究。关于如何做到相对客观的研究，列维·斯特劳斯在他的《忧郁的热带》一文中所述："如果我们用我们自己给自己定下的目标为标志来衡量其他社会群体所取得的成果的话，我们有时候不得不承认别的社会群体的成就是更为可观；但是这样做的话，我们自己就握住了评断他们的权利，也就因此而鄙夷他们所有的那些并不和我们自定的目标相吻合的目标。这样我们就在隐约之间自认为我们的社会，我们的习惯与规范享有一种特殊的优越地位，因为本由另外一个社会群体的观察者会对同样的事例下不同的评判。为了建立一个客观的研究，我们必须避免作这一类的评断。我们必须接受这样的事实，每一个社会都在既存人类诸种的可能性范围之内做了它自己的某种选择，而那些各种不同的选择之间无从加以比较，所有那些选择都有其真实性和有效性。但这样又引出新问题，我们又有接受一种大折中主义的危险，使我们对一个文化的任何习俗都无法加以谴责，连残酷、不义和贫穷等这些任何为之所困所苦的社会本身都会加以抗议的现象，如果我们竟然把出现于社会中的一些毛病视为无可避免的话，那我们就没有权力在我们的社会把这些东西消除。因此，我们在做判断时候需要做到持平，持有这样的观点，没有一个社会是完美的。每个社会都存在并存的不纯杂质，这是社会的天性。"显然，在研究中，我们对他者文化的研究时，自我和他者的判断是难免的，但是最终要看人类学者的立场，立场不同，真实、客观性程度是不一样的。❶

　　第三，多学科结合的方法进行阐释，如历史学、民族学、人类学、文学等学科。如对文学性强的仪式祭祀词及其符号的解读都涉及文学和人类学学科交叉的方法和理论。正如叶舒宪先生在他的《文学与人类学——知

---

❶ 斯特劳斯.忧郁的热带［M］.王志明，译.北京：生活·读书·新知三联书店，2005.

识全球化时代的文学研究》一文中指出的:"回忆人类学的仪式研究就会发现,它是一个从内涵到外延都不易框定的巨大话语包容体,大体上看,以神话—仪式为代表的早期人类学家对仪式的研究,基本上是置于一种文化视野下的异文化研究范畴,具有非常明显的文学化研究特色和特质,包括对传统文本处理、神话形象化的塑造、民间口传的采收、宗教人士和文字的训诂、开化野蛮人的神话传说等。"❶ 叶舒宪先生借鉴文化人类学的视野和方法实现了文学研究的创新,并在国学的传统考据方法之上,经过改造融合,建立了一种跨文化视野的阐释方法,对本土经典的现代阐释方面发挥了特有的效力。对 20 世纪后期,日益明显的重要学术趋势——从学科界限分明的文学研究发展为跨学科的文化研究的变化。还有费孝通先生做出了阐释:"从知识全球化的大背景上说明,文化研究是适应知识重新整合的时代需求的必然现象。"❷ 显然,文学非但没有因为文化视野的引入而淹没,反而承担起率先打破国族界限,培育世界公民的人类学使命。

第四,田野调查法。人类学离不开田野资料的搜集,历来重视田野作业,凡从事民俗研究的人,无论是大师级的专家学者,还是身处基层的普通文化工作者,都明白这样一个道理,研究民俗必须从民间调查、实地考察做起,必须迈开双脚到老百姓那里去访察或亲自去作一些民俗活动的体验,即今天大家通常所说的田野作业、田野工作,没有一位民俗研究者可以完全放弃这种方法。此社区作为一个微观单位,通过参与观察,并记录社区内各种活动的表现和特征,然后分析和理解各种行动之间的联系及支撑这些行动的价值观念和动机结构,所进行的分析和理解建立在对某一社区地理、文化历史传统和现实理解的基础上。笔者游历于黔西北的彝族红彝村庄,走村串寨、访谈、搜寻文献、体验风俗民情,聆听村民们对家乡历史的解读,并向彝文专家、世袭布摩、乡村老专家们请教彝族红彝礼仪的有关阐释。通过田野呈现出另一层历史,展现人们对于过去和历史诠释的方式,展现乡村人们真实的心态,反映在社会的变迁背景下人们是怎样

---

❶ 叶舒宪.文学与人类学——知识全球化时代的文学研究[M].北京:社会科学文献出版社,2003.
❷ 叶舒宪.文学与人类学——知识全球化时代的文学研究[M].北京:社会科学文献出版社,2003.

看待他们的历史和现实的。正如马氏在他的《西太平洋上的航海者》一文中所述，一个人只有追随土著人的生活，才能一次又一次地看到习俗、礼仪，才拥有土著人实际生活有血有肉的全部内容，可以马上填充抽象的结构框架，在每一个事例中能够说明一个行为是公众性的还是私人性的，一个公众聚会如何进行，看起来是什么样子；能够判断在做一件事情时，土著人是诚心诚意的还是玩笑为之。在田野中，笔者没有像以前诸多研究者那样侧重发掘"记忆中的历史"，而是更加关注日常生活中的集体意识、群体之间的互动。由于对宗教群体研究的田野工作只靠提问和应答很难完成，因此，更加注重参与、观察和交流，通过与不同成员的交流，使对仪式的认识由浅入深。在田野中，笔者和观察区域的人们一起干活、聊天，参加他们的社区活动，亲身经历各社区之中举行的丧礼活动，也就是在关注群体内部的同时，对当地专家作了访谈，以探求他们彼此间在宗教和生活实践上的区分与差异。

　　第五，文献收集。在研究边疆特别是西南民族地区的村落时，我们所用的材料不能只是借助于对官方或者当地精英人员的访谈所获得的资料。特别是对于黔西北居住于此久远的彝族作为研究对象时，当地所拥有的丰富浩繁的地方文献，如各种用彝文编写的地方历史、哲学、文学书籍、族谱、碑刻、歌谣、传说、谚语；汉语书写的实录、地方志、个人著述；新中国成立前和新中国成立后很多学者对该区域调查时整理的资料等，都为本研究提供了研究基础。现存的彝文文献在川、滇、黔等省的彝族聚居区都有不同程度的保留，但是从存量来讲，该地相对多些，造成此缘由主要是各区域的社会经济、政治与礼仪等方面的不同，而且由于在历史上，掌握丰富知识的彝族祭司的封闭导致了各区域对彝文的书写方式上有很大区别，所以笔者在运用到当地的礼仪文献内容时，其他区域的礼仪材料作为参考，主要运用该地彝文材料。在调查文献时发现，很多改革开放之前的彝文文献通常未标明作者姓名及时间，还有彝文文献以五言诗歌的形式写成，因此，在对其解读时需要掌握地方知识的基础之上才能够了解其意义。文献价值在于它可以提供很多经过验证鉴别的数据材料。因此，文献分析与实地调查相结合，接触社会，认识社会，以民俗例子证史，以实物证史，以民间文献证史，努力回到历史现场进行研究。对一个村落的历史与现实的仔细考察、体验与研究可以深切感知一个具体社会是怎样组织、延续与变迁的；对于文献、口碑、仪式等文本的重视，不但关注他们表达什么，更重要的是重视他们为何如此表达，强调对历史的当事人的认知与表达应持一种尊重的态度并尽量去理解，而非用他者的视角对之进行分类与归纳。笔者在威宁主要调查彝族红彝的各种礼俗，重点分析丧礼文化与其他文化的联系，调查之前先对地方原始资料和文献资料进行翻阅，对地方及其仪式过程进行了解，并且进一步对各种田野调查资料进行相互比较印证从而达到相对准确。尽量亲自调查获取新材料，发现新材料，主要通过调查对象获取仪式过程，并且通过自己亲自参与观察同时请教其中细节的来历和意义，请教的对象一般是上了年纪的老人，如祖辈或仪式专家，这些人就是采访的主要对象，但是人们大多都经历过这些仪式，对仪式的全过程都懂得大体过程，再加上笔者从小也参加过这样的仪式，已基本上了解了仪式的全过程，只是其中的内容有所改变，如内容上、观念上等发生了很多变化。对丧礼祭祀词进行解读、翻译。深入探讨仪式的象征意义。总的来看，仪式是一个动态的过程，随着时代的发展对于仪式的解释及其作用也是不同的。

第六，社区研究。进行社区研究时，调查者为了研究的方便，人们往往会把一个社区看作一个似乎与外界无关的空间，这样做对于了解社区的内在结构也很重要，但是，有一定的弊端，了解了社区的内在结构之后，我们会发现内部不是孤立的，而是相对于外部、联结于外部存在的，村庄与广大的地域是连在一起的，其联系的纽带可以是通婚的地方传统，可以是地方仪式，也可以是市场，当然也可能是国家政权等外部政治力量。正如王铭铭在研究溪村时，他并不是把溪村看成是一个独立于外界的村庄，而是通过梳理溪村的历史过程来反映不同的社会形态下村庄的变迁及其文化的反映，并且指出，溪村与广大区域是连在一起的，其联系的纽带通过了很多方式，如通婚、市场、国家政权的行使等外部力量。实际上，关于社区研究是否反映复杂社会的完整性的探讨一直以来受到了学者们的关注，如弗里德曼教授通过华侨社区收集的素材写成关于汉人社会家族组织的论文及论著。后来他相信社区调查不足以反映中国这个大社会，需要结合历史文献进行广泛的整体社会结构研究，需要多学科的结合。在同一阶段，美国斯坦福大学的施坚雅用宏观方法来研究社会结构，通过在四川村庄社会调查写成了《中国农村的市场和社会结构》一文，他认为，中国社会的基本形态是地方之间的社会经济网络，通过市场来连接人们的社会网络。因此后来学者们认为重新认定社区的研究是人类学研究的基础。总的来说，从 20 世纪 70 年代至今，社区研究一直是人类学研究的热潮，只是视角和方法不断在更新。

第四节　研究重点及难点

研究重点：查阅黔西北地区地方志，调查相对比较集中的彝族村庄，如黔西的树林村、大方的白腊村、赫章的财神乡、威宁的沙石村、浆子林村等，对他们的社会生活等方面作了宏观了解；查阅县志了解威宁县沙石村的历史背景并整理资料，调查沙石村红彝的仪式特别是丧葬仪式并结合地方性知识对仪式符号进行阐释；还有结合深描方法（争取参加仪式的人、专家、人类学家三者对仪式符号象征进行阐释的综合观点）分析仪式符号象征所指向的时空观、社会结构的建构、环境观、社会秩序的建构等，考察仪式符号象征文化（时空观、社会结构等）如何表现和反映社会生活。因此，本研究的重点也是难点之一在于对彝族丧葬观念文化与社会互动这样的研究对于具体田野点历史与现状的考察是不可避免的。虽然有确定的田野点，但充分的田野调查是研究的基础和出发点，考察的真实性、详细性直接决定了研究价值的大小。

研究难点：彝族红彝支系是彝族的一个分支，他们与其他支系有很多相互区分和相似的方面，比如在丧葬礼仪上，用的是布摩经文，与其他支系一样，因而在研究时，彝族布摩经文是大量阅读时无法避免的。对于黔

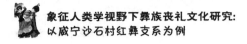
西北地区彝族布摩经文目前大部分还未完全翻译,对其进行解读需要掌握地方历史背景知识,其如何在纷繁文献和口传文化中发现并翻译彝族的相关背景文化还需要一定的时间,这是难点之一;由于在遵循深描方法时要决定三方(参加仪式的人、彝族专家、布摩)当中哪一方对符号象征的理解更为权威需要通过实证方法进行检验,这又是难点之一。

第五节　研究主要观点和主要内容

　　基于对沙石村丧葬仪式民族志个案研究来呈现传统与社会的互动,即围绕此仪式与地方社会所展开的社区互动关系。主要解决的问题如当地在遵循传统文化的基础上如何适应其社会发展?在社会变迁的背景下,丧葬礼仪如何反映人们的观念文化、表现了哪些特点及其价值意义何在?来理解此仪式是村庄人们社会文化的反映和生活的写照、传统文化的再现,是体现传统文化动态发展的这一观点。具体考察将从以下几方面进行。

　　本研究的主要内容及其结构,各章将根据一个村落的资料研究丧葬的地方性状况,研究主题有以下几个:第一个主题是对这一彝族村落的丧葬仪式活动的描述,其中也包括丧葬如何在特定的时间、空间及特定社会环境之中展开等;第二个主题是阐释丧葬仪式在特定社会脉络中的文化意义。各章内容分配如下。

　　第二章　对贵州、沙石村地理环境、经济社会状况、地方历史、地方文化等方面的描述。对此区域背景与历史境遇作简要的梳理与介绍目的是为将进行的个案研究与专题讨论提供区域的一般背景。通过追溯威宁沙石村庄这一独特的基层社区历史状况的了解来表明沙石村寨的社会生活的礼俗并不是自发生成的,而是传统与社会共同的结果。

　　第三章　丧葬仪式的过程。由于彝族迁徙、社会环境等方面的不同选择的丧葬葬式存在差异,因而在此部分首先对彝族丧葬葬式历程作了梳理,接着针对田野点沙石村呈现的丧葬仪式为个案对其过程进行梳理,在梳理过程中采取参与观察、访谈，结合地方社会环境、人们的观念文化等方面对其过程进行梳理。

第四章 丧葬仪式观念文化的象征。此部分针对丧葬仪式过程分析观念文化，在分析时不仅关注丧葬仪式本身，还考察了丧葬仪式表现的观念文化如何反映在人们的社会生活之中，如何与日常生活发生互动，结合地方性知识对其进行阐释，如灵魂观、生死观、道德伦理观、家族观、价值观、宇宙观、时空观、风水观等，以揭示传统文化与社会的互动。

第五章 丧葬仪式的象征特点。此部分基于对沙石村丧葬仪式过程与社会生活的联系来探讨当地仪式特点，如集体性、差序性、秩序性、环境适应性、文化互融性，探讨时一方面关注丧葬仪式本身反映的特点；另一方面分析仪式如何与社会生活相互联系，即结合地方知识进行阐释。

第六章 丧葬仪式的社会价值意义。此部分主要从社会网络关系的建构、文化记忆与认同、生态环境的保护等方面探讨仪式的社会价值意义。在分析每一个具体社会价值意义时关注丧葬仪式如何表现和反映其内容以及这些内容如何与社会生活发生联系。

第七章 丧葬仪式的变迁内容及其动因。此章主要探讨在社会发展的今天，丧葬仪式发生了哪些变迁及原因何在等问题，结合不同原因从内容、观念、社会结构等变迁进行分析，以揭示文化与社会互动关系。

最后，结论。通过在社会变迁大背景下对丧葬仪式文化观念、特点及其意义的研究发现：彝族红彝的丧葬礼仪是传统文化的再现，是村庄人们社会生活的写照，揭示了传统文化是动态发展的，人们在适应社会发展的过程中不断保持其核心内容的同时也在建构自身文化的观点。

第二章　田野点的概况

笔者初中三年在沙石村所属镇中学度过，清楚记得爸爸在周末时通常带我们到离村庄不远的水库旁玩耍时，经常会遇到头上包着黑色头帕、身上穿着袖口边上绣有红色、蓝色花纹的长衫衣服的妇女，或者身上穿着黑色和蓝色对襟衣服、黑色宽大的裤子（当地称八副裤子）、头上戴着黑色虎头帽的男老人在水库边放牲畜，如牛、羊、猪。在这样的场合下相遇，彼此之间都很热情，通常相互都会给对方上烟，一边抽烟，一边拜谈家常，彼此用本民族语言——彝语进行一番交流，这样进一步的拉近了双方之间的距离感。当然，相互之间的了解并不是经常这样的偶遇而建立起来的。实际上，这与爸爸长期走访他们而彼此建立的淳朴感情有紧密关系。爸爸在此中学教学多年，因而经常都会下到学生家里去走访，调查学生的贫困状况等，对于确实很贫困的人家，都要对他们的孩子进行扶贫，解决他们的学费、生活等困难问题。我记得每一年中国社科院的爱心人士们都会拨出一定量的资金对该校的贫困生进行辅助，特别是对于学习成绩好而家里贫困的孩子进行资助。爸爸比较热心，大家都比较信任他。因此，每当他接到这样的任务后，都要花费很多时间亲自到学生家里去调查实况。笔者也要借此机会感谢这些爱心人士，解救了大批为读书而愁学费凑不齐的小孩。因此，通过这样那样的事情而建立的长期交往，彼此之间都比较熟悉。因此，笔者长期陪同爸爸也了解了当地的很多知识，如认识到他们的服饰、习俗、观念等方面都与其他支系有所区别，特别是他们的特色的手工业最为显著。这些文化现象一直以来都存活在笔者的记忆之中。当然，选取此区域作为研究点并不是出于好奇，重要的是关注人们在多民族聚居的区域，面对当前社会变迁的背景下，仍然保留着各民族丰富的传统文化，展现各自的文化色彩，渲染村庄的文化气氛，处于一种文化和谐共存发展之境，究竟传统文化与社会如何互动等问题。

笔者作为一个单枪匹马的工作者，在庞大社会面前，只能从小处入手。本书虽选择只有50户人家的一个自然村，但却是一个完整的缩影。从上文介绍的村庄特点可知，沙石村无论在社会结构、居住格局、宗教信仰等方面都不是独立的，而是在一定历史时期和一定社会环境基础之上形成的。因此，笔者在介绍沙石村彝族丧葬仪式之前与之相联系的事件都要作简单梳理来勾画田野点的社会框架，以便读者对调查点有初步了解和对后面深入讨论主题提供基本的背景。

第一节 地方政治

贵州处于中国的边疆，如此看来，本研究选择位于黔西北威宁县的沙石村更应该称作边疆的边疆。贵州东与湖南交界，北与四川和重庆相连，西与云南接壤，南与广西毗邻，省会为贵阳市。贵州地处云贵高原东部，地势西高东低，自中部向北、东、南三面倾斜。贵州地貌属于中国西部高原山地的一部分，有着悠久的发展历史。据《史记·西南夷列传》记载："西南夷君长有什数，夜郎最大。"在秦始皇统一中国以后，曾在夜郎地区修筑五尺道和远途设郡县、安置官吏。西汉王朝建立后，汉武帝在夜郎地区继续推行郡县制，同时开辟了从今四川南部经贵州西部（今毕节）至今北盘江等通道。此区域经济主要以农耕为主，兼畜牧业、手工业和商业也有一定发展。秦汉之际修筑的驿道，使商业北通巴蜀，南通广州。各地通过市场上的交换保持着联系。但是从东汉以来，在边缘的区域长期实行羁縻与郡县并行的政策。唐代，在贵州地区推行朝廷管制兼羁縻并行制度。在不同的地区根据其地方特点实行不同政策，如下文谈到的沙石村所属县威宁彝族回族苗族自治县实行的是羁縻制。明代，是贵州发展史的一个重

要时期，也是中央与地方保持紧密联系的重要阶段。明初，朱元璋为了稳
定西南政局，强化中央集权，支持水西彝族土司奢香开设九驿，即六广驿、
水西驿、毕节驿等。在明永乐十一年（1413 年）设置贵州布政使司，贵州
成为一个行省。这样加强了贵州与中央王朝在政治、经济和文化上的
联系。❶

要清楚理解当今威宁地方知识都离不开对土司制度演变的梳理。如今
天民族的居住格局、文化的形成是历史的延续，与中央王朝对民族地区实
行的政策是密不可分的。

中国是一个统一的多民族国家，汉族人口占多数，这是我国的基本国
情。这一局面形成的因素众多，答案纷繁，但是，基本条件是占统治地位
而又一脉相承的中国传统民族思想。"华夷对举"是一部中国古代历史的基
本构建，中原华夏民族与周边的蛮、夷、戎、狄之间，既有刀光剑影的厮
杀，也有和睦共融的亲情。据古书内容可知，春秋以前，仅以居住地域或
生活习惯区分夷夏、区分民族，认为夷夏之间可因居住环境和生活习俗的
变化而发生变化。但由于华夏与四夷之间生产力发展水平的差异，华夏民
族便自然地产生了排斥四夷的观念。到了春秋战国时期，以孔子为代表的
儒家思想在理性层面上有了明显的进步，主张以华夏文化的核心"周礼"
来辨夷夏，通过华夏文化吸引、同化夷狄民族。儒家的传统民族思想饱含
着"大一统"的内核，他们不是从人种或血统角度去歧视夷狄，而是从文
化的角度区分夷夏，以至于中国历史上始终未发现过种族隔离的局面。显
然，"大一统"一直是中原王朝的天下观，在这种观念的支配下，历代王朝
都急于"用夏变夷"实现"华夷一统"。民族不变的观念虽然为一统天下奠
定了基础，但是如何操作实施，却经历了激烈的论争和艰难的探索，直到
汉朝时期才明确提出了对周边夷狄实行羁縻的政策，进而形成了羁縻制度。
从此"羁縻"便成了历代中原王朝对待少数民族地区的法宝。

传统中国在少数民族地区实行羁縻制度促进了双方交往，主要通过对

---

❶ 贵州省直属机关工作委员会，贵州省人民政府发展研究中心.贵州省情读本［M］.贵阳：贵州人民
出版社，2002：2-3.

中央王朝朝贡、互市、和亲、盟誓等方式，内容涉及政治、经济、文化等诸方面。对于羁縻的解释较早见于《史记》的两处记载：一、《史记·司马相如传》云："盖闻天子之于夷狄也，其义羁縻勿绝而已"，司马贞《史记索隐》谓："羁，马络头是也；縻，牛靷也"；二、《史记·律书》云，"高祖有天下，三边外衅……会高祖厌苦军事，亦有萧张之谋，故偃武休息，羁縻不备"，《辞海》注曰"笼络使不生异心"。❶ 据有关资料记载，羁縻政策从内涵到体制有十分复杂的时代特征。从西汉开始，羁縻就是一个可操作的政治概念，核心是控制、约束，但包含范围自由；从习俗而治，在保留各少数民族生产习俗的同时，通过各种手段注入汉文化的强化、控制观念；赋税可以从轻，但册封赐印则从严等。总的来看，各类羁縻措施都是为直接统治做准备。羁縻政策的底线便是无条件地崇奉至高无上的中原皇权，最大的成果是形成了中华民族牢固的大一统族群观，并且自然地产生了认同的差序格局，认同层次由远及近逐层淡化，就像扔一块石头到池水中，波圈外溢，逐层减弱淡化。随着文化认同范围的扩大，汉族人口越来越多，居住地域越来越大，发展为蛮、夷、戎、狄，只剩下遥远边疆的一小部分，大量蛮夷之裔"化"成了汉人。羁縻之治之所以能长期有效运转，说明该治理适合中国国情，是天子统一江山的渴望，适应了蛮乡夷寨的小环境，就羁縻的动因而言，还有更深层次的要素制约着主政者无法实施的直接统治，主要原因：一是羁縻是西周封建的延伸和变革，在民族地区根据不同情况做调查便能实施的；二是羁縻之治灵活，伸缩性强，可根据中原皇朝的需要选择多种羁縻举措，册封土官、安排流官，谋划世袭人选，变更体制；三是蛮夷之乡远离中原，交通阻隔，信息闭塞，地方势力根深蒂固，王朝确实难以管控武力，只好以羁縻政策相安了事；四是蛮夷地区语言习俗各有特点，难以推行一刀切的政令，只有因俗而治，才能求得社会稳定；五是对于社会发展滞后、经济基础薄弱的蛮夷之乡而言，自身绝对无力与中原抗衡。可见，羁縻之治是诸多因素互动互治的特定产物。中

---

❶ 张文香.羁縻政策与民族区域自治制度——从中央与地方关系的视角[J].中央民族大学学报，2010(3):12.

央王朝对地方进行自治在尊重其风俗习惯的基础之上，就是在不改变其政治内部结构，加强对少数民族聚居区的政治、经济、文化等方面的影响，从而为中央与地方关系创建一种较为稳定、和谐的关系，进而对大一统的多民族国家政权进一步加大，从而实现中央王朝直接有效地对少数民族地区的管治。也就是说，羁縻政策是一种适应性的政策，特别是在调节中央与边疆地区关系方面（或说中央统治势力偏弱的地区）。

据古书记载，长期以来，黔西北地区是中央王朝实行羁縻政策的区域之一。笔者在对沙石村调查时，通常会听到老人们说起该区域是由安土目家管辖范围。实际上，这样的历史记忆与黔西北有关土司制度的演变有紧密的联系。在元、明、清时期，中央王朝对少数民族地区实行土司制度，土司制度在明代涉及滇、黔、蜀、陕等省。土司制度就是对少数民族区域实行统治目的的一种政治制度，它是通过分封当地首领世袭官职达到这一目的的，源于唐宋的羁縻制，正式形成时间于元代，繁盛于明朝和清初，至清雍正改土归流时期才逐步衰微。实际上，土司制度是羁縻制度的一种演化形式，是封建社会民族政策的具体体现，是历代封建中央王朝统治边疆少数民族的基本政策。❶ 我们从司马迁笔下得知，汉时的西南夷地区是一个部落林立、民族成分复杂或随畜迁徙、半耕半牧、尚未建立国家政权、社会经济发展比较落后的地区。于是自汉以来的历代统治者，均采取以夷治夷的羁縻政策，羁縻内容随时有紧有松，或置羁縻郡县，或就地册封土司或威慑。以中原文化"化"蛮夷的方针一直是羁縻之治的核心内容，以儒家伦理为核心的汉文化是最有力的羁縻绳索，很多不同时期的地域名，留下了皇权并治的时代印迹。汉武帝时期，在西南夷地区开始设置羁縻郡县，把西南夷地区正式纳入了中国的版图，这是西南夷各民族历史上一个划时代的事件。到了元代设置行省以后，羁縻的约束功能得到了进一步的加强，体制更加完备了，具体表现是因地制宜地完善了皇帝册封任命的土司土官制度。在不同地方延续的时间也不一样，如羁縻制度在黔西北地区，

---

❶ 龚荫.中国土司制度[M].昆明:云南民族出版社,1992:57-58.

如乌撒、水西一带的土司羁縻制度一直沿袭到清雍正时期，改土归流为直接统治，留下了数不完的络头缰绳故事，是研究中国羁縻政策和羁縻制度最翔实的史料库。

可见，由于大一统的中国各地域整合进国家的历史和社会环境的不同，各区域也就呈现了不同的地方性特色，这个特色是国家在不同地方、不同制度的反映，下面探讨中央王朝对黔西北地区是如何整合的。

元朝时期，黔西北地区彝族土司主要有水西土司、乌撒土司和扯勒土司，在历史上对贵州社会的发展产生了比较大的影响。威宁自秦开五尺道，汉通西南夷以来，就与中原有了时断时续的交往。元代后，常有官兵前来威服，将其致力于王朝的羁縻，或直接统治之下，使各族人民长期遭受战乱和高额赋税缓解。威宁土司制度从元世祖至元十年（1273 年）乌撒君长内附后开始。据《元史地理志》卷 4 中说：设立乌撒路，十五年改乌撒路为乌撒军民总管府，巩固土司制度，二十一年改乌撒军民宣抚司，二十四年升为乌撒乌蒙宣抚司，完善彝族土司制度。在明初，为了加强对少数民族地区的控制，在云、贵、两广地区设立土司，有宣威使、宣抚使、土知府等管职。在贵州各土司中，以水西土司最大。水西土司管辖的位置在贵州省的西部，包括清代的大定（大方）、黔西、威宁、平远（织金）4 州。在乌撒地区传统职官有不同的称谓，从米至遮色 10 多种。彝语"米"汉译为"天"，即天子、帝的意思。"祖"是彝族帝制解体后各地部落政权的最高首领，意即王或酋长。"摩"是彝族部落政权最高行政首脑，即"宰相""总理"；"布"是彝族部落政权中行使军师职权，负责祭祀、礼仪，掌握彝文经典的最高祭司。在祖、摩、布三位一体的政权之下，以宗亲设立这器"则溪"（古彝语，直译为粮食种子，意思是以种量地，以地管民，具有基层政权的属性和功能）。它借鉴了中原分封制的思想，土司模仿封建制把自己的家族、亲戚等封赐管辖各地，职官称"穆濯"，后来称"首目"，"首目"之下分布管理，职官称"苏博"，"苏博"之下分设"骂恒"统兵镇守，职官称"骂色"，骂色之下设恒所，职官称"遮色"，这器、苏博、骂恒、恒所与中原所称的州、乡、里、甲相似。各级政权内部还设有"尼余、遮吉、汝额、陡吉等文武官员，各司其职"。❶ 明清时期，特别是雍正初年，云贵总督鄂尔泰在滇东北、黔西北强行改土归流，实行流官，威宁土司受到摧毁。清康熙三年（1664年），平西王吴三桂唯恐朝廷以西南已无战事而解除其兵权，遂向朝廷捏造地方少数民族领袖"图谋不轨"，应及早解除，骗得朝廷批准后动用云南10镇兵为主力，另调四川、贵州和广西清军向乌撒、水西、芒部等地方少数民族政权发起残酷的"进剿"，1665年灭了这些少数民族政权后，以天威到而后安宁之意，改乌撒为威宁，设威宁府。雍正八年（1730年）降威宁为州，隶属大定府。实际上，清中叶朝廷对乌撒地区乃至乌蒙山区实施直接统治以后，虽然派出大批流官直接理政，或宣威、宣抚遍设卫所治理，但特殊社会原因的存在，羁縻制的遗存仍在社会底层存活，从"改土归流"不归土之便利，未经朝廷册封的土目山官之类一直管控着大量土地和土民。因此，清王朝的改土归流不彻底，除盐仓土司被摧毁外，仍存在"八大土目"。清朝至民国时期，威宁部分彝区如龙街子、大官寨、牛棚子土目仍然有相当大的实力，直到1949年中华人民共和国成立后，土司土目制度的残余才被彻底消除。❷ 总的来看，元、明、清三朝在羁縻政策的历史长河中对于文化的濡染方面下了很大功夫。元朝时期，在乌蒙山区修建了公路、置驿，与内地相通的局面有了空前的提升，这样为几十万明军驻防此区域提供了极大的便利。军屯、民屯等各类屯田制度的推行给此地引进了先进的生产，带来了文明，同时也把当地民族挤压到了生存条件比较恶劣的高寒山区。改里甲制时，城镇坝区已基本上汉化了；土司除了交纳赋税、朝贡外，还享有子弟入学之权利，土官子弟先后分期到王朝最高学府学习以儒家思想为核心的汉文化，本地也相应开办儒学。显然，文化是做牢固的羁縻绳索，它在推动黔西北地区经济进步的同时，把这块原来的化外之域，越来越紧地绑在了王朝的大一统之上，这就是羁縻政策的成功之妙。

羁縻既是丝线，又是政策，也是制度。2000年来，在"华夷对举"的

❶ 禄绍康.威宁彝族辞典[M].贵阳:贵州民族出版社,2009.
❷ 禄绍康.威宁彝族辞典[M].贵阳:贵州民族出版社,2009.

民族关系格局中，适合中国国情的羁縻之治一直是中国封建制度的重要补充，它为建构统一的多民族国家发挥了重要的磨合功能。黔西北地区是中国 60 万平方千米的一个点，500 年来，也只是人类场合中的一瞬间，但是我们从黔西北土司制度的兴衰却可以读出中国传统的民族思想、民族关系、民族文明变迁和体制变化，融入大一统的皇朝体系便是黔西北地区社会发展的漫长历程，离开了羁縻这个大局，纠缠于民族历史关系的一些细节便会显得无序无章，无根无由。

总而言之，在历史上中央王朝实现进一步对边疆少数民族统治采取的方式羁縻政策，因此，随着中央王朝力量的强大和周边少数民族与中原地区关系的紧密，流官制度的逐步过渡是不可避免的，也是政策发展演变的结果；另外，中央王朝在不同时期对于区域采取政策的不同，对地方产生了不同的影响，如在地方实行流官政策，这样使各地民族相互交流、迁徙，如今居住在威宁一带的回族和汉族正是在此时期迁徙过来的，因而形成了今天多民族居住的格局和多民族文化互融的景象。

据古书记载，威宁古称"乌撒"，民国二年（1913 年）威宁改州为县，属于毕节地区管辖。毕节是一个多民族杂居地区，民族形成与上述历史演变是分不开的。据毕节地区民族事务委员会 1980 年 3 月的统计，在全地区4853819 人，少数民族 1153140 人，占总人口的 1/4，少数民族中，彝族最多，350598 人，主要分布在威宁、大方、赫章、黔西等县，川青次之，312561 人，主要分布在威宁、大方、赫章、黔西等县，苗族又次之，300716 人，主要分布在织金、纳雍、黔西等县；此外有南京人 54936 人，回族 53885 人，布依族38355 人，蔡家 12348 人，仡佬族 9984 人。显然具有以下特点：一是少数民族众多；二是汉族人口居多。汉族居多是明末清初以来的事，而民族众多则是历史如此，如古书记载，"自贵阳而西者，罗罗为颗，而黑罗为悍；其次曰仲家，曰宋家，曰蔡家……皆黔西苗属也等"。❶ 威宁是黔西北一个高寒山区，在县城的西北与云南省昭通、宣威相邻，西南与会泽相接，北靠

---

❶ 魏治臻.《清实录》彝族史料辑要［M］.昆明：云南民族出版社,1986.

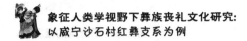

彝良、东南与本省的赫章、水城二县接壤，历史造就了民族分布的格局，全县除汉族外，还有彝、回、苗、布依等少数民族。1931 年，县设地方自治促进会，废除保甲制，设乡镇等。1932 年，恢复保甲制，设置区。1936 年，贵州省民政厅视察员到威宁调查后，报告称：该地邻近滇界，过去滇黔两省政府均不注意，居民多系大花苗，共计 10 余万人，有英国人在该地宣传教义，遍设学校，实行同化政策。1905 年，英国传教士柏格里来到苗、彝民杂居的石门与葛布传教和行医、办学的同时大量搜集威宁的社会经济情报向英国汇报。到 1936 年，外国传教士在全县境内设立基督教堂 80 多所。1942 年，中华民国政府指示赫章县第一任县长，至此，威宁和赫章各成一县，互不相辖。在中华人民共和国成立后，1955 年 6 月 21 日改为"威宁彝族回族苗族自治县"。据威宁县志介绍，目前威宁总面积 6296.3 平方千米，为全省各县之冠，境内平均海拔 2200 米，有汉、彝、回、苗、布依、白等 18 个已定民族，还有 3 个未定民族；2006 年统计，全县总人口 116.07 万人，其中少数民族人口 29.23 万人，占总人口的 25.22%，现辖 35 个乡镇❶，其中彝族主要分布在盐仓、观风海、雪山、龙街、板底等乡镇，少量的分布在其他乡镇。笔者主要调查范围集中在威宁西北一带彝族聚居的地方，如龙街、狗街、大街、马踏、兔街等乡镇。据对威宁档案局的有关资料查询可知，从旧石器时代早期到新石器时代晚期的文化遗址在威宁及周边地区的普遍发现充分证明了威宁及周边地区自古以来就有人类劳动、生息和繁衍，是我国古人类的重要发祥地之一，濮人和彝族先民是威宁最古老的居民。显然，如今威宁村庄多民族杂居现象并不是与生俱来的，因此，对其研究需要借助一定的历史记忆内容。费孝通先生在他的《云南大理历史文物的初步察访》一文中所述，对地方历史的了解，通过查阅地方志，并向熟悉当地掌故和情况的父老与干部们请教，把那些有历史价值的古迹记下来，然后挑选重点分别去实地察看，对证一下书上所记的或口头所传的遗址是否可靠，总的方式归结为：地下的遗物、地面上的碑、石刻、木

---

❶ 威宁县委党史研究史.中国共产党威宁彝族回族苗族自治县历史(第一卷)1934—1978 年[M].贵阳:毕节地区求实彩印厂,2007.

雕、壁画建筑等实物；民间的文献，包括家谱、日记、书信、诗文、契约、经卷等，特别是少数民族文字的记载；口头的传说、神话、唱本、歌曲、语言等。❶

第二节　地方经济

沙石村位于贵州威宁雪山镇的中西部，距县城 56 千米，距镇政府驻地 15 里，属于红碥行政村管辖，包括沙石村、柴目村等自然村。关于村庄地形地貌特点在威宁县志上有记载。本区域如同威宁的很多村庄一样，地貌类型高原地貌，地形起伏大，成土主要是石灰岩，有铁铝质山地黄棕壤、棕壤、灰泡黄泥土 3 个土类，其土层浅薄，加之人文活动加剧，部分耕地水土流失较为严重，是典型的喀斯特地形，部分耕地基岩裸露，土壤肥力差，广种薄收，部分坡耕地和荒草地水土流失较为严重，水资源较好，境内有河流，水源多，但未被开发利用，境内无探明的矿产资源。据统计，威宁海拔 1900 米以上的面积占土地总面积的 86.4%，境内河流落差大、水流急，因而水能资源是本县的一大优势。

威宁是贵州西部的重点林区，森林在涵养水源、保持生态平衡、防止水土流失方面起了重要的作用。新中国成立前，森林由统治阶级占有，可以任意砍伐来建造房屋等，而劳动人民住着草房；新中国成立后，每户人家分到一定量的树林。目前，由于各村庄乃至各家户保护山林的意识不一样，山林覆盖率大有差异。对于沙石村而言，人们对村庄生态保护的意识相对强些，1951 年，规定了一系列护林措施，这样防止了人们对于森林的随意砍伐，保持了森林的茂盛状态，特别是退耕还林制度执行后，保护森林的意识明显提高。笔者记得第一次去村庄调查时首先映入眼帘的是一片浓密的深山老林，一户人家也看不见，发现丛林中有袅袅炊烟升起就往前走，走进树林发现有四五十户人家。在晚上，小孩们经常三五成群地去抓

---

❶　费孝通.云南大理历史文物的初步察访[J].考古,1957(3).

栖息在树林里的各种鸟来喂养。据笔者所知，目前，即使为了建造房屋需要砍伐木材都需要召集村庄人们进行开会讨论。笔者去调查时遇到了这样的事情。

2009年，姓王的一家得到国家资助的建房款2万元建造一定面积的房屋，他认为建房砍树应该是一件比较合理的事情，不需要村庄人们的同意，这样，私自在村庄森林里砍伐保护了多年的20多棵树，之后，这件事情引起了轰动。可见，在大家的心目中，保护树林是村庄每个人的事。

对于沙石村来说，老房屋多数是用砍伐山林的木料所建的板壁房，有五六十年的历史，平房是近几年国家实行各种扶贫项目后才修建的，通常老年人住板壁房，年轻人住平房。板壁房构造是这样的，中间一间堂屋，两边各一间，有的隔成两间，四周用木板，房顶用瓦片所盖，瓦片是各家用石灰烧制而成，用不着到市场上去购买，楼上放粮食等农作物，由于过去大部分人家一年四季都烧木柴，因而墙壁被柴烟熏得黑黑的。烧火柴主要是砍树木的丫枝或者在树林里捡干树枝，特别在冬天结冰时，许多大树枝经常被弄断，因而人们通常抓住这样的机会把弄断的树枝运往家中作为烧火柴，捡烧火柴通常是各村庄在各村庄的树林里捡以避免发生矛盾。前几年，很多人家用石头砌沙墙房，但是近几年沙子和石头价格太贵而且很难获得，因此，很多人家为了方便愿意在街上购水泥来建造平房；最近，国家在村庄实行新农村建设，因而目前新农村建设的房屋模式都一样，房屋模式并不由群众自己决定，而是由国家规定，如果不按照这样的模式建造就得不到建房补助。虽然国家给村庄人们一定的补助经费建造新房，但是此费用不够建造政府所要求的房屋规格，还需要自己准备一定经费，因而，有的人家由于没有此笔经费还是建不起此类的房屋，仍然住土墙房，少数人家还住草房，草房用黄松丫枝来盖，夏天比较凉快，但下雨时会漏雨。牲口圈由各种木料如木柴树、松树等栏木掇成，顶上用松丫枝盖。每户人家的小院由土墙围着，中间留有一道木板门。

该区域气候属亚热带季风湿润气候区，具有低纬度高原季风气候的特点，呈现日温差大，日照多，年均温度11.8℃，年降水量958毫米，年无霜期为185天。冬季寒冷、夏季温凉、年温差小，部分地区长冬无夏，春秋相连，干湿两季明显，无霜期为全省最短，农作物长期受低温霜冻危害。按全国气候带划分，威宁一带属于亚热带季风湿润气候区；按热量条件划分，属中温带和暖热带气候，并具有高原季风气候特色，冬季寒冷、夏季温凉、年温差小，各种天气造成的灾难不一样。以霜灾来讲，由于地势高，空气稀薄，大气透明度好，夜间晴空乌云时，地面辐射冷却强，加上高原面冷湖效应明显，全年除了7月不会出现霜冻外，其余月份均会出现霜冻。晚霜，3月下旬，以1994年为例，4月8日，最低气温零下8摄氏度，全县大部分地区的水果树和小季作物均被冻坏；早霜一般出现在9月或者8月底，据村庄人们回忆，近十几年来危害最重的是1998年8月底，当时很多人家种在地里的洋芋、玉米等农作物被凝冻。❶ 关于气候笔者调查该村时有亲身体会。沙石村属于新街管理区，目前只修通一般小型车辆能通过的公路，因而交通不太方便，据政府有关人员介绍，2012年准备投资一定资金修建普通乡村公路。笔者在2010年寒假期间去村寨进行调查时深有体会，清楚地记得去沙石村调查正是冬天寒冷的季节，缘于气候较冷，很多路段结冰，致使交通事故频发。过程是这样的：我们2010年2月14日从毕节乘坐汽车，汽车在中途被堵了3个多小时，晚上6点多，还在大雾中缓慢行驶，到威宁县城时已是晚上十点半，因天气寒冷及意外交通事故的耽误，在威宁县城待了一夜，2月15日，冒着寒冷的天气，从威宁县城乘坐汽车到雪山镇花了4个小时，如果正常的话只需2个小时。该镇属于威宁海拔相对偏高的区域，即使天晴时有些许阳光，但在有些路段及山野还存有积雪，气温较低，冷风冽冽，道路潮湿、路滑，在这样的情况下，路上车祸事件时有发生，那天在威宁小海镇（雪山镇的邻镇）前方的小村庄，摩托车和面包车相撞，致使乘坐在摩托车上的3个年轻人受伤，由于远离县交警，不能及时得到解决，致使交通堵塞现象的发生，等到交警赶到处理后，我们才得以通行，行程也自然受到影响。第二天一大早起来，下着蒙蒙细雨，

❶ 威宁彝族回族苗族自治县地方志编纂委员会.威宁彝族回族苗族自治县志[M].贵阳:贵州人民出版社,1994.

雾蒙蒙的，人们只能在 50 米之内彼此才能看清楚对方，去此村交通不太方便，但时间紧迫，因此，选择步行，8 点出发，冒着刺骨的寒风直奔往此地，由于天阴时间段过长，蒙蒙细雨飘过，路上满是稀泥，走到半路时，遇到一辆小四轮车，最后花 2 个小时到达沙石村的邻居村，到达沙石村庄还有 2 里路，这一截路只有步行小道，因此，踏着泥泞小路，赶往村庄，天空雾蒙蒙的，几乎认不清是哪个方向，幸运的是一个姓张的苗族老人领我们到目的地。实际上，在威宁冬天，很多边远村庄由于交通不便、气候寒冷等方面的原因发生上述情况是难免的。

该地农作物的种植与其气候有密切联系。该区域适宜种植玉米、马铃薯、豆类、天麻等作物，苹果、梨、核桃、花红等经济林木和药材，再加上天然草牧场广阔，因而是发展畜牧业的重要基地。该区域土地资源丰富，土山比重大，家户占有土地量大。生物资源丰富。草场广阔，牲畜齐全，畜牧业资源为该县突出优势，是著名的畜牧之乡，农作物资源丰富。马铃薯产量占全省产量的 17.1%，苹果占 36.2%，在开展山区多种经营方面潜力大。能源资源丰富：煤矿丰富，储存量大。但是也有不利的地理环境因素，如地势高，不易发展水稻。因此，此地流行"荞麦洋芋过日子，想吃米饭，要等两辈子"的俗语。

据考古资料发现，威宁在历史上盛行的经济方式有采集、渔猎、农业及手工业等。1978 年在威宁中水发现与昭通等地文化遗存相似的吴家大坪文化遗址，遗址中古人类的经济生活以农业为主，为新石器时代的可乐文化遗址，除石器外，还出土了陶纺轮，说明了人们当时已学会了纺织。1982 年在威宁草海南岸王家院村发现的旧石器时代晚期遗址，证明威宁早在距今 15 万年前就有依靠采集和渔猎生活的古人类生息繁衍。❶ 新中国成立前，威宁长期保持着刀耕火种的原始生产状况，还有封建剥削制度束缚了生产力的发展，因而导致了低产作物过多，产量难以提高，贫穷现状难以改变。新中国成立后，县政府根据这样的状况发动群众，积制肥料，在习惯上没

---

❶ 禄绍康.威宁彝族辞典[M].贵阳:贵州民族出版社,2009.

有厕所的那些地区，劝说群众挖厕所积肥，改白籽下种施肥，努力做到精耕细作，改变粗放型的耕作习惯，用石灰改良酸性土壤，是劳动人民总结出的经验。土改后的 1952 年，农业生产上了一个台阶，除自给外，红豆、洋芋还可以出口外销，结束了历史上只种荞子、洋芋、燕麦的勺甸、狗街的民谣："勺甸龙街子，荞麦过日子，想吃苞谷饭，除非媳妇过日子，想吃大米饭，除非两辈子"的历史。

社会生活运作的经济框架与社会群体有密切的联系。经济框架增加了人们对获取社会财富和服务的需求，资源分配的不平均和流动的可能性是乡村生活异质性的重要方面，也是为人们提供政治和仪式差异的基础。❶ 对于中国而言，不同地方经济方式差别很大。在中国的东南，灌溉稻田是最普遍的农耕方式，把稻米作为主食，大量的稻米冲积着产量。此地与东南的福建和广东地区不一样，由于人户比较稀疏，家户与家户之间居住的距离大概相隔 100 米，人均占有土地的面积相对大些，主要以洋芋、玉米、荞子冲积产量，主食为洋芋、荞子，其中洋芋大量投入市场，主要通过外地老板来村庄直接收购输送到外地，如广州、昆明等地；荞子分甜荞、苦荞两种，耕作技术和工序基本相同；每年所收获的洋芋和荞子主要用来喂养牲畜和销售，同时也是他们特色的饮食之一。"荞粑粑"东部方言彝语称为"谷八"，彝族出远门喜备的干粮，用苦荞、花荞或甜荞面加水揉成团，揉好后，做成自己所需大小的圆饼，放到锅里蒸熟，或放到柴火灰中烧熟，然后洗净食用，可保存一周左右不变质。燕麦用来做炒面，用燕麦先蒸后炒至熟，磨成细面，可单独干吃，也可加白糖、蜂蜜等调成糊状或颗粒状进食，可保存数月不变质，便于出远门带做路上食品。甜酒，食品原料多用玉米，也可用大米或麦类，加上甜酒拌匀，用布袋包好放入箩筐，用草或被盖捂严保温，充分发酵后即装入坛子，用冷水调制煮浮拌甜酒，如今这一饮食作为各种礼仪活动的早餐。玉米产量很高，收益很好，他们除了卖玉米来购买米吃外，剩下的用来喂肥猪，每户人家每年平均要杀两头 300

❶　弗里德曼.中国东南的宗族组织［M］.刘晓春，译.上海：上海人民出版社，2000.

斤左右的肥猪，喂养的肥猪一般不往外销售，主要是自己吃或者请人们干活时用。由于此地气候的原因，猪肉能保存多年，称为"老腊肉"，主要用这几种粮食来喂养，因而味道好，食用的方法通常是把洋芋和肉拌在一起吃，那样比较可口。

他们种植农作物的土地，特别是种植洋芋、荞子多数方式采取砍火地，一方面为了增加产量的收入；另一方面主要是缓解土地连年栽种的压力。据有关资料记载，新中国成立前，砍火地不是很普遍，多是无地、少地、租不起地（押金太重）、租不到地的穷苦农民在荒山、荒坡用刀耕火种的方法种植；目前在沙石村这种现象比较常见，由于土地贫瘠，种植时间长后，土质不好，加上有比较广泛的荒山野林，有充足的空地可以实行这种种植方式，不实行连年栽种，采取丢荒，连续种植几年后土质越来越差，特别是种植荞麦或者土豆的土地。据说以前丢荒是由于缺乏化学肥料，并且山地离居住地比较远，无法把大量的圈肥背到山地，不得不丢荒。而如今由于有的人家年轻人出去打工，没有劳动力，无法耕种，并且租出去比较廉价。砍火地的耕作程序：在头年8月左右把已选定的荒山荒坡上的野草杂树砍倒，到第二年的2月，被砍倒的野草杂树已经枯萎，便放火烧去，留下灰烬就可作为肥料，专门栽种子，用土盖好就行，不需用任何化学肥料；火地多是高山，挖出的土地面积大，第一季通常种植荞子和洋芋，栽种时用牛犁，用火地种植的洋芋产量非常可观。砍火地虽然是生地，但草本灰肥多，地力肥，所以收成好。以前交通不太方便和很多外地人没有到这些地方来收购洋芋时，他们通常需要把收获的洋芋用背箩一筐筐地运到家里，然后在天晴时把一部分大洋芋放在洞里以防止冷冻。洋芋洞一般是几尺深，要放洋芋之前，在底面铺上适量干树叶子，然后把洋芋倒在上面，一般是每种洋芋分别放入不同的洞里，如中心三号、中心一号、米拉等很多品种，这样使用时方便，在冬天时，当人们想吃洋芋时，就可以在指定的洞里去拿，洞口用苞谷草盖严实。通常，小洋芋主要是在冬天时用来喂牲畜，如牛、猪、羊等；中间型号的洋芋做种子之用，栽种在山地的洋芋多是整个的，不切成多半，如果是套种时一个洋芋切成两半，这样有利于节省数目。

由于有这样好的收获，人力比较好的人家都想去自己开荒，特别是前几年没有人管理，造成大量的山坡受到破坏，栽种几年后，导致水土流失、山体滑坡等现象，近年来，得到了政府的严加管治，每一个乡镇分为几个管理区，管理区下设村委会，随后任务落实到每家每户，把附近的山坡进行划分，规定在无树的山坡上栽种适宜本地的树。

新中国成立前，由于此区域耕作技术落后，农作物的产量极低，苞谷每亩产几十斤，过去曾盛行的民谚至今很多老人还在我们的耳边经常说起："高雾大细雨多，庄稼一种几遍坡，到了每年秋收时，洋芋好比核桃大，苞谷只有辣子粗，耗子进地要跪着。"生动的谚语揭示当时的生产情况。如今其他地方老一套观念还渗透在他们的心窝里，如"龙街子荞麦过日子"，反映过去这一带土壤的贫瘠，只能栽种荞子、洋芋诸如此类生长在高山上的农作物。实际上，依照目前的产量来推测，以前造成这样的收获主要是由于人们的观念及其生产技术的落后。由于生产力落后，人民生活极为贫困，如在沙石村调查期间，和一位80多岁的老人拜谈中，无意听到这样的事实，很多农民在交了租后，几乎一无所有，饿了就去地里挖如今喂猪的野菜，如蒲公英、瓦抓菜、豪汁等一系列植物来填饱肚子，并且由于当时医疗条件差，因此，很多人吃了这些东西后，因身体不适而导致死亡。当然，听他说起来导致死亡的还有其他很多原因，如连续几代的近亲结婚也是其中原因之一。

生产工具的类型由农业形式决定。此地工具大多属于铁制工具，很早便被广泛应用于各生产部门，从翻土到收割使用铁制工具尤为广泛。畜力早被普遍运用于农业生产和运输，如用牛犁地。铁制工具普遍使用，但种类少，结构简单，发挥效力较低。新中国成立以来，农业占主要地位，其次是手工业，商业不发达。手工业作为一种副业生产，生产者从事农业劳动的同时，利用赶集或农闲季节从事手工业劳动，在手工业中没有师徒关系，一般多为父子世代相传的家庭手工业。村庄主要生产工具类型——犁头：不同的地方把犁头称为不同的名称，如狗腿犁、琵琶犁等，此村人们把它称为琵琶犁。琵琶犁宜于山地、陡坡及开荒使用，其作用主要是翻土和松土，把其地面上农作物的根、茎及杂草犁翻入土内以便作为肥料，同时起蓄水保肥的作用。犁头除了用来犁硬土外，也是播种的必备工具，一般每家农户都有。他的构造共分以下几个部分：除铧口是用铁制以外，其他各部分用木头制成，铧口扁平，上宽厚实，底间薄，中间凹，两头高。在耕种和播种季节，其损耗情况要根据土地质量的好坏决定，锄：农业生产必备工具之一，主要用于挖地、下种、除圈粪、挖沟等。锄分板锄、条锄、大锄等；镰刀：收割各种农作物和割牲畜的饲料等，是农业生产上必备的工具之一；钉耙：农业生产的主要工具，用于除粪、挖洋芋等。荞麦棒：用来打荞子的棒；背箩和花箩：背箩运送肥料，盛装收割的农作物；花箩主要用来搂木叶子或者是割牲畜饲料；砍刀：砍猪菜、砍柴、砍火地等；斧头：修整树木、砍柴，修整工具和用具等。这些生产工具都是他们自己打制而成，正是他们具有这样的特色手工业因而称为"蜡勾"（汉译为"铁匠"）。据调查发现，在新中国成立前彝族苗族劳动人民所使用的铁制生产工具及各种铁制产品大量由汉族铁匠制造，他们一般都到市场上向汉族商人购买，唯有铧口是彝族支系"蜡勾"的人专门打制的。目前，各民族相互学习，很多其他民族也学会打制铧口的本领，彝族、苗族也向汉族学习做木制家具等，因而目前也出现苗族、彝族的木工和石工。

新中国成立初期，威宁青山绿水，全县有 400 万亩适宜放牧的草原和灌木丛，尤以乌蒙山脉地带的斗母凶、百草坪等处宜牧面积最大。这些地带草原辽阔，气候适宜，加上各族人民有亦农亦牧的历史习惯，因而威宁有畜牧之乡的美称。新中国成立前，大部分畜牧为统治阶级占有；新中国成立后，结束了几千年的封建统治，摧毁了旧的生产关系，使农民有了土地、牲畜及其他生产资料。政府根据当地的实际和山区特点，加强了对畜牧业生产，并给予经济扶持，采取了积极措施，动员群众喂养母猪、母牛等，农民第一次喂养了自己的牲畜，畜牧业获得了迅速的发展。1987 年，实行草场承包，改变了几千年来家家要放牧，户户不管草场的陈规陋习，把草场的责任权交给农民，这样充分调动了人们自觉、自发管理草场的习惯，为草场的不断优化奠定了基础。

　　威宁的畜牧业有悠久的历史，早在唐宋时期，就有用马向中央王朝朝贡，明朝用茶、盐、布向乌撒（威宁）土司进行交换等历史。据《贵州通志》记载，清朝时期，此区域以牧养为业，但是牲畜大部分掌握在土目和地主阶级的手中；如今，畜牧业主要集中在威宁西北一带，如狗街、龙街、马踏、新街等，通常人们把这一带称为凉山。新中国成立前，牲畜大部分集中于土目和地主家里。目前来看，禽类资源丰富，有鸡、鸭、鹅等，品种齐全，九斤黄是著名的良种鸡，分布在龙街、大街、雪山、中水一带，毛色以黄色为主，体健、觅食能力强，具有肉质鲜、味道鲜香等特点。家畜主要有猪、牛、马、羊、狗等，他们有丰富的饲养经验，在每一季节采取不同方式饲养牲畜，他们的牲畜不实行圈养，在庄稼栽种一直到收获之前，每家安排一个劳力（大人或者小孩）来放养，在冬天或者秋天地里没有农作物后，牲畜实行放野，不需要人力来看管，到了午饭或者晚饭时各自会回家吃饭。养狗的目的一方面是为了看家；另一方面也作为他们的益友，晚上，狗守在门旁边看护着牲畜；白天，主人家干活时，狗跟着主人家，主人到哪里，它们就到哪里，每一条狗都有主人家为它们取的可爱的名字。我记得起初去调查时，在会计家门口停留片刻，从家里一下子跳出了两条大狗。马是彝族很多人家从古至今饲养不间断的牲畜，他们对马有着一种特殊感情，马的雄壮程度是他们的骄傲，是乌撒地区朝贡不可缺少的礼物之一。饲养牲畜一方面有利于提供圈粪栽种庄稼；另一方面也是为他们提高经济来源的途径。肥料的利用和使用情况：此村从过去一直到包产到户初期，多数在栽种农作物时用的肥料是牲口粪，如羊圈粪、牛圈粪等，或者是草木粪、柴灰等。那些喂不起牲口或者是牲口比较少的人家，每一年的收成与情况好的人家相差很大。近年来，很多人家在种植洋芋、苞谷等方面也购买了很多化学肥料，比以前产量明显增加了，但是土质受到了影响，如果重栽同样的农作物即使用了大量的肥料收成也不好，因此，人口多的人家，很多年轻人选择到外地打工，外出打工只分年龄段，到了谈婚论嫁的年龄，家人们就不允许年轻人再继续打工，需要在村里成家立业，养老人，传宗接代，因此，土质的保护对于下一代年轻人的后路着想也是前辈人必须面对的问题。当然不仅表现在土质的保护方面，还有森林的保护等，通常人们在保护这些方面上渗透着老一辈的传统思想，不能违背其祖先传下来的思想道德知识。一直以来喂养牲畜的多少是评价贫与富的重要原因，这种观念在当今也比较突出。特别是说媒时，媒人首先给女方家老人介绍诸如此类的话：男方家喂多少头过年猪、目前有多少羊、牛。在人们的心目中，村长家庭条件相对来说好些，土地、牲畜数量多，当媒说好后，女方找个机会去男方邻居家或者向相关人们打听男方的情况。从古至今，饲养技术粗放、医疗条件缺乏致使死亡率高也是一个问题，如果哪一年遇到牲畜灾难的话，大家会互相帮忙。据人们介绍，2009 年，沙石村牲畜染上传染病，全村牛全部死亡，结果给本村带来了很大损失，不仅是牲畜量减少，更重要的是庄稼无法栽种，后来亲戚或者家族们伸出援助之手，如亲戚买一头母牛送给受灾难的人家，或者把自己的牛借给他们处理庄稼等。

威宁属于省内高牧业基地，牧草种类多，草场面积大，农作物产品丰富，牧草主要以乔木科牧草为主，此外还有梅式画眉草、鸭茅、旱茅等，豆科主要有白桑叶、紫云英、香豌豆等，还有蔷薇等灌木丛，其叶也可为牲畜食用。境内气候类型多样，为多种药材生长提供条件，栽培药材如党参、天麻、三七、人参、木瓜、银杏、芍等30 多种，其中天麻、三七栽培面积大，特别是哲觉栽培天麻极为普遍，称为当地致富门路。野生药材共 500 多种，有天麻、泡参、黄连、三颗针、山楂、葛根、蒲公英、何首乌、血藤等。

了解沙石村的粮食种植情况可以通过所属行政村红碣村的有关数据获知，此份材料由雪山政府提供大概数据，仅供参考：以 2008 年为例，红碣村 2008 年农作物种植面积 9732 亩，其中粮食作物播种面积 6320 亩，粮食总产量 924 吨，平均亩产 146. 2 千克，低于全镇平均水平；农民人均占有粮食 527 千克，推广面积只有 143 亩，占粮食播种面积的 2.3%，科技含量低，耕作粗放。烤烟 900 亩，其他作物播种面积 2512 亩（主要是绿肥）。2008年猪存栏 1492 头，出栏 945 头；羊存栏 782 只，出栏 390 只，家禽存栏 2618 只，出栏 1340 只。年肉总产量 41 吨，人均 23 千克，高于全镇平均水平。2008 年年末全村总产值 617 万元，其中，种植业产值 317 万元，占农业产值的 54.2%，养殖业产值 300 万元，占农业产值的 15.4%，农民人均纯收入 2810 元。2008 年年末全村经济总收入为 617 万元，纯收入为 492.593万元，农民人均纯收入为 2810 元，在 395 户农民中，有 137 户属贫困户，占全村总户数的 58.7%，人均纯收入低于 1196 元的贫困人口 400 人，占全村总人口的 51.03%，其中，人均纯收入低于 820 元的极贫人口 267 人，占全村总人口的 15.9%。无劳动能力和无收入来源需社会救助的 20 人，住房简陋，全村有 95 户住房属危房，是贫困村之一。● 劳动力主要从事种植业和养殖业，外出务工的人员少。

对于沙石村来说，农作物和牲畜是商品交换的主要形式，他们选择的市场主要是本镇集市中心——狗街，这是本镇最大的集市，次之是大街、新街、妥打等地，当然还有其他不定期的临时集市，但人数比较少，来此集市赶集的人比较多。狗街集市形成的主要原因是生产力的发展和生活的需要，需要一个中心市场，凭着政治经济的势力，采取各种措施，使此地成为一个中心市场。在新中国成立前，商品交换的种类主要有农产品、畜牧、手工业及生活日用品等，农产品主要有荞麦、洋芋、苞谷；手工业主要是打制铧口、锄头、镰刀、撮箕、花箩等；牲畜主要有马、牛、羊、猪、狗等。农畜手工等产品主要由当地农民自产自销，至于布匹多是其他地方的小商贩从外地运来，如昭通、彝良、赫章等县。新中国成立前特别是盐巴和鸦片都是从其他地方运来，如昭通、彝良，每场卖盐巴的商贩有十多个。据老人们介绍，各民族商品交换都有其自身特点。本地人没有专业商人，无论是汉族或少数民族都以农业为主，到赶集的日子摆点小摊，商品单纯，一般只能赚点零花钱。总体来看，新中国成立前当地居住的彝族、苗族除了少数农户兼营小商贩外，没有专业商人，小商人多为汉族和回族，汉族商人一般把食盐、布匹等运到市场上销售，同时在此地收购特产、药材等销售到外地，回族商人运植物油、布匹再购家禽及其杂货等。

● 以上数据由雪山镇政府提供。

第三节　地方历史文化

　　贵州是一个多民族聚居的省份,有汉族、苗族、布依族、侗族、土家族、彝族、仡佬族、水族、回族和白族等民族,其中少数民族人口占全省总人口的 37.8%,民族区域自治地方土地面积占全省总面积的 55%。少数民族人口分布十分广泛的贵州有利于各民族之间的交流与互助,居住特点呈现大分散、小聚居的特点。但是各个少数民族的分布情况有相对的独立性:苗族主要分布在黔东南苗族、侗族自治州,黔南布依族自治州,黔西南布依族苗族自治州,安顺,毕节地区;土家族主要分布在铜仁地区;彝族主要分布在毕节地区和六盘水市;回族散居在威宁、水城、平坝等地区;各民族历史源远流长,在漫长的历史长河中,各族人民团结合作,和睦相处。在贵州的民族关系上,各族人民友好合作,团结互助。从历史上来看,各族人民在居住上相互交错,在经济上相互促进,在文化上相互交流,在生活上相互往来,在语言上相互沟通,各民族共同开发贵州,共同促进贵州经济文化的繁荣,共创贵州的历史。在各民族的分布决定了各民族文化互融现象,呈现了区域文化多样性。该特点不仅反映在区域文化的多样,同时也表现在同一民族文化的多样,如表现语言、经济、手工等方面。首先,以语言来说,据调查,各民族之间语言隔离的现象逐渐消除,许多少数民族都兼通汉语和其他民族的语言,汉族中有不少人也精通少数民族语言,并且在语言上相互吸收或相互借鉴的现象极其普遍。这是因为随着社会的发展,很多少数民族语言没有随之更新,因此在很多情况下无法用其来表达新出现的景象,各民族之间的文化共享是难免的。其次,经济文化的沟通。此项沟通并不是一时之间形成的,而是长期以来都有渗透,如迁徙而来的汉族把先进的农耕文化和经营方式传入贵州,对贵州原有的少数民族经济产生了不同程度的影响;还有少数民族特殊的生产技术如苗族的刺绣、布依族的蜡染、侗族的建筑、彝族的擀毡等在贵州各民族中传播,使贵州的经济具有鲜明的民族特色。各民族相互融合,发展独具特色、丰富多彩的民族文化。因此，大家共生于同一环境之中，互相学习促进了和谐社会环境的构建。

　　沙石村与且冲村、柴目村相邻，如同威宁其他村庄一样通常一个村寨以单一民族或者单一支系的形式居住，村寨与村寨之间以相对稳定的参照物划分边界，如河流、路、山等景物。通常有这样的说法：山背后、大路上边或者小河边的彝族等。以此村来说，主要是彝族支系红彝居住于此，且冲村主要是苗族，柴目村主要是汉族，呈现大杂居、小聚居的特点。苗族又称为小河边的苗族，汉族又称山脚下的汉族等，也就是说，各民族及其彝族各支系拥有相对独立居住的村落空间。这样的居住格局使他们保持了语言、服饰、宗教信仰、生活习俗、审美、价值观等不同的传统文化。显然，不同称谓的村寨不仅表现了彼此之间地理位置的相对独立，更重要的是表现文化的差异性。每当傍晚时分出去散步时，各村庄各民族特色的歌声就会传入耳中，苗族唱礼拜歌，彝族村寨也是男女老少聚集在一起，互相推举善歌的男女青年对歌，一阵阵的歌声驱散了人们因白天干活而产生的疲劳，大家都陷入了一种宽松而愉快的氛围之中，悠扬的歌声打破了村庄的寂静。汉族村民们晚上也相互之间串门吹牛，有时候也在议论谁家把谁家背后的煤炭偷了、土地里的红豆又少了一些等之类的话题。此区域使用不同的语言，彼此之间的文化差异很大，但是他们有很多活动都互相牵连在一起，正是这样的特点构建了一个多元文化和谐发展，各自发扬其自身文化自觉性的区域。每当进入此区域时，给人的印象是各民族有其自身丰富的民族文化，保留自身文化传统，以独特的文化建构自我与他者的区分。他们彼此的划分如姓氏、礼仪等各种习俗文化、观念等构成了划分边界的标志，但是边界是流动的，人们的边界划分是变化的，如大家共同交往时，通常把文化的标志作为边界的划分，但是在国家对于村落进行扶贫时，人们的边界就会逐渐淡化，扶贫政策不因民族的不同而实行不同的政策，如建房款项、辅助煤炭等都是平等的，这时边界在人们的心中就会逐渐淡化。但是大家毕竟生活在同一区域，互动是难免的，在日常生活中，各民族在各种小型的活动中交往机会比较少，但是在大型的社会活动

如出生、丧葬、婚礼等彼此都相互帮助，相互支持，相互理解，因而文化
互融的现象比较明显。文化互融的现象主要表现在两方面：一是语言。很
多彝族会说苗语，苗族会说彝语等之类的事情比较常见；二是宗教信仰。
各自保留自身文化特质的基础上融有其他民族宗教的文化成分，如大多数
彝族信仰布摩（毕摩、彝族祭司）文化，汉族信仰地方性道教文化，苗
族信仰地方性基督教，之所以称为地方性道教、地方性基督教，缘于地方
复合文化因素。❶ 地方复合文化主要从以下几个方面展开。

　　第一，语言、文字。此村彝族不管大人小孩都通晓彝语，他们操的彝
语和贵州其他地方的彝族一样都属于东部方言，只是在土语上有差异。通
常情况下，同一族交流时选用彝语，在集市上或者与其他民族交流时选用
汉语，由于各民族相互交往，因而彼此会说对方的语言是普遍现象。我们
知道，彝语是彝族人民交流思想、协调社会生活、组织社会生产、维系社
会组织的重要交际工具，是彝族先民在集体劳动过程中，由于相互交往的
迫切需要而产生的，并且经过了漫长的发展而逐步形成的共同语言，属汉
藏语系藏缅语族彝语支，分北部、东部、南部、东南部、西部、中部6种方
言，不同方言有50%左右的同源词和25%以上的汉语借词，这说明分布于
广大地区的彝族与汉族有着血肉不可分割的联系。东部方言主要分布在贵
州毕节、安顺、昭通、曲靖、红河、楚雄等地。东部方言又分黔西北、滇
东北、盘县3个次方言，乌撒土语主要分布在云南威宁、赫章、纳雍、水
城、彝良、会泽、宣威一带。乌撒土语是属黔西北次方言的一个土语。乌
撒系主要在今威宁、赫章一带的彝族君主默遮俄索之名的演化地名，乌撒
土语又分为威宁、赫章次方言，使用范围大致之今贵州威宁、赫章和与之
相邻的水城、纳雍及云南彝良、会泽、宣威等地的部分地区。由于社会历
史的影响和语音的差异，习惯上将威宁彝语分为赫章次方言，县境内东部
的盐仓、板底、二塘、猴场等乡镇的彝族操赫章土语；西部的黑石、观风、
牛棚、中水、龙街、大街、雪山、羊街、小海等乡镇的彝族操威宁次土语。

---

❶　余舒.象征人类学视野下的彝族丧葬仪式研究——以威宁县浆子林村为例[J].西南民族大学学
　　报(人文社会科学版),2011(3).

居住在县城的彝族青少年绝大多数以汉语为主要交际话语，威宁县以彝语交际的人近 8 万，占全县彝族人口的 85% 以上。威宁的彝语特点：一是辅音、元音的数量悬殊，辅音清浊数量接近；二是辅音分塞音、塞擦音、鼻音、边音、擦音 5 类；三是舌尖后音与舌尖前音相对立；四是元音多为单元音，不分松紧；五是声调简单，只有 55、33、13、21 4 个调；六是基本词汇以单音节为主。威宁此方言有辅音 46 个，单元音 9 个。

沙石村彝族正如威宁的很多彝族村庄一样，在举行各种较大活动时请具有一定知识水平，并懂得彝文的布摩主持活动，各支系的布摩所用经书一样，只是布摩会根据此支系的特点进行相应内容上的细微改变。沙石村彝族举行活动时，在另一个乡镇请具有亲属关系

布摩家里

的陈布摩来举行，陈布摩 45 岁，作为这一身份已 10 多年，初中文化程度，如今是一位民办教师，20 多岁就开始跟他父亲学习主持此类仪式活动，后来进修于毕节双语师资班，精通彝文。为了使本民族语言文化继续传承下去，他一个人在镇中心办了一所双语学校，招收彝族学生，学校现有学生45 个。在上课期间，家里的活他都来不及干，因此，全部家务活都压在他

布摩存放经书的地方

夫人的身上，他则根本没时间考虑家务，一个月仅 80 元钱的工资，一心想到的是要使自己的民族学好本民族的语言文字，从而继承前人所遗留下的优良传统文化。他孜孜不倦的教学精神不仅打动了乡村老百姓，省教育厅也被他的精神感动，于 2004 年将

他转为公办教师。笔者调查期间也亲自到他家作了访谈，陈老师性格温顺，而且办事比较认真负责、严肃。我清楚地记得，在笔者申请翻阅他的经书之前，他先用酒奠一下经书，然后把奠书剩下的酒一口气喝完，才开始把书借给我翻阅并认真地向我讲述经书的内容。这些书已经很破旧，有的字迹已模糊不清，是先祖那一代遗留下来的。他讲解完经书后，把所有的法器拿过来放到桌上，给我细致地解说其主要功能，法器主要有以下几种：

一是法帽，由羊毛纺织成的斗笠，是布摩与神接触的保护伞，做重大法事时必须戴上，每做完一次祭祖大典后要在法帽上钉一层薄羊毛毡。法帽上系一对鹰爪，据说这样做的目的是使所念的经更有灵气；二是法衣，多数是由羊毛织成的特制毡衫，有的

法帽和经书

用丝织品、麻织品制成，有黄、红、黑几种颜色，丧事法术披黄色或黑色，嫁娶喜事法术披红色；三是签筒，彝语称"维吐"，上方为龙口形，下方作

签筒 彝语叫"维吐"

龙尾形，也有的签筒头似鸭嘴形，尾作圆形，内装有签条39根，签条头削尖的代表男，削平的代表女，做占卜用；四是神扇，用铜、竹或木做成，彝语称"勤克""涛秋"，用在祝福、超度、请神、招神、驱鬼时用，上面

雕刻鹰虎图像或涂上土漆，供布摩在庄重场合使用。法器内容丰富，后面有说明，在此不一一介绍。由于地理、历史、文化、语言、社会、传统等诸多方面的特殊因素，现在的威宁狗街、龙街一直被视为彝区的腹地，因为这一带历史上出现过许多著名的布摩和世传的布摩家支。布摩是彝族传统社会中掌管文化的神职人员，其职能涉及宗教、医学、天文、文学等广泛的文化领域。新中国成立以后，尽管经历了许许多多的风雨，布摩仍然活跃在彝族百姓的日常生活中。为了祈祷一年的平安吉祥，普通彝族农民家庭一年要在春、夏、秋 3 季聘请布摩为其做法事 3 次，家中有老人去世，还要举行更大规模的送灵仪式。布摩由男性担任，掌管文书和主持祭祀仪式，多系世承家学，也有拜师学艺者，一般不脱离生产，家庭经济来源多从为人做法事中获取，比一般农户富裕，在社会上有一定的地位和较高的威望，识古彝文，通晓经书，主要从事唱念经文、画符念咒、占卜吉凶、安灵牌、超度亡灵、禳灾、驱鬼、祈福、招魂、合婚、咒人、算命、选择吉日、神明判决等活动，有的还懂得律历、地理、伦理、医药、谱牒、神话方面的典籍。

　　彝族有自己的文字，历史上称彝文为爨文、爨字、㑩文、罗罗文、布摩文，是彝族先民智慧的结晶，与汉文一样拥有悠久的历史。四川凉山地区的彝文经书，用竹片或木炭锅烟，自右至左横写在木板上，滇黔地区则为笺纸的墨写本或刻印本，由左向右写，多为韵文，便于背诵。彝书卷帙浩繁，内容丰富，具有重要的研究价值。古彝文是超方言的表意文字，具有系统的造字方法，字形有独体字和合体字，字体有方块字，少数是原型字体，有象形、指示、会意、形声、同音假借字等。通过对彝文古籍文献记载的分析可知，六祖分支之前，彝族是一个语言、文字相通的民族，自彝族六祖分支后，不断向各地方迁徙，原来统一的政治、经济、文化体系随之发生演变，掌握并负责传承文化的布摩以篡改文献、颠倒文字、各部的布摩之间互相不交流等方式，致使相互之间看不到彼此的文字，因而逐渐地各区域的文字语言互不相通，改变了代代相传的彝文手抄本的结构，导致了今天彝族文字的混乱，出现了各用各的字的情况。另外，由于各地方言不同致使同音字混用，各地的彝文学者在运用文字时也争论不休，彝族文字还没有实现统一。❶ 同其他兄弟民族一样，彝族曾为祖国的统一和繁荣做出了应有的贡献。彝族先民创造了光辉灿烂的古代文明，其重要的标志之一就是古老文字的发明创造和使用。正是这古老的文字，忠实地记录了彝族漫长的历史，从而形成了卷帙浩繁的彝族历史文献。

第二，教育。沙石村50户人家，其中本科以上学历很少，至今有3人，很多初中毕业或者未毕业就辍学回家帮助老人做农活，少数学生小学毕业就不愿意继续读下去，有的去外地打工，有的留在家。孩子年满7岁入学，目前大部分就读于雪山小学，少数在妥打小学和花硐小学，据他们介绍，近几年来两所学校上学的学生越来越少，因为去妥打小学上学的路途中狗比较多，至于花硐小学是民办小学，教学质量不太好，前几年来一个外地老板为此所学校投资了20多万元，但是由于地方边远的缘故，师资比较缺乏。政府关于沙石村所属红硐行政村教育有统计数字，全村有劳动力898个，劳动力受教育程度低，小学以下文化726人，占74.86%，初中文化156人，占21.99%，高中以上文化程度的只有16人，劳动力主要从事种植业和养殖业，外出务工的人员少。

第三，宗教。沙石村彝族主要信仰布摩文化，邻居村苗族信仰基督教。对于威宁村庄来说，有佛教、道教、天主教、基督教等宗教的传入，由于不同地方的历史背景及居住格局等方面不同，各地宗教信仰有区别。各种宗教传入威宁的情况在威宁县志上有记载，下面逐一进行简单介绍：①佛教的传入：延祐年间（1314—1320年），西竺僧人由云南往江浙，途经贵州西部，便在这一代传授佛法，但由于元代前的乌撒交通不便，开发迟缓，故来自中原一代的佛教只在贵州遵义一代，还难以迅速传到乌撒。元代后期出现的贵州寺庙中有威宁的万寿寺，可视为佛教传入的明证。❷ 佛教在明代传播证据，如在明末建的上帝庙，大多建于清代，如万寿宫、大佛寺。

---

❶ 王子国.彝文字释[M].贵阳:贵州民族出版社,2009.
❷ 威宁彝族回族苗族自治县地方志编纂委员会.威宁彝族回族苗族自治县志[M].贵阳:贵州人民出版社,1994.

民国二十八年（1939 年）建立威宁佛教会，会员 60 余人。1950 年，佛教消沉，从总体上来看，人们信仰佛教的人比较少；②伊斯兰教的传入：1253 年，忽必烈统兵 10 万分兵三路进攻云南，随军南征的"回回军"驻守乌撒，遂选下坝、杨家湾等地，生息繁衍。1381 年，回族随将军傅友德来威宁，伊斯兰教随之传入。1569 年建清真寺。伊斯兰教行法、礼俗已遍布回族穆斯林居住的各乡，如梅花、黑石、小米等 20 多个乡镇。威宁的回族信仰伊斯兰教，他们的很多节日来自此教，如开斋节、姑太节等。开斋节清晨，回民们将油香当作节日礼品拿来送给大家，除较贫困的回民外，按每户家庭成员拿出 4 斤小麦或相等价的货币，给回民贫困者、求学者、资助办学者或修清真寺；古尔邦节这天，回民们淋浴净身后，穿上节日盛装，在黎明时，各家拉一头壮牛，或者一只羊来到宰牲场地进行宰牲，宰的羊和牛除了自己食用外，其余部分分给阿訇、亲友或者回族的贫困者，若售皮或肉便将现金给清真寺等机构；姑太节，在回族聚居组织回族妇女活动；❶③基督教的传入：基督教是清朝光绪二十九年（1903 年）由英国牧师党居仁传入，首先苗族入教，在光绪二十七年（1901 年）建立葛布教堂后，彝族也纷纷入教，首先在板底、大松、大街等彝寨传教，光绪三十二年（1906 年）建立板底教堂，基督教刚传到苗族、彝族地区时，大家都在一起活动，但因语言不同，不识字，传教很不方便。到了民国时期，把彝族和苗族分开，苗族以葛布为中心发展教会，彝族以结构为中心，因而，基督教的传播在这些地方得到发展，一直盛行至今。自从基督教传入威宁西北一带，基督教会在大松建立了相对规模比较大的教堂以来，每个周末来此教堂做礼拜及受洗的人包括各个民族，并且范围广泛，有几个镇，如小海镇、雪山镇、大街乡等，笔者调查区域的很多信仰基督教的人们都集中在大松教堂。据当地老人说和有关资料记载，大松交通建于 1906 年，大松教堂属于赫章葛布教堂的一个支堂，属于基督教内地会，葛布教堂共管辖 26 个乡，148 个村寨，约占信教的 95%。总体来看，威宁西北一带的彝族和汉

---

❶ 威宁彝族回族苗族自治县地方志编纂委员会.威宁彝族回族苗族自治县志 [M].贵阳：贵州人民出版社，1994.

族大多数没有受到基督教的影响，更不提伊斯兰教和佛教，彝族信仰布摩文化，汉族信仰地方道教。

从上文内容可知，沙石村的邻居村（且冲村）居住着苗族和汉族，各村有着不同的习俗，信仰不同的宗教，沙石村的彝族全部信仰彝族民间宗教，他们传统文化保留得相对完整，有一套较为完整的出生礼仪、成人礼仪、婚俗、丧礼等。各种礼仪活动内容以布摩经书为依据的同时，也与自身所处的社会环境相适应。他们信仰宗教的方式随着社会的发展有所改变，但基本观念是根深蒂固的，任何人都无法改变他们的信仰观念，也极少受人为宗教的影响。近祖崇拜、祖先崇拜一直居于信仰的核心，祖先崇拜的形式随着社会生产力的发展而发生变化，经历了图腾始祖崇拜，母系氏族祖先崇拜，父系氏族男女祖先崇拜，家族男女祖先崇拜，家族男女近祖崇拜等。祖先崇拜以近祖崇拜为主，家庭的祭祀对象主要是三代祖先，若为祖先作祭，则选取家族的祠堂作为祭祀场地。在单个家庭中举行的祭祀仪式，祖先是作为某个家庭的祭祀对象而存在的，而且对新近去世的祖先祭祀特别予以重视。祭祀活动由家人操办，由布摩与祖先进行对话，使后人了解到祖先在天庭间的生活状况。维系家族血缘的依据是族谱，其中的家族历史和家族规范内容有记载，这样有助于弄清血缘关系，以避免家族血缘的混乱，并通过对家族成员的行为进行惩恶来约束。在人们的心目中人有三魂，人死后一魂守墓，一魂招入灵桶或供在灵房中享祭，一魂送归祖源处或与祖先共聚永生，祖灵尊为神。他们认为人死若不送魂，在归祖路上会变成鬼，会在世间扰乱正常人的生活，不举行祭祖仪式，不仅是终生遗憾的事，而且至今后人惴惴不安。沙石村的丧葬仪式比较隆重，往往宾客数百人，历时4~5天，杀祭牲数十头，仪式由布摩主持，每次在进行仪式时，由祖祖辈辈传下来的法器和经书，从内容上来看，经书有祭经、咒经、占卜经。常用的经书有"作斋经""作祭经""指路经""接灵经""献酒经""献牲经""献药经""招灵经""还愿经""解冤经"等，经书常视为最尊贵的法器。法器种类多，除上文所述的外，还有椰杖（彝语：谢木独），当地称"消魔杖"，形状如手杖，是布摩做法事时使用

的一种法器，人们认为此杖有无限的法力，用以驱逐邪魔；冬青枝：与杖
合用，拄杖与杖一起握在
手中，被认为也有驱魔辟
邪的无限法力；祭木：为
带杈或不带杈的木棍，用
来设道场，安神位。他们
认为与人生最有关系的是
祖先神，而非自然神，神
中最能给后人带来祸福的
是三代近祖而非远祖。家
庭不吉顺时，他们认为，

放在经书上的冬青枝

引起事情不妙的原因是没有做好祭祀活动，因而在一年中不定时的举行祭
祀活动，如丧葬仪式出了
问题等，家人久病不愈，
常常认为是因祖坟内邪恶
引起。如今特别盛行的相
关禁忌是坟墓里不埋铁制
品。笔者在调查访谈中获
知这样的例子：

村民去做祭祀活动

　　王某的父亲于 2004 年 6 月 8 日逝世，埋葬后，第二天发现锄头不见了，
他们猜测被盖在坟墓里，后来又重新翻土寻找。

　　人们对于天、地、神等有关神话和民间传说的信仰还盛行于村庄，如
有这样一个民间传说：有一个年轻人不听老人的话，乱指天上的月亮，指
了以后，他的头上就发现了一个伤口，从此以后，再也不敢指月亮了。再
如，彝族进行火葬时，柴不管堆成多少层，中间总是留一个空，让火烟升
到天上，他们认为地上的人少了一个，天上同时也掉一颗星，所以让烟雾

升到天上，可以去填补那颗星的位置，这样即使地上的人死了，灵魂还存在，在天上仍能目睹着地上的人们等。

第四，社会结构。沙石村共 50 户，全是彝族，其中除了一家是蔡家人（目前在威宁境内的蔡家人有的认同为彝族，有的认同为汉族，此村认同为彝族，主要手工业是擀羊毛批毡和被子，当地人称他们为"阿乌子"，属于彝族的一个支系，通常流行这样的说法，"阿乌子擀毡子"等）以外，其余是红彝支系。"红彝"彝语"蜡勾"，汉译为"铁匠"，称为"红彝"，蜡是手的意思，勾是巧的意思，指手巧的人。根据相同的音选用不同的字，有"蜡勾""腊够"等称法。他们主要有制作铧口的专门技术，从过去至今，虽然以制作铧口出售，但目前主要以农业为主，其支系名的由来与社会分工有关。据古书和有关老人介绍，过去红彝主要打制铁、铜，这是他们特色的手工业，承担铜、铁农具、生活用具、饰器等制作及石、木等建筑。关于他们的来源有这样的传说，他们的始祖是开天辟地的神工神匠够阿娄、葛阿德，这种认同体现在很多婚嫁歌和丧葬歌文献中。如今残存的彝语古地名则反映了此支系是黔西北彝族（甚至今贵州省的相当一部分地区）最古老的世居（土著）族群，如彝语"古诺"（苟诺），古译为"工匠"，是蜡勾的同音异记，"土"为地方，即蜡勾支系的地方。类似的彝语地名在威宁有的村庄不会少于十余处。以寨子（村民组）为古老职业社区遗存的有：贵州省威宁县大街乡铁匠银村、雪山镇花碉村、新发乡俄嘎村新发乡开新村一带、龙场镇的红光村红布沟组等。在威宁县二塘镇梅花山一带，如同上文所述，此支系和干彝、黑彝互不通婚，白彝也不和他们通婚，实行本支系通婚。据古书记载，红彝和干彝很少占有土地，仅有简单的生产工具，在改土归流时期，大部分是土目和黑彝地主的佃户，但不做帮工（娃子），他们有人身自由，可以自由出外从事手工业，可以随便迁移和自由选择佃主。从此村来看，姓氏有禄家、杨家、陈家、王家。目前，他们除了打制铁器在街上销售获取经济收入以外，主要以农业和畜牧业为生，但是世代相传的手工业技术一直是他们经济收入的主要来源，如此村有禄家打制的铁器工具世代相传，闻名遐迩，因而遍布几个村庄乃至其他乡镇。

　　威宁彝族总称为"呢素"，据古书记载，秦汉时期称为"昆明叟"，唐宋称乌蛮，元称倮倮，清末开始有夷人、彝家的称谓，1949 年后称彝族，布依族称彝族为"布棉"。1990 年全国第四次人口普查时，威宁彝族人口为84505 人，占全县总人口的 9.57%，占少数民族人口的 38.6%，居县内少数民族人口的第一位，彝族人口形成大分散、小聚居的特点，主要与汉、回、苗杂居，主要居住在龙场、大街、雪山、龙街、勺匐、板底、观风海、秀水等。❶ 关于威宁的彝族来源在古书上有记载：按照古代传统支系的习惯，居住在黔西北地区的彝族可以分为东部水西与西部乌撒两大支系，其中乌撒地域与云南毗邻，系六祖分支后迁徙的必经路径，因此此地很早就有彝族先民活动。据古文献记载，迁徙到贵州一带的彝族六祖有德布氏和德施氏两支的部分。德布氏得名是由六祖中慕祖慕克克的第七代孙阿德布，德施氏得名是由六祖中默祖慕齐齐的第十一代孙德阿施，他们不是同时代的人，但彼此曾称雄于世，成为历史有名的人物。德布氏分支到贵州境的后裔有播勒，叫巴而，即今安顺一带。德施氏分支到贵州，在今赫章、毕节、大方、鸭池河、贵阳、都匀一带的后裔建立了以大方为中心的地方政权，称为"慕俄格"的君长，前身即罗甸国。慕克克第二十世孙就是君长乌撒，称为"默遮俄索"家，后来人名逐渐演化为地名，即今天的威宁。关于俄索家的疆界在《西南彝志》第 9 卷、第 10 卷中有这样的记载，"上至姆糯走开，下至色宏以下"。❷ 这里的"色宏"指的是威宁境内的七星关区域，包括今天赫章县全境。可见，古乌撒地区这一地域概念形成于魏晋时期，消失于清朝初期，起初时仅包括如今贵州省威宁、赫章两县的大部分地区，宋代后不仅包括威宁、赫章两县，还包括毕节市、纳雍县的一部分区域、六盘水市的水城县、钟山区、盘县的一些地方，甚至还包括如今的云南省

❶ 威宁彝族回族苗族自治县地方志编纂委员会.威宁彝族回族苗族自治县志[M].贵阳:贵州人民出版社,1994.

❷ 毕节地区民族事务委员会.西南彝志(第九卷、第十卷)[M].毕节地区彝族翻译组,译. 贵阳:贵州民族出版社,1998.

宣威市与贵州省威宁县毗邻的部分区域。彝族是威宁最古老的居民，也是现有20个少数民族中人口最多的民族。据1990年全国第四次人口普查，威宁彝族人口为84505人，占全县总人口883232人的9.57%，占全县少数民族人口218777人的38.26%，呈现大杂居、小聚居的特点。❶ 威宁彝族如今分布格局始于明初，定型于清雍正年间，据1990年人口普查呈现以下特点：一是人口数量增长缓中趋快；二是年龄构成相对适中。1990年，全县彝族人口中1~14岁少年儿童占35.75%的水平；三是女性平均结婚年龄较高。威宁彝族有彝姓和汉姓，基本实行彝、汉姓制，彝族姓氏以"娄一"为依据，有的家族姓氏由居住地地名转化而来，彝族使用汉姓始于明代，首先明朝皇帝给杨姓、安氏赐姓，乌撒土司袭用安氏为汉姓，其他土司、土目开始使用汉姓。到清朝，民间也普遍用汉姓，人口较多的是安、杨、龙、禄、卢、苏、余、张、王、金、姬等，彝族取名汉姓多数具有任意性、无规律。有的取彝姓的谐音为汉姓，或者同彝姓不一定同汉姓，因此，通常有不同的汉姓是一个家支的状况比较常见，如金姬一姓、于余一姓，安刘一姓等说法，显然，没有汉族字辈谨严。

威宁彝族支系繁多，除了上面介绍的红彝（蜡勾）支系外，还有干彝（葛铺）、白彝、黑彝等支系。下面对各支系作简单介绍：首先，葛铺支系。彝语为"葛濮"，汉译为"干彝""青彝"等。这一支系主要从事竹器的制作，通常用竹子编制各种样式的箩筐，如竹花箩、扁箩等，因而又称为篾匠。他们有与其他支系不同的礼仪习俗特点，目前仍极少与其他彝族支系或外民族通婚。关于他们的来源传说在《彝族源流》第19卷有记载，"阿德葛"称葛濮的祖先，其后裔分布在云贵高原广大地区，如云南、曲靖、贵州毕节等地，威宁、马街一带的青彝者也是，在青彝的丧葬礼仪和民间传说中也存在。葛铺支系以云南省楚雄、红河、曲靖及东川市至贵州省威宁县一线不连接分布居住，其社区分布遗存有贵州省威宁县云贵乡马街村、兔街乡为典型。其次，吐苏支系。"吐苏"汉译为"白彝"。白彝分为大白彝、小白彝等，多数

---

❶ 禄绍康.威宁彝族辞典[M].贵阳:贵州民族出版社,2009.

大白彝属于自由民，彝语称为"勾则"，勾则分布在威宁的不同区域，如笔者调查那木村、别色村等地都有这一部分大白彝居住。在新中国成立期间划分阶级成分时，有的划分为中农，个别成为富农或地主，财产由自己分配，子女归自己所有，婚姻不受干涉。通常黑彝不和白彝自由民通婚，白彝自由民也不和小白彝通婚。大白彝居住往往是多个居住社区相连，保持标志性的礼仪和服饰等文化特点。吐苏支系在今威宁县的板底、赫章县的珠市等地，以乡的规模连成一片居住，在威宁县的龙场、盐仓、东风、哈喇、二塘、龙街、雪山、大街等乡镇，赫章县的妈姑、双坪、财神、结构、雉街、兴发等乡镇。白彝少部分沦为娃子，在新中国成立前，丧失了人身自由，属于娃子等级。娃子在威宁村庄，也有"私房"这种称法，娃子有家内和家外之别。家外娃子，彝语称为"陆外"，他们经过主人的允许搬到主人家旁边住，或者原属于家内娃子，但是由于婚后子女过多，消费很大，被赶出家外自谋生活的，也是家外娃子，被赶出居住不能太远，因为他们一无所有，人权完全归主人所有，不能随便迁移，主人随叫随去。另一类家内娃子，彝语称为"拍者"，有关历史调查资料记载，他们长期住在家里，毫无人身自由，主人把他们当成财产，可以任意出卖、陪嫁和赠送。最后，纳苏支系。"纳苏"汉译为"黑彝"。历史调查资料对黑彝有这样的记载：黑彝在彝族社会地位比较高，有绝对的人身自由权，黑彝地主在政治上和经济上都居统治地位，占有大量的土地和帮工，通常情况下，黑彝本支系互相通婚。黑彝如果当佃户，也要向地主交纳地租，只是有的租额较轻，并且也要向地主付无偿劳役，但与其他付劳役有细微区别，一般不能随喊随去，在服劳役中，地主不能随便打骂，黑彝不管贫富，对自己的财产都有完全处理的权利，他人不得侵犯，有完整的亲权和婚权，子女完全归自己所有，子女的婚姻也完全由父母做主，他人不能侵犯。❶据笔者所知，彝文文献对这一支系的介绍也有相当多的遗存，目前来看，他们居住地相对集中，以威宁县的雪山、龙街、大街等乡镇的部分村落为典型。

---

❶ 中国科学院民族研究所贵州少数民族历史调查组.贵州省威宁县法地区别色园子和东关寨解放前社会调查资料[M].贵阳:中国科学院贵州分院民族研究所编印,1964.

　　各支系以相对独立的空间居住，按照不同历史社会分工分为不同支系，并且各自居住在相对独立的村寨，具有共同族群特征（文化、语言、风俗习惯、心理素质）、同一社会分工并从事同一职业的人们相对集中居住在同一片相对固定的区域，如木、石、铁、篾等工匠村落。关于这一点有学者研究过，很多学者认为这是宗法制的结果。古代彝族宗法制的具体体现是兹（君）、摩（臣）、够（工匠）、陆（民）、卡（将、武士）等阶层构成的政权结构，它要求职务职业世袭，家庭、家支（族）的主导权掌握在嫡长子、嫡长子分支的长子手中，同一家族团结在同一祖宗的名分（旗帜）之下，以共同祭祀同一祖宗的方式来维系家族（支）的团结，进而生存、发展，以此辐射影响社会的各个行业和层面。宗法制的这种严格的长子继承制和职务职位世袭制决定着职位职业的不可更改性，并主宰着社区和家族成员的存亡，特别是还有与之相配套的严格婚姻制度，决定了社区成员离开本社区或本系列职业社区后不能生存、发展下去。彝文翻译专家王继超先生认为各支系职业社区的遗存不甚明显，但依然可以看出痕迹。他根据彝文古书阐述六祖的布默两支系，其中部分是乌撒君长的宗亲（旁系家族、家支），土目阶层的近亲家支。通常这些人拥有土地，一部分为德施系的阿芋路部、阿哲（水西）部、芒布部等君长分散在乌撒部地的远房家支。纳苏支系在乌撒部政权当中主要胜任出征打仗、从事畜牧兼农耕、为乌撒王室提供主持丧事祭祀或各种祭祖（大、中、小型）及各种祭神的服务。王继超先生在他的《彝族乌撒地区的职业社区制探析》一文中提出职业社区制的概念，指出职业社区制在古乌撒地区曾经实行的一种住民居住制度。这种职业社区制的存在巩固了古乌撒部政权长达千余年的统治，并对彝族多支系的存在提供了基本土壤，对研究彝族历史、民俗传承等原因有着一定的意义。❶ 实际上，研究彝族社会历史避免不了研究彝族支系及其存在的基本成因。按照同一社会分工等特点居住在同一区域这种现象的遗存在威宁、赫章两县部分地方及其周边地区是很明显的，不仅反映在同一民族的

---

❶　王继超.彝族古乌撒地区的职业社区制探析[J].毕节学院学报,2006(1):13.

不同支系上，还反映在不同民族的居住格局划分上，民族的居住上，在以生产村民组形式居住的今天，这种现象仍未完全消失。对这种现象的分析，以基本文化特点固定居住区域与历史是分不开的，如今选择居住在不同的村庄，但都是建立在原先属集体居住而后集体搬迁新居建立的固定村庄。这种固定或相对移动居住的村落都是按照历史职业分工或者民族特点划分的，因此，形成了今天不同区域不同支系居住格局的特点。另外，各支系在服饰上也有自身特点。红彝支系的男老人有羊皮褂（有手包，通常用来装烟盒）、蓝布或者黑布制作的对襟上衣、裤子为大裤脚（长没有灯笼裤宽大，裤腰不纵折，如今逐渐被小裤脚取代），有的还缠着黑色帕子，有的戴虎头帽；女老人穿右开长大襟衣，长度到膝盖下面一些，稍比黑彝支系的女老人的衣服短一些，通常里层用色彩鲜艳的花纹作衬布、头包黑色的帕子，头帕彝语称为"沃可"，古近代彝族成年人的服饰之一，以前多用麻布或羊毛布，如今有的用棉布，有的包丝帕，并在里边衬毛巾、枕巾之类；年青一代的男性目前服饰相对简单一些，通常只有简单的一个短褂，上面绣有花纹；年轻的女性服饰鲜艳，一般以蓝色或红色为主色，然后用其他颜色绣上牡丹花、月亮、太阳、星星等之类的花纹。服饰被他们作为族群边界的一种符号区分标志，人们常常用它作为一个民族与其他民族及民族内部性别、年龄、职业及地域分布、支系等最直观的标志性符号，是民族历史文化、生产生活习俗及宗教信念、审美意识等文化形态及心理积淀的物化表现，更是一个民族发展历史的有形记录和重要载体。彝族如同其他民族一样有很多支系，其服饰积淀了多种工艺，色彩丰富多彩，每一支系或者每一个区域的彝族自身以某种颜色作为主色，再用其他颜色绣上各种花纹，如族群所崇拜的物等，也有的纯粹选用一样颜色的，很多老年人通常以一种颜色来制作上衣。女子的衣服比男子的色彩艳丽、繁杂，妇女的头饰最具彝族文化特色，其色彩、样式等都因区域的不同或者支系的不同有所区别。批毡：彝语"许巴"，用绵羊毛擀制，腰身宽、扇口脚的小批毡，领口两边有带，多用于避雨、背负时垫背。黑彝的衣服是纯色（蓝色、青色、天蓝色，布料丝绸），旗袍，女的头包黑帕子，男穿对襟衣，腰带白色或者黑色,而白彝支系头包着帕子,帕子向上隆起,如同沙罐,圆形高展,腰带白色,衣服颜色多样。服饰是村庄彝族文化变迁中相对比较快的。戴头帕、穿羊皮褂等已成为老年人的身份象征,各种特色不是已成为礼服,特别是年青一代一家只有一两套,因而只能在重要的礼仪活动才穿,日常生活或者劳作时都不穿。他们和邻居村寨的苗族与汉族不一样,苗族女性不管老人、小孩都穿裙子,已结婚妇女对头饰有规定,头发用梳子盘着;汉族也有自己的服饰,特别是如今70岁以上的汉族,男性老人穿着宽裤脚,腰间扎腰带,女性老人穿着短襟衣,上面绣有各种花纹,前面有一个围腰,腰间扎白腰带,腰带两头绣花纹。青彝服饰,以马街为例,妇女头饰以青、蓝、白布折成条块状,沿一环状头圈,接口处缝合,以几条花边连成布条,在一条花边上钉有白色纽扣,节日喜庆时,还要加上由4条绣有花纹图案成人字形的布带盖于头帕之上,搭于前额。彝族妇女头帕,彝语"伍地愁惹",彝族妇女罩在头帕上的装饰巾,曰八寸,用颜色布做成,不用白布,绣上各种花纹图案。在婚嫁时有专门的盖头巾,彝语"洪博",一般以深色布制成,四周绣花边,中间绣花团,大小以顶在头上能盖住面部、搭上肩膀为宜。衣服的总称彝语为"补",过去的男性彝民一般穿短衣,女性穿右开大襟长衣,长及小腿肚,外罩小短褂,现代的男性穿长衫,系白腰带,女性穿吊四柱绣花长衫,亦系腰带。大襟衣服各支系有区别,马街青彝青年妇女上装,长至膝盖,衣领、袖口、肩均有花边图案,穿时,卷袖口露出袖内的花边,下穿三五节百褶裙,与雪山、板底等地不同。威宁各个彝区男长衫长至膝盖下,有衣领,右开大襟,边缘不缝花边,是别于女式花边衣的主要特征。在板底、金钟一带的中青年妇女上装衣领、袖口都挑成各种花边,衣长至脚后跟,配腰带及围腰。腰带彝语"着施",由麻、毛或棉制成,是穿长衫的彝族男女的必需品,白色,男性系腰带时在前面打扣,有的以麻布或羊毛布为腰带,现在多数用细棉布代之。手镯彝语"腊脚",彝族女性的装饰品,呈圆状。当然,彝族服饰还有很多类型,在此只简单概括。❶

---

❶ 禄绍康.威宁彝族辞典[M].贵阳:贵州民族出版社,2009.

第五，社会关系。此村彝族家族成员由于迁徙等其他缘由分布在不同的乡镇。从整体上来看，威宁的村庄用文字记载历史保留下来的书籍不多，但是关于村庄的历史用口传形式传承的很多，村庄历史一代一代往下传，历史记忆在人们的头脑中比较清晰，包括村庄的来历，各村寨历史上人们的居住情况等。笔者调查的沙石村通过访谈等方式获得村庄的历史信息。此村寨的很多地域名字都用彝语记载，如法起尼（汉译为"碍脚"）、生字呷、斗洛谷（汉译为"仙水"），此地名有其自身来源：在节日期间，如端午节，人们一直以来就有在此地抢仙水的习俗，在端午节的早上，天还没有亮，人们都会纷纷起早来到此水塘抢仙水，他们认为在早上如果谁抢到仙水，标志着他家在这一年粮食即将丰收、家人吉利。关于迁徙也是利用口头的形式记载下来的。由于此支系的来源地有限，大多数从大街浆子林村迁徙而来，只是迁徙的时间不同。笔者在调查期间和此村姓禄的一个老人在拜谈闲聊时，获悉他们的迁徙情况。陈老人75岁，他说：

"我的老家（家乡）在大街乡浆木村，由于过去彝族很多患上老烧病（过去一种比较严重的重感冒），当时医疗条件极其不好，我的父亲家有四弟兄、一个女儿，小叔因为上门（结婚后，去女方家居住），在红碍村，因而只有他没惹上老烧病，而父亲患上这种病没有治好，后来我的母亲带上我们三姊妹嫁到杨家，我现在的一个小弟弟杨春是我异父所生，我们是同母不同爹。现在我的很多亲戚和家族都居住在浆木村，我们来往比较频繁，我的大女儿也嫁在那个村。"

亲属关系分为两类：一类是由血统关系建构的亲属关系，简称血亲；另一类则是由婚姻结成的亲属，简称姻亲。❶ 血亲分为父系血亲和族外血亲；父系血亲又有直系、旁系两类，直系亲属有父、祖、子、女、孙子女等。对于本村庄彝族来说，旁系亲属有叔、伯、兄弟、姊妹、侄儿女等，父系血亲向旁系伸张而扩大为一个团体，十几代甚至几十代，凡是在同为

---

❶ 林耀华.凉山夷家[M].昆明：云南人民出版社，2003：24.

一个支系下的同辈男女，都称为兄弟姐妹，他们比较重视父系氏族。父系亲属有一支族外血亲，包括姑妈的儿女或姑表兄弟姊妹，姊妹的儿女及其外孙外孙女等，这些亲属都与自己有血缘关系，但非同一氏族属员，彼此的义务和责任不同，因而有严格的父系血亲和族外血亲的区别。另外，姻亲可以分为 3 类：第一，与父系血亲发生婚姻关系的亲属，如姑爹、妹夫、女婿等。嫁入父系的女性，如伯娘、兄嫂、弟媳、儿媳妇、侄媳等，这类就是父系血亲的姻亲；第二，与族外血亲发生婚姻关系的亲属，如姑表兄弟之妻、姑表姊妹之父、外侄婿、外孙婿等；第三，由于自己婚姻发生关系的亲属，如岳父母、妻兄弟等。实际上，称谓代表一种关系，反映社会组织，人们应尽的责任和义务的区别。关于亲属的阐述，林耀华先生在他的《凉山夷家》一文中指出，亲属与氏族不同，亲属为双系或多系的，而不是单系的。亲属从家族单位发展，不但包括父系团体，而且包括母系团体。为了解社区的全貌需要对双系亲属加以关注。在亲属之内，人与人之间由称谓名词来标明彼此的关系。亲属称谓自摩尔根起，已大规模地应用于实地调查工作之中。他在文中对称谓作了总结：第一，父母两系的差别区别称谓，但还有些相似，如父亲兄弟（叔、伯）的儿女称谓和妈妈的妹妹或者姐姐（姨姨）的称谓一样，都是按照姊妹来看待，因此，不能和姨家的儿女通婚；第二，性别不同，称谓不同；第三，辈分不同也是区别称谓的条件；第四，直系与旁系亲属不同，称谓也不同。❶ 以此村来说，他们是怎样称谓的呢？对于同辈来说，他们同一家族兄对弟都是呼名，弟妹对兄姐都是按序称谓，和其他族群一样。父亲同辈兄弟的子女称谓也是按序称谓，彼此之间都是父族同辈子女，相互之间是姊妹，凡是父族兄弟姊妹的关系都没有婚姻的可能。父亲同辈兄弟有相对的彝语，也是按序进行的。下面探讨母系亲属系统以了解两者之间的关系：母亲的兄弟姊妹，就是自己的舅舅、姨姨。舅舅的彝语与叔伯不同，有专门名词，姨姨与姑姑有不同称谓。舅舅和舅母与自己的关系甚为密切，称为母亲的后家，有时是自

---

❶ 林耀华.凉山夷家[M].昆明：云南人民出版社，2003.

己的岳父岳母，姑表亲在本村红彝支系中目前还比较常见，舅舅的女儿有优先择配的权利。姨姨通常嫁给伯叔，称谓不变，仍然为姨姨。姨姨的子女的直接称谓与伯叔的相同，与自己的关系如同堂兄弟，都为兄弟姊妹。村落中对于世代互婚的惯例，彝族传统思想亲上加亲，母系亲属与父系亲属通婚成为与自己生活最有关系的团体。以自我来说，舅舅的子女即我的舅表兄弟姊妹，也有专门的彝语，与姑姑的子女称谓相互区别起来。舅表兄弟之妻与自己以兄弟姊妹相称，互相之间不能开玩笑。自己在择偶上有优先选择舅表姊妹作为妻子的权利，也有姑表优先的权利，称为交错从表婚。实行姑表婚姻使父母两系的亲属演化成重重的血亲姻亲关系。如果妻子的父母不是姑舅亲，在称谓上也是以姑舅的方式来称呼，男子称妻子的父母为姑妈、姑爹；女子称谓丈夫的父母为舅舅、舅母，很多学者通过这样的现象证明彝族，乃至其他很多民族实行的这种称谓，说明历史上，舅氏女子婚配，以舅舅一词为岳父，在称谓上包括两重关系。妻子兄弟姊妹为舅表兄弟姊妹，因此互相之间可以开玩笑。从女性以自我为中心来说，女子嫁入夫家又成为另一个系统。夫妇之间互相不称呼名字，小孩出生后，追随孩子呼夫为父，呼妻为母，妯娌之间以姊妹相称，据老人们说，古时候，男子有一夫多妻的现象，妻子之间也以姊妹相称。此支系如同其他彝族支系一样，有丰富的称谓，在称谓上有丰富的彝语对照，如男子称妻子的母亲彝语为"阿尼"，汉译为"姑妈"，父亲彝语为"爷普"，汉译为"姑爹"，弟弟彝语叫"莫口""莫得"，"莫口"是哥哥称弟弟，"莫得"是姐姐称兄弟。妹妹彝语叫"聂把"，姐姐彝语叫"阿呢"。姑妈的儿女称舅舅家的儿女为"阿尼买"，反之，称为"阿语买"，老祖祖彝语为"阿劈普"，老祖母彝语为"阿劈打"，舅舅彝语为"于女"，舅母彝语为"劈拉"。外婆彝语为"阿劈"，外公彝语为"欧普"，姨妈彝语为"莫聂"。

总的来说，父母两系亲属是彝家最为基本、也是最为重要的关系，彼此互通婚姻，相互依赖，在各种礼俗活动中，两者的关系明显可以表达出来，相互之间都有一定的责任和义务，成为彝家亲属制度的特色。实际上根据亲属关系的远近社会义务、责任等行为方式有所区别。关于彝族亲属制度在历史书上有记载，则溪制度是彝族古代社会家族制度的表现方式。早在实勺时代，则溪就已演化为建立在宗亲占有封土地的基础之上的社会政治制度。在六祖时代的黔西北地区，这种制度进而演化为地缘与人缘关系相结合的基层行政单位和军事组织。则溪制度模仿中原分封制度的思想，土司模仿封建制依葫芦画瓢地把自己的家族、亲戚等至爱者封赐到属下管理各地。当时此地没有实行户籍之类的明确概念，于是便以垦殖土地的播种量为土地面积的依据，即几升种、几斗种之类，若干石种的一片土地赐给某人之后，土地上的原有土民或者新引进的种植户亦全归其所有。随着人口的增加和土地的增垦，波及面积越来越大，以种子计量土地也出现了一些困难，于是出现了高一级的羊租、人租等概念，即多少种的地要附加一只羊，便称一个羊租。羊租不仅是剥削形式的变增，也是土地和人口计量单位的扩大和简化。当土目觉得土地和人口太多而难以控制时，便大面积地赐给家族和亲属，再由他们去层层分租，约束百姓。

村庄人们通婚区域一般建立在亲属关系的基础上，如前面所述，此村落全部为彝族，有禄、苏、杨、陈这几家，互相之间都是亲戚，彼此通过联姻而形成这种亲属关系。威宁的彝族红彝支系主要聚居在大街、雪山及其勺普等地，居住相对比较集中，由于他们实行的是本支系内婚，和其他支系联姻的非常之少，因而这样的婚姻条件使得分布在这几个乡镇的红彝相互之间非常了解，彼此互相通婚，通常情况下，无论在此村说到其他镇的此支系人，他们都很熟悉，并且这种关系不是今天才形成的，而是从一代一代往下传承下来的。在规定正式的男女关系时，不同地区、不同民族，乃至相同民族的不同支系对婚姻的规定有所不同，特别是在当今社会发展，人们的意识观念等不断变化的过程中，各自表现的特点是不一样的。对于笔者调查的红碍村的彝族红彝支系来说，他们的家族和婚姻有很多自身的规定。王铭铭老师在他的《溪村家族——社区、仪式与地方政治》一文中有这样记载，对汉人家庭共同体来说，婚姻这个概念早已根深蒂固地存在于我们的社会中，对于社区生活的人来说，为了维持家族共同体的延续，两性之间的关系必须得到充分关注。❶ 对于沙石村彝族红彝支系来说，他们考虑到的不仅是家族，而且还考虑到血统的纯正，保持本支系的联姻。实际上，婚姻不仅具有本家族再生产的作用，而且通过联姻为父系家族共同体在更大区域的生产做出了贡献，但是从另外一个角度来讲，他们的联姻状况也限制了自身的网络空间，当然还有其他方面的因素。我们主要关注的是通婚在人们的社会网络中的作用。在村落日常活动中，人们不仅依赖于本族人和本地域多民族聚落形态而发展，同时也大大依赖于通婚和其他形式的交换与外界保持关系的纽带。通婚制度支撑着这样多层次的社会网络，这一网络在社会的不断发展中与超村落、超民族的纽带连接起来，形成了区域内不同群体之间互动的社会空间体系。总的来看，此村彝族通婚地域受空间范围的约束，他们的通婚区域相对比较稳定。

从姓氏来看，红彝支系和其他彝族支系一样也用汉姓，以字辈取名，男孩都按字辈取名，字辈和其他镇的红彝字辈一致，互不混乱，但是有自己的呢依，以此为标志，属于同一家支的人不能通婚。此村彝族实行本支系内婚，汉姓相同也可以通婚。笔者调查的村庄与弗里德曼研究的广东和福建的村庄习俗不同，如福建和广东村落男性极少与同姓的女性结婚❷，而此村彝族即使相同的汉姓，但不是一个家族，因而可以通婚，他们通婚是以彝族"能依"（姓氏），能依相同表明是一个家族，并不是以汉姓来决定的。这与汉族村落有区别，汉族主要以汉姓为依据，这种现象是其他民族所不能理解的。正如王铭铭教授在他的《溪村家族——社区、仪式与地方政治》一文中所述，旧的惯例虽然被社区外的人士看成是陋俗，但是当村庄人需要它们来维系内部关系创造合作机会、表述和解决社区面临的问题时，它们还是被尊重为有益的文明。❸ 下面是笔者在调查期间和一位老人谈论关于字辈的例子：

"在新中国成立前，我们属于自由民，没有受到彝族其他支系的统治，

---

❶ 王铭铭.溪村家族——社区、仪式与地方政治[M].贵阳:贵州人民出版社,2004.

❷ 弗里德曼.中国东南的宗族组织[M].刘晓春,译.上海:上海人民出版社,2000.

❸ 王铭铭.溪村家族——社区、仪式与地方政治[M].贵阳:贵州人民出版社,2004.

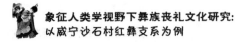
长期以来，有自己的土地，听我爷爷说，以前这个区域都是我们的土地，后来由于山林浓密，人家稀少，因为害怕，所以去其他地方找来了一家苗族，以做个伴，当时苗族搬迁过来以后，由于地盘比较宽，自己又采取开荒等方式才开垦了土地，汉族是后来才从另一个村搬迁过来的，逐渐地形成了今天这样的局势。最初，大家在称呼的时候，彼此之间都以小名互称，字辈是我爷爷和其他镇的家族通过模仿汉族一起经过讨论了很久才形成的，如今能背诵十多代。从目前来看，计划生育政策实行以后，字辈取名需要按照父系制进行以后可能无法传下去。如今，传字辈也通过另外一种方式，有闲钱的人家，通过给立碑从而在上面刻上人名，但是字在石头上保持的时间也不长。"

根据老人所谈的话可知，他们对于家族字辈的传承比较关注，虽然，如今没有按照彝族姓氏取名，但是他们通过父系为主的姓氏而建立家族的观念还是根深蒂固的。

婚姻对于家族的重要性是显而易见的，因为没有婚姻便不可能实行家族人口的再生产。更重要的是，姻亲关系与继嗣对于维系家族与邻近村落或家族的关系，起了关键的作用。通过全面的考察，可以说明在中国的乡土传统里面，地方性的调谐机制是存在的，且居主导地位。各家族之间通婚也可以造成大量的社会互助资源。家族的存在不仅在于它的独立性发展，而且在于它与外界联系的保持，而通婚在这一方面扮演了不容低估的角色。由于通婚，形成一种超家族的联网，这一联网制度化以后可以转变为超村落的地域。在此地域里面，族与族之间形成较稳定的互通有无的关系。❶

通婚地域形成的社会基础是把婚姻看成是超个人、超家族的事。换而言之，也就是将婚事与家族和社区紧密联系起来，根据范杰内普的理论，婚姻与其他人生礼仪初看起来是一个生命个体从一个阶段到另一个阶段的转折，深入分析之后可以看出，婚姻实际上是社会借以界定人为关系的手

---

❶ 王铭铭.村落视野中的文化与权力[M].北京:生活·读书·新知三联书店,1997.

段，因而具有一定神圣性。❶ 家族聚落和内部关系及地方的通婚地域是一种社会空间，也就是社会关系的领域与地理关系（地缘）的糅合。这种乡土社会空间是在一定的历史过程中形成的。

第六，人生礼仪。沙石村人生礼仪主要有为人治病、3 周岁礼仪、结婚礼仪、丧葬礼仪、建房、巫术、占卜、消灾等。这些活动都由仪式来完成。在仪式上，主持仪式的祭祀者的法衣、法器、祭祀牲畜、用具、仪式的每一个过程及过程中所念诵的经文等，都以其神秘的色彩形象地反映该群体的宗教信仰、价值观念和文化。仪式的表现方式往往以象征性的语言和动作表示。通过程序化的仪式行为把人们的生活纳入一定的社会结构之中，使该区域的生产和生活方式都通过仪式组织起来，使该群体将其视为理所当然的事情来遵守、来执行，从而更强化人们的观念意识，使人们的社会生活和行为都围绕这种具有权威性和具有制约力量的仪式而规范化和秩序化。因此，仪式作为意识层面的具体行为表现方式，历来受到不同学界的关注。可以这样说，不研究该民族的仪式和仪式的经籍，就无从了解该群体。然而，纵观全局来看，任何一个民族为了自身生存的需要，地理环境和社会环境等方面不同，它们的仪式内容、方式等各不相同。例如，游牧民族多与畜牧生产有关，而农耕民族多与农业有关，虽然它们之间有很多仪式的共性，但也有十分复杂的个性。另外，由于各民族随着时代的发展，仪式的举行和保留的程度都不一样，有的处于消失的边缘，即使有的存在，但是保留的完整性不同，并且或多或少的受现代因素的影响。如四川彝族毕摩仪式按照不同地区进行分类，分为 24 种；云南纳西族东坝教的宗教仪式有 30 多种等；就笔者关注的这一群体来说，仪式相对保留得比较完整。如结婚仪式、建房仪式、丧葬仪式等。但不管仪式种类有多少，消灾、献祭、念诵经文等都在仪式中是少不了的内容，其中诵经贯穿于整个仪式过程。如以下文介绍的丧葬仪式来看，整个丧葬仪式过程，消灾、献祭等仪式过程，但是每一个仪式过程又包含许多小的仪式过程，一环套一环，每

---

❶ 王铭铭.村落视野中的文化与权力[M].北京:生活·读书·新知三联书店,1997.

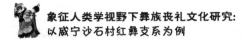
一个环节有许多小仪式过程。如以结婚仪式和丧葬仪式为例，其中，丧葬仪式过程后面有介绍，在此不重复。彝族作为一个历史文化悠久的民族，在历史的长河中，如同其他民族一样创造了优秀的传统文化，具有丰富多彩的礼俗文化，其中婚礼作为礼俗之一，形成了别具特色的礼俗特点。由于彝族分布广阔，受地理、经济、文化等方面的影响，各地婚礼习俗有细微差别，但总体规则相似。沙石村有相对稳定的婚姻区域，在婚姻规则上基本遵循传统文化习俗，婚姻规则内容如下：第一，实行本支系内婚，形成相对固定的婚姻圈。父系一姓相传，保持氏族团体的结合，彼此之间以兄弟姐妹关系相称，以红彝居住的几个村子相互通婚，这些规则支配着男女之间的关系，并控制着亲属团体的形成。第二，目前姑舅表亲的现象比较普遍，老人们希望自己的儿女和姑妈或者舅舅家儿女通婚，这样知根知底、亲上加亲。按照彝族的传统婚姻，姑家有男，舅家有女，姑家有优先派人说定舅家的女儿；反之，舅家之男也有选择姑家女儿的权利。但目前在遵循传统思想的基础上，还要兼顾男女双方意见，并不是按照规则强制执行。第三，优先选择只限于姑舅表兄弟姊妹，除了本族之堂兄弟姊妹外，姨表之间不通婚，姨表之子女对待如伯叔之子女。第四，老一代有转房习俗，转房主要是平辈兄弟为适宜，无亲兄弟者堂兄弟也可以，由亲到疏。这一习俗不仅发生在此支系，在其他民族或者其他支系都有此类事情。以前，父母包办婚姻，如今，提倡自由恋爱同时兼有父母的参考（本族内婚，本村优先）。从目前来看，有部分女孩外出打工后不愿意再回到自己的家乡与外地汉族结婚，通常男孩即使在外打工，到了一定的年龄也要回到家乡继续家业。

沙石村彝族支系红彝的婚俗和威宁的其他支系的彝族相似，按照先后顺序排列，如妻哼（汉译为"说亲"）、抚菊勺（汉译为"找媒人提亲"）、阿曲祖（汉译为"烧鸡吃"）、肘伙（汉译为"送财礼"）、肘麦压（汉译为"要期程"）、阿买克（汉译为"待姑娘"）、阿买妻（汉译为"嫁姑娘"）、阿买作过（汉译为"禁食"）、许姑（汉译为"批羊毛毡"）、妻透（汉译为"发亲"）、马直呢（汉译为"奠树酒"）、妻恒五

（汉译为"近亲"）等20多个过程。下面简单介绍几个步骤：第一步："妻哼"，汉译为"说亲"。即开亲说媳妇要牵线、搭桥，牵线的人称为"媒人"。据经书记载："舅家的姑娘，许配姑妈家，侄女随姑妈，姑家融不了，然后许别家，相知的朋友，往往亲密走，相互始性格，自愿来开亲，相互许儿女，说门户地位，站起一样高，地位一样平，门槛一样高，家身一样大，互相有交流。"显然，谁家找媳妇，首先要找媒人来牵线，去搭桥。媒人在说亲时遵循以下原则，双方需要互相了解，相互相知后，再看双方家庭经济条件。第二步："抚菊勺"，汉译为"找媒人提亲"。首先双方看中后，男方父母请媒人向女方家提亲，去找媒人时，需要背手礼，如炒面、酒。如经书记载："去找媒人时，背炒面一升，头酒一角，就去请媒人，然后到了媒人家，把期程定好，媒人按时去。"到了女方家，婉转地表扬姑娘的美丽，询问属相等内容，如果女方家把手礼收下，表明不拒绝，如有这样的内容：礼已收，酒已接，她家答应了，同意许你家。第三步："阿曲祖"，汉译为"烧鸡吃"。彝族男女双方婚姻关系确定后，除特殊情况外，男方必须在本年内到女方家行阿曲祖仪式，先由男方找布摩根据青年男女双方的生辰八字定吉日。到期程时，媒人天亮就出发，到了男方家，人们共同探讨礼物，通常一件衣服、一升炒面、一升荞面、两角好酒，用红布封着酒口，白酒一大罐，公鸡一只，用红布扎脚，母鸡一只，用绿布扎脚，一挂腊肉，礼物准备后装好，背去姑娘家。一般去4个，孩子的父亲、叔叔或者伯伯一人、媒人（抚菊阿补）、帮忙的人，这4人不能少。姑娘的亲戚有舅舅、姑姑和家族中长者一起吃宴席。在宴席时有一定的规则：宴前，女方家长指令儿子向抚菊（媒人）和客人敬酒，敬酒者双手将盘举至头顶，上前三步，后退三步，来回敬酒。酒过三巡，抚菊代表男方将内装现金的红封置于盘内，同时口念"喽一"，举盘者收回酒盘，女方父母将红封供奉在神龛上，男青年接着向神位作揖，宴中女方父亲分鸡头和鸡卦给抚菊和族中长老，其他人随意取，次日起，女方家族则要从亲到疏，从大到小依次宴请抚菊和男方的客人，客人走时，姑娘要用自己精心制作的布鞋、鞋垫之类的礼物赠送男青年，作缔结婚姻的信物。第四步："肘伙"。"肘"汉译为"牲畜"，引申为钱财；伙意为送，即送"财礼"。男方请布摩择定吉日，届时抚菊带领男青年及其家长送财礼到女方家，女方杀猪宰羊款待客人，并请亲戚和长老作陪。送礼回程时，女方以鞋物送给抚菊、男青年随行家长，回到男方家的第二天晚上，男方宴请本姓族人，叙谈肘伙之行，商讨下步之事。❶ 第五步："肘麦压"，汉译为"要期程"。男方送财礼回家后请布摩按照男女青年的出生时辰择定结婚日，抚菊再次携酒前往女方家行仪式，具体内容：一是送结婚期程，协商嫁娶时的有关事宜；二是根据男方家庭经济条件带上适量现金分给女方至亲，以示谢意。第六步："阿买妻"（又称妻扣，汉译为"嫁姑娘"）。姑娘嫁时要杀猪宰羊备酒，摆上九大碗招待前来贺喜的亲戚、邻里和朋友。第七步："阿买克"，汉译为"待姑娘"。女方家族亲戚宴请即将出嫁的姑娘，家族多的阿买克要提前几十天就从疏到亲开始，直至发亲前姑娘家父母的宴请为止，中途不能间断。每家招待宴请都要杀一对鸡，并请家族姑娘陪，姑娘前一天晚宴结束后，姑娘们退闺房，唱《劝嫁歌》，互相趋吐诉说离别之情、父母养育之恩，当家为人，生活转折的艰辛。说到伤心之处，其声凄凄，其情绵绵，如泣如诉，悲喜交加。一直唱到太阳要落山，歌词如下：谁能拉得住，若是拉得住，天就不会黑，山崖要崩塌，谁能撑得住，山就不会垮。姑娘要出嫁，谁能拉得住，若是拉得住，我们相伴的《劝酒歌》不会停息。第八步："阿买作过"，汉译为"禁食"，即新婚时减食、禁食待嫁。从出嫁的前一天晚上开始，出嫁姑娘只吃糖果、糕点之类，据说这是缘于姑娘到新郎家多乘轿骑马或者步行，若进食过多，行在路上，不方便、不吉利、辱家族之雅，因而有姑娘禁食这一习俗。第九步："许姑"，"许"陪嫁物品之一，汉译为"批羊毛毡"。结亲队伍来到女方家之前，众陪伴的姑娘将出嫁的姑娘从闺房内搀扶到堂屋里，绕火塘三圈后，再向祖宗神位磕3个头，继而立于堂屋中央，众姐妹团团围住，举行许姑仪式。仪式由两名姑娘用一床崭新的羊毛毡在新娘的头顶上传来传去，同时齐唱《劝许姑歌》，歌词如下：天呀无

---

❶ 禄绍康.威宁彝族辞典[M].贵阳:贵州民族出版社,2009.

衣裳，是谁无衣裳，阳雀无衣裳，无衣是假话，羽毛阳雀衣，羽毛虽不好，它是娘赐予，儿女无衣裳，无衣是假话，毛毡是你衣，毛毡虽不好，它能遮风雨。唱完后，将羊毛毡批盖在新娘的头上，簇拥着退回闺房休息。第十步："妻透"，汉译为"发亲"。女方发亲前请布摩择定日子。到发亲时，喜姆（结亲队伍人）：新郎的亲弟和堂弟及左邻右舍的青年男女（女生两位：新郎的妹妹或者叔叔家的女儿并且未婚）首先把姑娘的嫁妆整理好背到新郎家，两位结亲女士一人提一个温水瓶。出发时，按照一定的顺序进行，首先是结亲男士先背着东西走在前面；其次是两位结亲女士；排在第三的是新娘和送亲的姑娘们，通常对送亲姑娘有明确的规定，8个未结婚、年龄比新娘小；排在最后的是女方家请的男送亲队伍，新娘的舅舅、叔叔、弟弟或者家族成员，共8人，还有另一规定，在女方发亲之日，结亲队伍要选派一名年轻的小伙子在黎明时背上新娘的一件内装，一条新裤子，一双新鞋子打成的小包裹先行开路，彝语"脚啃"汉译为"抢路"。传说抢路人走得早，夫妻能早生儿育女，早享福。第十一步："马直呢"，汉译为"奠树酒"。队伍上路后到了看不见女方家房屋时，送亲队伍选择在一棵会结果实的树下举行奠酒仪式，由媒人奠酒，然后送亲队伍和姑娘作揖，主要意思是嫁出去的姑娘，泼出去的水，终有故世之日，但灵魂不能越过此界。第十二步："妻恒五"，汉译为"近亲"。发亲前由弟弟把姑娘从闺房扶到屋内，陪伴女友们的姑娘用批毡盖着头哭泣着（有的用头帕）跟在结亲后面。

　　总之，村庄有其丰富的仪式，笔者不可能面面俱到，只能以丧葬仪式作为切入点，分析在社会发展的今天，现代化不断冲击的背景下，村庄礼仪文化越来越受到人们的重视，人们是怎样把礼仪文化与当今社会生活结合起来。前面相关内容的介绍为下文丧葬仪式观念、特点、社会意义等方面的分析提供地方背景知识。

第三章　丧葬仪式的过程

　　彝族丧葬仪式是彝族人在长期社会生活之中形成的传统习俗之一，有着厚重的传统文化积淀。丧葬仪式是人们比较看中的重要仪式之一，因而其过程相对比较复杂。当然，各民族的仪式规模与仪式举行的时间长短各不相同。如侗族民间宗教认为，阴间、阳间不同，因而人死后灵魂归阴间需要经过许多关卡环节，为了使灵魂顺利到达阴间，需给各个关卡钱，称买路钱。人死后，需要放炮向邻居报信，人们听到炮声就会纷纷赶来料理丧事；停丧时间的长短由祭司决定，每个过程都比较复杂。布依族丧葬仪式的整个过程包括请祭司、开丧、转场、送仙、嘱咐等主要仪式，其中转场仪式比较隆重。畲族老人死后，主要用舞蹈形式来超度亡灵，其中有祭礼舞、舞祭灵台、舞祭道具等。❶ 丧礼作为一种文化现象，源于特定的生态环境之中，与当地经济、政治、思想观念及人们的社会身份有着密切的联系。各民族在历史不断演变的过程中经历了不同的丧葬历程，并不断在人们的生产生活中发挥其特有的意义。关于丧葬祭祀仪式的起源在村庄盛行这样的说法：世界万物的产生，先有天，后有地，接着产生万物，最后产生人，最初，人不会死，寿命比较长，祭祀是没有的。天地相通之时，祖先到天上，遇上天神（有的地方说是王母娘娘）做祭场，规模比较宏大，回来后，说道：天上如此热闹，人间怎么不向他们学习，于是决定做道场，这样就产生了祭祀仪式。这一神话赋予了祭祀仪式的来历和神圣性，同时

---

❶　《中国各民族宗教与神话大词典》编审委员会.中国少数民族宗教与神话大词典[M].北京：学苑出版社,1990.

也渲染了祭祀意义。

总而言之，彝族丧礼与当地经济、社会、文化相适应，在一定的生产方式和物质基础之上产生，是彝族历史长河的文化积淀，蕴含丰富的彝族文化内涵，可以这样说，这一习俗是古代彝族文化和社会生活的缩影，因而，是各风俗习惯最具有研究价值的民俗事项。彝族丧葬仪式是动态的，其内容在遵循传统的基础上随社会发展而不断变化，对其变化内容进行梳理是认识传统文化和社会互动的逻辑方式之一。沙石村彝族丧葬葬式历程与威宁其他村庄的彝族一样，经历了不同的发展历程。

第一节　丧葬葬式的发展历程

丧葬习俗是人类进步、社会文明的重要符号。各民族在适应和改造环境的过程中，由于生死观各不相同，因而出现了丰富多彩的丧葬文化，各民族都经历了不同的丧葬形式。目前，我国丧葬形式多样，如土葬、火葬、水葬、悬棺葬、树葬等，其中土葬是各民族最普遍的埋葬方式。总体来看，各地在丧葬的仪式、器具、丧葬方式等方面都有特点。

彝族作为中华民族的一员，丧葬形式在不同历史时期有所不同，如树葬、岩葬、火葬、土葬等。据滇南自称尼苏颇的彝族在民间创世史诗《创世记》一书中记载："很古以前，人间有直眼人，除了阿普笃木一人外，其余的人有理不讲理，初一、十五不烧香，逢年过节不祭祀，老人死了不发丧，去世丢进大河里，小孩死了不埋土，尸骨挂在树枝上。"可见，彝族先民曾实行野葬、树葬。这些葬式在现今滇南还残留，自称尼苏颇的彝族对刚出生不久即夭亡的婴儿也实行树葬，村中有婴儿夭折的人家，须折一枝黄泡刺悬挂于自家门口以表示避邪，婴儿一旦死亡，就用其父母的衣服、布料和席子等包裹起遗体再由其父亲于夜晚送出村外，到人迹罕至的地方选择一棵适当的大树，把遗体放在树根处，任其腐化。❶ 岩葬属于野葬的一

---

❶ 张纯德,龙保贵,朱琚元.彝族原始宗教研究[M].昆明:云南民族出版社,2008.

种，是将人的尸体放于岩洞的一种葬法。从彝文文献对彝族岩葬的仪俗有记载，如凉山彝族创世史诗《勒俄持依》记述了"古侯""曲涅"部落迁徙途中，不幸老母去世，人们商议怎么安葬，她的长子主张岩葬，次子主张水葬，老三主张火葬。有的专家通过上述历史记载内容推断，彝族岩葬制习俗盛行于战国时期可能性更大，因为"古侯"和"曲涅"相当于战国时期。❶ 从目前来看，火葬和土葬在彝族地区比较盛行，因此，本文在梳理其丧葬历程时主要介绍这两种形式。

西南的许多民族都有火葬形式，如藏族、彝族、羌族、门巴族、普米族等。据史书记载，彝族火葬始于乍姆，从目前来看，现今川滇大小凉山彝族保留火葬。彝族为什么实行火葬？据彝族祭司说，彝族是虎变的，死后火葬灵魂就变为老虎，要是不火葬，灵魂就会变成其他魔鬼去害人。黔西北一带的彝族在过去实行火葬，从考古资料可获知，如过去彝族土司居住的威宁、盐仓一带的向天坟就有火葬罐等遗物，有的学者还认为，从威宁一带的向天坟的发现说明了彝族在古代实行火葬和土葬相结合的方式，当然不仅贵州，还有云南等地也有很多火葬墓，形式多样，如单圆形、圆环形、凹腰葫芦形等，因这些火葬墓顶端部分呈现凹口形式，故人们称它为向天坟。不同专家对向天坟的象征持有不同的见解：刘尧汉先生认为是彝族天文台的表现形式；夏之乾先生在他的《谈谈彝族的向天坟》一文中有这样的内容，向天坟与天文台没有直接关系，它是火葬和土葬两种丧葬方式结合而进行的一种比较特色的丧葬形式，它是多民族文化相互融合的标志；杨甫旺研究员则认为向天坟与彝族火葬台（天文台）有着直接的联系。❷ 关于火葬内容在《彝族指路丛书（贵州卷）》一书中有记载：

"所结的冤由，一切要解除，无冤才清白。在火化场上，撇开非凡柴，撇开非凡木。人生三阶段，父母教导，传授礼仪，火化场地，你不去不成，

---

❶ 张纯德,龙保贵,朱琚元.彝族原始宗教研究[M].昆明:云南民族出版社,2008.
❷ 杨甫旺.彝族火葬文化初探[J].云南师范大学学报,2000(6):67.

站在祭祀场，火化之地，忌乌鸦噪，生不离地，死不离土。埋的不火化，火化的不埋，是这样说的。熊熊的火焰，如参天大树，如开放的花朵，如茂密青松。人的一生，在生不离火，死了要火葬，舅家点把火，外侄点把火，家族点把火，烧红了四肢，烧红了寿衣，烧红了正面，烧红了背面，全都烧红了，经过焚烧，躯体熔化了，心脏烧化了，必定是这样。火葬人未消失，音容宛在。人死有三魂，一魂火化场，一魂守灵房，一魂守翁靡等（彝族先民认为彝族是从中央发展到四方的，故魂须归中央故土，翁靡即中央故土）。❶

以上内容一方面表现了火葬是人们崇尚的一种丧葬形式，把火焰比喻为参天大树、开放的花朵、青松等物。另一方面也表现了火葬如同土葬一样也要遵循一定的规则，按照一定的差序进行，突出了舅舅、外侄和家族的重要地位。火葬在不同地方有类似的形式，彝文文献《彝族指路丛书》描述了火葬之葬仪：

所有丧客中，不善有三人，上穿缘布衣，下看红布将，胸戴牛皮褂，三人持火把，三人三把火，一人烧尸首，一人烧尸身，一人烧尸脚。焚尸心不小，仅焚力不尽，仅焚气不竭。人死魂不死，身荧灵不灭。人死灵升天，身荧魂返家。焚后满一衣，亡灵返家中，久久不想离。焚后满两夜，一魂去守坟，转来又转去，焚后满三夜，一魂去赴阴，与祖灵团聚。❷

据笔者在调查期间和布摩交谈中可知，实行火葬首先要选好场地，挖一个坑，上面放柴，男堆9层，女堆7层，男尸面向东方，女尸面向西方，烧完后，将骨灰收集起来，装入陶罐内，或埋入地下，或堆放在家族的骨灰罐丛中，布摩用绵羊毛裹少量的骨灰，放入小袋内，再放在竹子编的小箩箩内作为祖灵供奉在家中。年轻人死去，柴的层数为5层，彝语称为"踏我纳"，参加的人、祭祀品比较少，一般不向外张扬，死后第二天就可

---

❶ 陈长友.彝族指路丛书（贵州卷）[M].成都：四川民族出版社,1997：111-113.
❷ 陈长友.彝族指路丛书（贵州卷）[M].成都：四川民族出版社,1997：91.

作仪式；若死者是老人，主人家花的费用比较大，听老人们说，在过去，比较富裕的人家作仪式会长达 40 多天。

从目前来看，古书记载的上述内容在凉山彝族实行的火葬形式上还残留着，如死者一般在家停放 3 天、5 天、7 天、9 天不定，一般选择虎日或猴日进行火葬。出殡时，死者的后人及子孙在门前依年龄的长幼而跪。由 4 人抬尸出堂屋，置于死者后人之前，然后由毕摩念诵《指路经》，念完后，4 人抬尸从死者家人头顶上经过，火炮火枪、唢呐齐鸣，由"刀舞队"开路，送死者到焚尸处。尸架抬到火葬场后先挖一坑，坑中放松明（青松之油）之类的引火物。坑上依男 9 层女 7 层之架架成方形柴堆，将尸体置于干柴之上，由 4 人用 4 根干竹扎成的火把点燃柴堆。火化完毕，骨灰落入坑内，用泥土掩埋，上面仍按男 9 女 7 之数压石块。火化时亲属回家，只派几个人守候，以防有人将牛、羊骨投入使其子孙不兴旺（笔者在威宁村庄进行调查时发现，也有类似禁忌，只是内容不同而已，在这一带是防止坟墓内有金属一类的物质存在，不然对于以后的子孙不利）。民主改革前，凉山还有让奴隶夺牵驮魂马的。饰马之后由一男子牵马站在院中，日夜不停，马发抖时就说死者的灵魂来骑，火葬时要牵马随火葬队伍去葬场，仪式结束后此马出卖或弃之荒野。许多人都不愿牵驮魂马，害怕灵魂跟死人而去，成为死者的马夫。人死火化在一年之后，亡人家庭要为死者举行安灵仪式，彝语称"玛都果"，目的是给死者做一个灵牌，彝语称"玛都"。灵牌是竹片缠上羊毛及线（男的用蓝线，女的用红线），然后插入一节梧桐树枝中（这与笔者调查的威宁一带彝族丧礼上人们做灵牌时是相似的，只是选择内容上有些区别，灵牌插入竹桶内），经毕摩念经除秽解污后，即供奉于丧家锅庄上方墙上。每逢过节时，需以酒食祭献，灵牌供家中一年或数年后，请毕摩（四川凉山一带对祭司的称法，贵州称为布摩）超度亡灵。送灵仪式不仅是凉山丧葬活动中最盛大的祭典，也是凉山宗教祭祀中最隆重繁杂的仪式，一般举行 1～3 天，富裕的人家举行 5～7 天。天数与黔西北一带的彝族在丧礼上举行仪式的天数差不多。同时，至好友携带牛、羊、猪、鸡前来献祭。当然从目前来看，在献祭礼物时，凉山一带最高礼节是送牛，而由于环境的差别，威宁一带彝族以送羊为最高礼节。布摩在门外搭一座竹棚做经堂，将死者的灵牌供奉于内，入夜亲友们通宵举行唱歌、对话比赛及背诵谱系等活动，再通过布摩做十分烦琐的宗教仪式，超度亡灵到另一快乐世界，祈求为家人和牲畜消灾除病，保佑庄稼丰收，最后将灵牌送至本家支共同存放灵牌的岩洞（祠堂）或森林中，整套丧葬仪式才算结束。

唐代（南诏）以后，乍姆文化在彝族社会占统治地位，故人们皆从之，外人不知其缘由误以为彝人一直实行火葬，实际上还有其他葬式，如土葬等。关于土葬在《彝族源流》中有记载：米靡时期，布部布摩流派有十子（弟子），最有成就者即始楚，乍

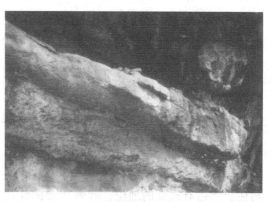

村落祠堂

姆两位，始楚以"天、白、濮"（一种祭祖习俗）为标志，或为号，兴起土葬，并同乍姆一道，制定埋（土葬）的不能烧，烧（火葬）不能埋等章法。因而，彝族古代土葬始于始楚，火葬始于乍姆，彝族的丧葬习俗不唯火葬一种。唐代以后，乍姆文化流传下来并在彝族社会中占据了统治地位，故人皆从之。❶ 彝文文献《殡葬始纪》记载："吐始楚之母死了用土葬，吐始楚（古代白界半摩的姑祖）兴起；生时靠火，死后埋土。严冬凛冽，也不觉寒冷。……殡葬的道理，有的用石葬，吐始楚兴起。"可见，彝族土葬兴起的年代已久远。但是，不同时代、不同地域呈现不同的葬法和葬具，正如古书所载："古之葬者，原衣之以薪，葬之中野，不封不树。"吐始楚兴起土葬之际，或许不过如此而已。棺木土葬是滇、黔、桂等彝族地区，自明清禁火葬以来至今实行的丧葬仪俗。❷ 笔者所调查的区域实行土葬，因

❶　贵州省毕节地区彝文翻译组.摩史苏[M].贵阳:贵州民族出版社,2011:23.
❷　张纯德,龙保贵,朱琚元.彝族原始宗教研究[M].昆明:云南民族出版社,2008.

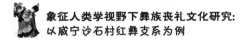
此，土葬是本文介绍的重点，对火葬的介绍主要是对丧葬葬式历程有一个历史性的认识。

总之，彝族火葬文化历史悠久，文化现象异彩纷呈。黔西北一带的彝族在"改土归流"之后，彝族土司政权丧失，地方官吏严厉禁止，大量其他民族的迁入，各种习俗相互融合、涵化等因素所致，由原来的火葬改为土葬。但不同地方进行的火葬和土葬都经历了一系列复杂的仪式过程，只是由于地方历史及社会环境的不同，后来葬式、内容产生了不同的变化，但宗旨是一样的，都是表达对亡人的崇敬及祖先崇拜之情。下面以个案来展示丧葬仪式的过程。

第二节　个案：沙石村彝族丧葬仪式过程

在现代社会背景下，村落经历着不断的现代化过程，但是仪式活动在村庄仍然占有重要的地位，起着重要的作用，其中丧葬仪式活动就是一例。在村庄经常听到这样的说法：没有丧葬礼仪，民族文化的传承会受到阻碍；没有丧葬礼仪，将会丧失人们生存、繁衍及激励的信仰力量和精神力量；更重要的是，没有丧葬礼仪民间将会失去有力的丧葬礼仪传承手段。从笔者的调查发现，现代社会发展的今天，在乡土社会，传统文化教育仍然占据主导地位。

彝族人认为，老人逝世，儿女需请布摩主持仪式，追悼献祭、为亡魂指路，回到"老家"（祖源地）与祖宗团聚过幸福的生活，同时还要在一定节日供奉，表达眷恋之情。通常，不管儿女们经济条件如何，大多数人家都要为逝去的老人举行隆重仪式。据村庄人们回忆，即使在"文化大革命"时期不允许举行这样的隆重仪式，但很多人家在改革开放后又再度举行。彝族丧葬仪式的核心是祖先崇拜，民间有句谚语："父母终了要安葬，灵牌设在神位上"，说明祖灵在人们心目中的崇高地位。据彝文古籍记载，彝族祖先崇拜产生于母系氏族社会向父系氏族社会过渡时期，其产生的直接原因是人们试图依赖祖先的灵魂保佑自身生命的安全。人们认为为亡灵指路、送灵、安灵、做祭、做斋是子孙对父母和先祖应尽的义务。有的地区祭祖仪式是最隆重的，每年举行一次，有的 3 年举行一次，称"小祭"，30 年举行一次，称"中祭"，60 年举行一次，称"大祭"。

丧葬礼仪的产生与彝族人的灵魂观有着密切关系，他们认为人有三魂，人死后一魂由布摩念《指路经》进入坟场；一魂在人间；一魂被招附于灵牌由子孙供奉，由其子女举行仪式送往祖界，围绕三魂，产生了一整套丧葬礼仪。❶ 彝族丧葬仪式伴随丧葬词进行，两者表现方式不同，仪式以一定的行为方式出现，比较直观，人们经过肉眼就能看到所进行的内容，但仅依靠仪式不能达到人们所追求的目的，所以每一个仪式过程都缺少不了丧葬词，两者的结合才能构成一个完整的丧礼和表达意义。祭祀词由布摩在特定仪式上念诵，体现了语言在特定语境的神秘力量。通常，人们认为精神欠佳或做噩梦不是来源于患者的身体内部，而是来源于外界，来源于他者的语词。从这里可以看出，古代的语言崇拜最初可能源于对巫术词语的崇拜。丧葬词是应仪式活动的需要而产生的，随着丧葬仪式活动的逐步丰富，形成比较稳定的套式，吟诵祭词成了习俗，并且锤炼成了经典的诗歌。丧葬祭祀词所含的内容极多，有 10 多本，达十五六万字，内容十分丰富。

彝族是中国西南地区一个具有悠久历史的民族，分布在云南、四川、贵州三省及广西壮族自治区西北部等地，虽然不同区域、不同支系、乃至不同家庭由于经济条件及其他很多原因导致丧礼内容有很大区别，但是宗旨不变，都是表达对祖先的崇拜之情。沙石村作为彝族农村社区的一个缩影，其丧葬习俗具有一定的典型性和代表性。对亡人举行隆重的指路、献祭等仪式是古老的民族宗教现象的遗存，不仅广泛流行于我国许多少数民族如云南的景颇族、傈僳族、独龙族等，还存在于世界各地，这是人们追求落叶归根的传统观念在起作用。丧葬的祭祀仪式随着社会的发展形式和内容不断变化。下面介绍的丧葬过程是笔者亲自参与调查所获得的内容，其中祭祀词内容是通过访谈和翻译总结的。

---

❶ 马史火.凉山彝族祖先崇拜与厚葬习俗对社会发展的消极影响及对策[J].西南民族学院学报，2000(S3):53.

本书论述的丧事是指老人的去世，因而丧礼属于寿终的老年人，描述的范围是从死者生病到亲属的准备活动再到死后亲属为死者举办丧葬的整个过程，包括死前、死亡、死后3个阶段。

"笔者多年对威宁沙石村做了调查，在期间，笔者亲自参加了几场丧礼。下文以具体参加杨某的葬礼个案为例。杨某是村庄普通村民，有2个女儿、3个儿子，2个女儿已出嫁，3个儿子已结婚。杨某和他的老伴（妻子）单独住在老板壁房，"❶ 老房子有五间，他们称为"长三杠（长三间）板壁房"，中间堂屋、两侧各两间，用木板建成，大概有70多年的时间，由于长时间烧柴和炭，板壁被火烟子染成了黑幽幽的颜色，但是由于过去的木料质量好，看上去还比较牢固，顶上用瓦盖，瓦是自己烧制的。除了正房外，还有厢房、几个牲口圈，正房和厢房为瓦屋顶，牲口圈用松丫枝盖，由栏木掇成，主要对付猪、牛、羊等牲畜。他们还空出老房子的一间作为鸡圈，鸡有20多只；还喂着两条狗，通过主人长期对它们的驯养，生活方面很有规律，白天，两条狗跟着老人上山打柴或者做其他事情，晚上睡在门口守护牲畜。两个儿子重新建房住在老人的旁边，大儿子家住在靠左边的沙墙房，小儿子住在右边偏后大概几米远的地方，也盖了新房，由于老人的板壁房看上去有点破，2008年得到了政府的建房补助20000元，今年小儿子的小孩满3岁，为了在新房为3岁的小孩举行剃头发的仪式，父亲把此项建房款给小儿子建房。笔者在2009年去调查时，他们刚搬新家不久，他还与笔者说起由于忙着建房，土里的洋芋自己都来不及收，全靠亲戚、家族和邻居的帮助才把庄稼收完。可见，在村落的社会生活之中，这种处于半农半牧形态的经济形式决定了彼此的相互依赖。这种传统思想一直保留着，无论是哪家有事情，大家都会伸出援助之手。二儿子没有住在本村，到他们亲戚家上门（结婚后男方到女方家居住），因为他们的堂姑妈（不是亲姑妈）没有儿子，只有3个女儿，大女儿实行招女婿。他们有这样的习俗，二儿子上门不能享有分配家里财产的权利，就像嫁出去的女儿一样，

❶ 余舒.象征人类学视野下的彝族丧葬仪式研究——以威宁县浆子林村为例[J].西南民族大学学报
（人文社会科学版）,2011:43.

因而家里财产就由小儿子和大儿子享有。分享财产和承担父母的义务是一致的。在谈话中获知关于财产的事情，在儿女独立成家后，老人把家族中比较有威望的人和有关亲戚请来商量，剩下的土地平摊给大儿子和小儿子，并且商量分担老人的后事。通过大家讨论后做出决定，两个老人在一起居住，每家一年拿100斤稻谷、玉米、50斤红豆、洋芋等物为老人提供一定的生活保障，老人的丧礼一家承担一个，父亲的丧礼由小儿子承担，大儿子承担母亲的后事。因为两个儿子的经济条件不是特别宽裕，因此提前把后事安排好，目的是避免分配财产和面对事情时发生矛盾。

杨某2009年7月由于生病较严重，吃不下，日渐消瘦，身体每况愈下，因此儿女们提前做了丧前准备。第一，选择棺木。通常村庄人们有这一习俗，如果有闲钱的人家老人到了60岁，他们就需为老人准备棺木。在人们的心目中，为老人做好棺木，老人的寿命会更长；若不富裕的人家，到了老人生病或身体有异样时才准备。笔者调查的这家，家庭条件不是很好，因而二老的棺木没有提前准备，在杨某生病严重时，他的儿子们才为父亲准备棺木。准备棺木看重木料的种类及质量，通常盛行这样的说法：首选柏杉树、核桃树；其次选刺楸树、槐树、桑树、栗柴树，杨柳不做寿材用。据调查，本村上了年龄的老人通常有为自己培植棺木树的习惯，他们通常种植柏杉树、松树。杨某早已培植了一棵核桃树，这样孩子们就把老人准备好的树砍下来，布摩选好吉利日子后请本村的禄木匠为他们做棺木。对于棺木有很多规定：厚薄底四寸、五寸、盖六寸之称法；其次要精细加工，用生漆漆3遍，一般是黑色，漆树是自己种植的，到了一定的季节，人们陆续割漆，各家都有，如果数量多的，还向外销售，价钱比较昂贵。成棺后，亲人送酒肉、面条祝贺，叫"翻棺材底""寿材"，即祝其长寿，所谓"周岁办材百岁用"。第二，"做老衣"。即给死者做衣服，一般7件、9件，条件好的人家可以多做几件，性别不同则件数不同。老衣由老人的女儿和儿媳妇制作，富者用绸子制衣，一般是蓝、青色，贫家用棉布制作。杨某的老衣由两个女儿和三个儿媳妇做，老衣款式为长衫子，面料为棉布，称作"生布"，颜色为蓝色，衬里为青色，鞋子为小口鞋，与过去彝族老人的服饰相似。第三，选坟墓。选择坟墓时注重风水，民间谚语，如"三十不娶亲，不能怪父母，六十不造坟，不能怪后辈"，还有"世上千人奔，不及地下一人困"这种说法，就是传统丧俗中的选坟。好的坟山通常是朝阳，背靠小山，山下有河流，看得远，遥远处对着几个小山脉，走向坐北朝南或坐东向西，以防蚁防潮，阳光充沛为宜，即是死者能"入土为安"，他们认为风水好与坏关系到死者子孙的兴旺发达。对于沙石村来说，生态环境保护得相对比较好，每几家人共享一座山，因而，墓地的选择显然比较顺利，与他们邻居村的很多汉族人家有所不同，邻居村由于人口多，自己的山林早已被砍伐，因而在选择墓地时，有的人家如果在请先生看坟墓时，看中了彝族山林的好地点，只有出高价钱买，有时如果对方不卖，相互之间还会产生矛盾。据笔者所知，杨某的坟墓选在他家的祖坟山林里面，靠他已亡父母的坟墓后面，在他身体好时就经常去整理周围遮住视线的小树。通常有这样的说法，坟前面的视线不能被遮挡，追求视野辽阔，需要一眼看得到对面遥远的山脉，周围需要栽种黄杉树，在生病期间，他通常去选好的地方晒太阳，提前在前面放了几个石头作为标志，因而这次儿女们不用为找坟墓而操心。

杨某于 2010 年 9 月病逝，卧病在床期间，儿女、亲戚们经常看望、照料他。在他落气时，儿女们都在身旁。通常情况下，彝族老人在病危时就要通知他的儿女和近亲来看望，特别是儿女一直要在身边守着。有这样一种说法，儿女能接到老人的气是比较有福气的，所以不管儿女离家多远，都要回来等候，听人们说，有的老人在要失去最后一口气时，一定要见到他想见的孩子，要不然死不瞑目。

在杨某病逝时，因为死者的子孙都非常悲伤，在很短的时间内所要做的仪俗相当繁多，许多事情又要按照传统规则办，所以丧事由孝子们请当地有威望、有经验的杨村长（家族成员）来当总管（调节丧事的头人）。通常，总管征求孝子意见，负责预算开支，安排丧事有关事情，孝子们丧事期间只管守铺尽孝，别的事情不用担心。在丧事上，几乎全村人都来帮忙，每个人所任的事情都由总管分配。具体分为：做厨（烧水做饭的）、报丧的、哭丧的等。丧事上除了总管外还有一个主持人（杨某的亲戚），主要协调总管和布摩工作。该主持人初中文化，在村中文化水平较高。大家在该人的领导下紧密合作，共同帮助主人把丧事办好。整个丧葬仪式过程如下。

第一，收敛。老人落气，子女怀着无比悲痛的心情安顿老人的后事。孝子们给死者洗澡、换衣服。洗澡由长子亲自洗身，洗时，要将前胸、后背各抹3把。洗完后，儿女亲自为亡者洗头、梳头，如果没有女儿由儿子来完成，用梳子在头发上梳3下，意思为死者美容，也为后辈祝福。接着，更衣，即换上寿衣。寿衣要整理自然平整，由儿子或媳妇给亡者穿上寿衣、寿鞋，戴上寿帽。寿衣件数为奇数，如3、5、7、9不等，裤子1条或3条，男性以穿单不穿双为着衣原则，杨某穿7件老衣（为亡人制作的衣服），是他的女儿和妹妹送来制作的。穿衣时，通常儿女送的穿在最里面，整套服装不能有纽扣，要全部用带子来替代，表示"后继有人的意思"。衣服穿好后将老人抬到堂屋的左侧，长子拿一块银子放在亡人嘴里，目的是让死者在去阴间的路上不乱开口，不与其他孤魂野鬼搭腔，埋头走他的路。据说，如果死者在去往阴间的路上多嘴，就会给家里招来恶鬼、带来灾难。

第二，下冷铺。把衣服穿好后，盖上布，抬棺到堂屋中间，放在凳子上，然后在底上垫白纸，再放到棺材里，棺木比较牢固，是用他们栽种很多年的核桃树制成的。接着，在垫棺的凳子下拴一只母鸡，为亡灵引路，谓之"引魂"，因而，油灯不能忘记加油，寓意照着亡人上路、远行的，所以不能熄灭；放两碗清水，表示死者心明朗，棺木下放一盏灯。同时，儿媳妇卷起亡人生前所睡的床褥、所用的蚊帐拿到屋外焚烧，有的老衣服不烧，要留下来给孝孙们补衣服，表示享受到老人的福气。

第三，守孝。守孝由穿着各种孝服的儿女来完成。在这一仪式上人们的衣服有区别，根据生者与死者的血缘关系的亲疏远近而穿不同的丧服、服长短各异的丧期的一类规定。中国古代宗法血缘关系一般只上溯五代，由此产生五类血缘亲属关系，并为每一类亲属关系设计一种丧服，故为五等丧服。从目前来看，关系越紧密，白布做的孝服要长得多，复杂得多。据村庄老人介绍，在过去，全套孝服非常复杂，对守孝对象规定的规则也多。时至今日，服丧面料已不再细分，也不分上下，死者的儿子媳妇及未嫁的女儿为重孝，通常用一块白布罩住头，最长为6尺，亦有用孝巾折成间包帽，垂于身后，有的胸前披一块左右和上下都不缝边的麻质布条，腰系麻绦，鞋蒙全白布，父母双亡，双鞋均为毛口，一方在世，只留一毛口，谓"披麻戴孝"。孙子、孙女次之，他们的孝帽是在白棉布上缀一红点，长3尺，孝巾同父母一样，鞋蒙半截，或仅蒙鞋头。其他亲属的孝服，只要披一孝巾即可。同村来帮忙的男性或女性的孝服通常由主家发话给什么就穿什么。

第四，择吉日。第二天一大早，红红的太阳刚从东方升起时，大儿子提着两瓶酒去请离他家不远的布摩；中午太阳当顶的时候，布摩带了他的两个助手，东部方言彝语称为柴摩（布摩的助手）。布摩到场后，主人安排他们在老房子左侧的一间小屋子里休息，这间单独为他们专用，如放置经书、策划等。接着，确定全体孝子和孝子代表人的身份（称正孝，一般由长子担任）发孝布，并且孝子和布摩一起商量并决定作仪式的时间期限、埋葬日等。布摩按死者落气的年、月、日、时和死者长子、长女的出生年、月、日、时择出是否相克，以及亲戚、厨子、客人与死者是否相克，从而判断出殡及下葬的时辰。出殡日一般为虎、兔、猴、鸡、马等属相日，其中以虎、马、兔为最多，但每月出殡日有所不同，详见彝文历算书。日期确定后，家族人员利用各种方式向亲人们通知祭祀日、埋葬日等，以便亲人们为参加葬礼而做好准备。

第五，报丧。老人落气后，孝子们转告邻居，通常以放地炮的形式和用"老人老了"之类的语言，放地炮为死者的灵魂开路，也是向同村近邻报丧的方式。他们一听到此类语言就会明白发生什么事情，随后陆续赶来帮忙。其他远一点的亲戚、朋友、远家族人员，由主人吩咐人们从不同地方通知他们，听到消息后，立即准备送的手礼（彝语称为"腊哼"，与"礼物"相似）赶去参加丧礼。据布摩介绍，如今在报丧时相对简单一些，在过去，报丧时必须两人同去，一人去报丧的，务必要手持棍棒，去报丧的人到了远房亲戚家，无论亲疏贫富，都要杀一只鸡，煎两个蛋招待报丧者，就餐时，桌上要留出一个空位来，并摆出碗筷酒盅，装满酒和饭菜，以示死者灵魂与生者最后一餐，故曰"离别饭"，唱《离别调》，如"阿妈养女儿，好的给我吃，好的给我穿，好的让给我，今日我贫穷，没能给你穿……"席间，报丧人就将出殡日告诉亲戚。有时人手来不及，一个报丧人一天要跑 10 多家亲戚，吃 10 多餐报丧饭也是常事。当村落里的人死时，村落的全体人员都要参加这一仪礼，可以说丧葬仪礼是最大的礼仪，这一点非常重要。在此村落中，人死时，以死者的子女、亲属及村落的人为主体，接到死讯的人们相互通知准备吊唁，他们必须携酒、牵猪、羊参加葬礼，当然过去还要牵牛。在手礼上彝族和汉族有很大区别，汉族有的买香、烛、纸钱等物，有的亲戚会带白布、香、烛及青纸、草纸、冥币等物。另外，家人在祖宗牌位及左右门肩贴上火纸，并在大门贴上白纸。有的地方在两扇大门外贴上门状，状上记载死者的年龄及生卒年、月、日、时等，显然，就礼物形式来看有很大区别。

第六，祭祀仪式。杨某祭祀仪式活动由布摩主持，地点选择在老房子堂屋，时间为 3 天 3 夜。当然，不同人家祭祀仪式的时间长短、内容有差异，有的举行 7 天 7 夜，有的 9 天 9 夜。第一天和第二天仪式的目的是驱除家里的邪气，使堂屋和房后等地方干净。他们认为，家里有不吉利的事情发生，缘于邪气的干扰。因此，布摩为他们做驱邪仪式从而把邪恶驱除，家里才能顺利。按先后顺序排列内容如下：

一是打醋坛：孝子、邻居把堂屋打扫干净，布摩在堂屋中放 3 个干净石头在碗中，用过路环枝条（一种植物，在春天时结果实，果实熟透成红色，很多彝族人种这种树）放在石头上，一直烧红，过路环枝条燃烧时，发出爆炸声，树枝被烤出水，冒出蒸汽，人们认为这种水蒸汽可以驱邪，水珠在上面冒出蒸汽时，才能把碗中的石头倒在外面，并且规定，拿来烧的石头不能随便捡，若捡了不干净的，做法事不灵。同时布摩念着驱邪的祭祀经文，如：

"驱邪物，驱脏物，都是为了大家，从今后，邪物已尽，洁物出现了……"

此仪式的目的是把家里的邪气等不干净的东西驱除，使人们生活在安宁的生活之中。

二是扎草人：用茅草扎好草人后，然后把草人夹在清膜树木（该树适合当地气候，冬天，人们常用它来烧火取暖）的中间（做仪式时，用它来代表各种神位，如远祖、近祖，草人的形状不同，表达的文化有差异），然后，布摩向神灵奠用羊角装的酒，一边念经一边奠酒。布摩念家谱点祖名，邀请祖灵参与祭祀，同时，布摩在祭坛旁招拢死者的子孙后代，并叫他们一一下跪倾听族谱。通常布摩念诵死者祖先来此的路线，其后每念诵 10 名祖先，就念诵死者之名，祖先来迎领亡灵等经文。不然，死者无法顺赴阴路，甚至游荡于人间，所以，念诵家谱非常庄重。具体"请灵经"的内容如下：天上的将士们，万族有本根，正如神童，三祖内外，唯到独尊，没落天地，左右兵力，右有三亲，祈福在于天，祈福在于地等内容。据当地老人诉说，该内容目的是招祖先神灵一起参与祭祀，一方面，表现对他们的敬重和参与证实布摩做祭祀仪式的认真与否；另一方面，也反映了人们祈求神灵的保佑。

三是搓草绳：搓一根草绳把鸡毛、黄松果等拴在毛股棒的尖上。布摩一边念诵经文，一边用手摸毛股棒，然后用 3 个鸡蛋拌酒泼洒在屋后。念经的时候，用一只手摸一下毛股棒，然后走出大门，用 3 个鸡蛋拌上酒后泼洒在屋后，然后在此念两个小时的驱邪经，主要表达的意思是揭示死者病逝的原因，但原因不一样，有的是由于染上严重的病，有的是祖坟不好，有的是宅基地不好，有的是乱砍伐树木所致的，经文有这样的祭祀内容：

"人终有一死，死各有原因。人生三阶段，幼年阶段啊，靠父母抚养；老年阶段啊，靠子女赡养。到了死亡时，布摩指迷路。死者咸望高，指你到此地，指路渊源长。你死是因你，与他人无关。死是因你懒，你到了天庭。病死有原因：因屋脊不好，会导致死亡，因你砍伐树。那是你不知，树木需保护。脾气有点犟，导致你为此。还有他原因，因坟基不好，侧日子有误，方土养方人；因水土不好，不适你生存。以后到天庭，要改邪归正。听从祖人言，勿随心所欲。人终有一死，看死于何因。人生幼年时，玩笑不会开。到了青春时，青春正兴旺。到了三十多，云雾难摘揽。到了四十多，事业正兴旺。到了老年时，万事皆休矣，只待子孙养，今日你如此，要保子孙安，你到了终点。不要回头望，一心向前走。庭门十二道，藤子紧紧拴。天庭阳光灿，岁月啊漫长，藤子不能断……"

布摩在房后念完经后，接着家族"贡饭"仪式，彝语称为"雨斗"，贡品是煮好的鸡、儿女送的酒、米饭等，这些贡品第一天早上6点左右到中午十一二点准备，晚上再杀一个牲口，烫了毛以后，用牲口的头和心来贡，其余的还有1只山羊，1只公鸡、10个碗、12尺麻布，还有几个茅人（7只手），摆放茅草人的位置与亡人的性别有关，若亡人是男的，要放在左边；反之，则放在右边。布摩带孝子绕棺材转3圈，并且一边念着（雨斗布），一边丢泡木树的木渣，这称为木钱，这样做也要持续两个小时。

第二天举行的仪式内容和第一天一样，在此不重复列出。

四是雨斗：孝子给亡人贡早饭，用土碗（泥巴制成的碗）装饭、长青树叶、蔬菜、茶叶、水果等，其中茶叶碗里放盐水，在献祭的同时，布摩念诵"献祭"词，主要目的是和灵魂沟通，诉说人们为他献饭并且教亡灵在路上怎么吃人们送给他的东西，如：

"你不幸逝世，躺在棺材里，大家来悼念，心情多沉重。大家为你送来了你喜欢吃的东西，儿女们为你斟上了酒，点上了蜡烛，献上了茶，你大大方方的接受吧！路上你要背好，你要节约吃，不允许浪费，要学会吃，不这样的话，路上要挨饿。路途中用牲，有给你用的。给马喂草料，骑着马上路。用猪来过年；用羊来解饿，桥边撵牲羊，祭场兴礼仪。礼仪祭牲多，牲肉满祭场。满场的牲肉，执事用牛牲。给你的食物，你要好好背。在哪一节路上，你要节约吃，总该有计划，你要学会吃。不要学浪费，要注意礼节。晨不吃早饭，午时软绵绵，真是这样的。傍晚不吃饭，三更昏沉沉，需吃饱穿暖。吃早饭上坡，吃晚饭入山。你这样做嘛！善终者好啊。死者人敬供，离屋人来抬。细节得注意，礼节很重要……"

布摩反复吟诵，声音十分凄凉哀悼，笔者听着布摩用特殊的语调用彝语念诵着，看着这种凄凉的景象，也禁不住流眼泪，乡土社会的人情是那么的淳厚朴实，远不是现代都市生活中葬礼可以比拟的。

五是移棺：布摩安排孝子把棺材移到灵堂外，并把设在堂屋的灵堂打扫干净，然后，人们按顺序沿着灵魂出去的路线绕 3 圈。布摩走在最前面；一个柴摩抬着装有玉米的筛子走在第二位；另一个柴摩端着碗排在第三位；牵着山羊的孝子排在第四位；牵着猪的孝子排在第五位；抱着一只公鸡的孝子排在第六位，后面紧跟其他亲友们。人们移棺的同时，布摩念诵"果抖经文"，如：

"你路自己走，不要来干扰，从今以后啊，家屋无邪气。家屋已无邪，你不要打扰。莫在堂屋转，亡人不居堂。送你出堂屋，你不要回来。死者去得了，活人去不了。送者奉献物，全部你拿去。你要善保管，够你过生活。没给你的物，不会跟你走。给的你带上，给你的有限。家里也有限，你有另一界。坏病都出去，坏东西都出去。人间容不了，今日得平安，坏的不要留，一切都平安……"

绕完 3 圈后，除了布摩和柴摩外，大家都出去到棺旁，要做"不来害独（驱邪）"仪式。首先柴摩打碎瓦片，然后布摩把酒、荞皮、香草全部融合在一起，用手往筛子里抓所剩的东西，撒向每间屋子，表示驱邪，念完经后，柴摩把筛子里的东西全部倒在路上，表示把一切的邪气除去。

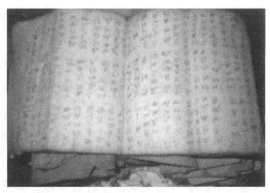

祭牲经（角搜布）

六是献活牲：棺材抬出灵堂后，孝子在棺材的小头处搭两根树杈（一般是青松或者核桃树枝），两根树杈上面再搭一根树杈，构成一道门，树枝大头在左，小头在右，然后牵亲戚和家族中送来的牲畜通过这道门，如牛、羊、猪等。同时布摩向亡灵念"角搜布

（祭牲经）”，目的是让亡魂带走祭牲。如这样念道：

"你领走牲畜，你需要注意。路上牵牲畜，慢慢牵着走。你不必匆忙，你不要惊慌，别人早卸鞍。你莫早卸鞍，你若早卸鞍，怕你的马死。举侯休息处，你亦可休息，你这样做嘛！豹多如黑云，你不必害怕。死者骑魂马，赶牛快速行。死者赶着牛，似红栗开花。善终者好啊。死者天庭人，活牲畜属活人，给你的你得。绵羊当大事，绵羊皮铺路。森林难通过，用牛带着路；你可走过去，牛叫要给料；好好保护牛，它替你开路；你好好骑住，路途有用处；猪要好好管，不要丢失了。你要的牲畜，好好地牵走……"

七是系绸著："献活牲仪式完后，布摩抬着一碗水，用竹棍蘸一下碗里的水，往牲畜头上点3下，一边念经，一边点水，点完3下，大孝子拿麻栗棒，在每个牲畜的头上轻敲一下，再请屠夫杀牲（彝语称为'指度'，是'打牲畜'的意思），杀死的牲畜象征性地献给亡灵后，再用来办理丧事，如果在办完事后用不完的肉就由主人家分给邻居共同享用。"❶ 伴随仪式的经文如：

"这是你的羊，亲戚祭给你。给你天庭用，你快来领吧！我非超人也，我只是念经。你可取之也，叫的是你名。其他人不给，只能让你得。你须慎用之，注意方法也！方法刚说过，你要熟记之。拿到天庭去，不要忙食之。等到最想食，你方可用之。那样对你好，你要会节约。礼节要注意，规矩不能违……"

接着，孝子对亡人说："您马上就要上山，舅舅和众人们都来送您，为您送上了您需要的牲畜，今天布摩已算过，该给的给您了，您到了祖界，要向祖先们讲清楚，要保佑这些活着的人，没病没灾，万事如意，在祖界安于其位，逢年过节，儿女们会给吃的、穿的，让您不缺吃穿等。"

八是指路：指路仪式上念诵"握么素布"（汉译为"指路经"）。布摩

---

❶ 余舒.彝族丧葬仪式的象征意义分析[J].贵州民族学院学报（哲学社会科学版）,2011(2):83.

在进行指路仪式之前首先做"指路奠酒"仪式。在指路仪式的准备工作：

"布摩安排孝子把树枝的右边树杈拔去，留下左边一棵，把横着的一棵杠子搭在左边那一棵上，并且平放在上面，然后把酒倒在羊角杯（法器）里，再把羊角杯插在左边的那棵树杈下，这时布摩在旁边念'握么素布'（指路经）。指路的目的是引领亡灵沿着祖先的迁徙路线回到祖灵处和他们一起团聚。"❶

指路经

首先，布摩介绍六祖内容及其对天庭的描绘，如内容：

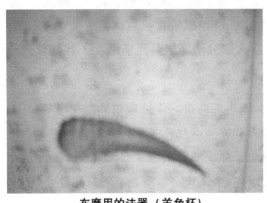

布摩用的法器（羊角杯）

布摩来献祭，现在布摩献。神仙神灵佑。到了这一天，时至夏三日。水草地段啊，亡灵都知道，昼夜连续行，哪处要速行，一定要把握。此时已昼时，卯时始行的，要匆忙速行。我不是你师。你师六祖处。六祖处寻师，你话六祖知。一次说你知，青天照高山，你不要匆忙，布摩穿法衣。手握羊角杯，背上背维吐。勺吐举底人，作透彻祭祀，善终者好啊，望着大门槛，看见了篱门，站在门里边。望见斋祭场，祭帐连云霄。晨不吃早饭，午时软绵绵。真是这样的，吃早饭上坡。吃晚饭入山，你这样做嘛！布家默家聚，武家乍家聚，你这样做嘛。布家默家聚，糯恒两相聚，武乍两相聚。祖人汇一起，祖人

---

❶ 余舒.彝族丧葬仪式的象征意义分析[J].贵州民族学院学报(哲学社会科学版),2011(2):83.

用旧舟，你的是新舟，必须渡过去。水有甜有苦，祖人的水苦。世间水遍地，天庭水稀罕。天地间神乡，土地有多少，你从那归来，经过那地方，经过了磨难，来到了此地。居于此地了，安心居于此。经过了此地，此地得注意，麻窝山丫口，威宁之名山。无论有多渴，一定不要喝。那儿的山水，你绝不要喝。那儿的山水，有麻醉性的。灵魂进天庭，门不要开大。勺吐举底人，都是已故祖，往天庭去处，你去到之日。左角开冥门，右角闭冥门。你别管子孙，生死要分开，静静的进去。门缝的大小，能容纳一人。唯石头开花，马长出角时，你才能返回。你可能知道，那是不可能。祖先亡神灵，你们堂上坐，今日要祭神，累在此一歇。不累也要歇，特献此杯酒，以表示敬意，祈你们保佑。你认真听着，你的子孙孝，为你作祭了，你的头上戴着新头帕，身上穿了新衣服，脚上穿着新花鞋，儿女们为你作了孝，布摩为你指路了，各神保佑你，你听见了吗？逢此好祭日，保佑你平安。死去的灵魂，不要惹活人。端着酒给你，活人进不去，勿陷害他人，不要扰活人……

其次，指引亡灵到祖先居住地的路线。在"握么素布"里用彝语记载了指路的路线：村庄名→塑目比概（威宁上地庙）→把底侯吐（草海）→米嫩奏凯（乌蒙山）→倍后浊（哈拉河）→色举溢帕（牛栏江）→阿五摆（东川小雪山）→买朵迷（东川）→布路赖晒摆（飞鹅石头山）→踏黑摆（雄鹰山）→罗米待（元谋）→洒迷（洱海）→待过摆（苍山）。布摩在念完这些地名后，接着念道：

依刚才所说，你必须听着。你从哪儿走，布摩已指过。禽兽都是兽，你记住没有。你走的时候，不要太急了。你听清楚了，弄明白再走；你从哪开始，你要清楚啊！天庭狗汪汪，天庭鸟喳喳；你要莫害怕，你在路旁边，设下鹰神座，兽类啸声强，所有这一切，你不必害怕。你要走的路，原来是这样。你去试一下，看是否应验。你是死亡者，祭台前已听。要骑魂马了，绕斋场一周，向父母告别，迎者做向导。越看越明显，往河山而去。登时不要怕，站火山岭山。见洛左岭上，站木更洛上，见洪者岭上，站洪者岭上。站贤美纪谷，见贤美液齿。"麦熟青幽幽，不熟青幽幽。你到的时候，有新屋旧屋。旧者祖之屋，新者你之屋。你到此地呀，大圈取一羊。肉赏给蚂蚁，蚂蚁笑嘻嘻，白狗摇摇尾，可真有趣呢!"骏马匆匆驰，你自行三日。到此人们回，活人送死人。死人可以去，活人不可去。骏马匆匆驰，你自行三日；到此活人回，活人送死人。死人可以去，活人不可去。布与默相会；武与乍相会；糯与恒相会，男与女相会，大家一起会。你到了此时，女伴情不足，你伴情意足，男欢笑不够，你欢笑的够。母不哄其子，但要哄三句。婆不哄其子，但要哄三句。人们多多的，只剩我一人。庄稼样样种，只剩一粮仓。地不耕也好，他处无与比。不冷不热地，白云做棉被。不饥不渴地，珍珠当食粮，在这个地方，清泉作饮水。荣日耀月明，不倒不枯树。稠花山花开，不老不少的。你到的时候，洗发用银缸。洗发用金缸，不洗发之人，见偶则害羞，大家会议论。发洁乃为荣，作熬夜之人。你到了此时，抽面巾青线，日前买药喝，月前买药喝，抽搭肩红线，月前买药喝，星前买药喝。"红牛与花羊，黑猪共为三，服药百病愈。服药万病消，三房门无疾。旧房是祖的，新房是你的。媳妇得首宅，丈夫得尾宅。转来六夜晚，转来九夜晚；匹配如世间，如云星相见。如日月共明，阴府在三年。"在三年三月，在三日三夜。妇得为首屋，首屋后乃得。夫得为末屋，末屋先乃得。如云星相见，子死与父会；孙死与祖会，曾孙会曾祖。妇死与夫会，媳死与婆会。死去祭时会，祭时呼乃会……你到了终点。不要回头望，一心向前走。庭门十二道，藤子紧紧拴。天庭阳光灿，岁月啊漫长，藤子不能断……

"指路经"的主要内容是把灵魂从棺材内指引出去，如：

死者送者别，死者骑魂马。送者聚拢哭，人间送死者。无限的悲伤，死者阴间去。勺吐举底人，那是已故祖。紧闭母迷门，善终者好啊。灵魂苍蝇带，蝇为你指路。昆虫带你出，蚂蚁带你出。你到祖地去，无人间生活。你已到天庭，天庭所属天……

九是孝子贡饭：指路仪式完后，孝子们最后向亡灵贡饭。"孝子用泡沫树做木槌，挑饭在棺材上，一边挑饭，一边奠酒，布摩念作哉布（福佑经）。他们认为亡灵今后已是人间的保护神，人间都在敬亡灵，嘱咐亡灵保佑人间。"❶ 如布摩念道：

"某菜你不吃，不吃也要吃。这是心意也，你必须得领。大伙儿敬你，你是保护神。天庭保护神，活人全靠你。要保佑活人，今天大家聚。你要吃得饱，避免路上饿。人间苦头尝，你去天庭乐。天庭开启门，能容你一人。路上遇困难，一定不要怕。神灵保佑你，你路途畅通。你必遇祖先，祖先笑迎你。孝子敬你饭，你必须保佑：愿其荣华贵，愿其白头老。祈儿孙满堂，愿他们健康。祈他们免灾，愿他们快活……"

十是抬棺出殡：出殡仪式由一个布摩参与送葬，其他布摩则在家做剩余的仪式。在出殡前，布摩念诵除邪恶经，如：

邪恶一起出，凶神恶神除。不要留家里，家里容不下。不要扰活人……

念完后，抬棺者进屋将棺抬出门外，放在两条凳子上，然后把一根木棒捆在棺材下面，由8人抬之，送往坟山。抬走之前要仔细检查，是否牢固，因为一旦抬起之后，不允许停下来，一般是棺材停落在哪儿，就要葬在哪里，因而人们特别小心，这种说法一直流行至今。送葬队伍的顺序与汉族不一样，汉族最前面是丢买路钱的，而彝族最早就生活于此地，用不着买土地。彝族送葬队伍前后顺序：女孝→抬棺人→男孝→亲友们→邻居和其他人，孝女在前有一定的作用，有时抬棺需要换人时，那么她们还要跪拜于棺下，以免棺木掉于地上，男孝子紧跟在后面，如果确实有困难，他们可以参与护棺，一般要很多抬棺的人，而且需要身强力壮的小伙子。棺材抬到坟地前，孝男孝女还要跪下来，死者的儿女把孝帕铺在地上，让棺落在上面。抬棺的人暂时可以休息，一切要听布摩的安排。同时布摩念诵，大意是"您的母舅如云前来，您的亲属儿女为您送行，您的邻居朋友

❶ 余舒.象征人类学视野下的彝族丧葬仪式研究——以威宁县浆子林村为例[J].西南民族大学学报（人文社会科学版），2011(3):44.

站满门前，我们为您举行了盛大的葬礼，要把您隆重地送到山上。出殡时，鞭炮喧天，撒拉锣鼓齐鸣，属相为猴、龙的人要回避。"

十一是除邪气、净穴堂、开棺盖：下葬之前，要清洁地穴，除邪气。大伙儿休息时，布摩就用罗盘来定穴的方向，检查方向是否与远方预定的目标成一条直线，然后就摆八卦图，拎一只母鸡在八卦图上绕 3 圈，表示驱邪。净穴堂之后，抬棺人把木棒抽出，用绳子把棺材吊入穴内，两旁的人拉绳的两端，把棺慢慢地坠入穴底。下穴后，准备开棺盖。开棺主要是让亲人们最后看亡人一眼，同时可以检查死者的脚头和远方预定的目标是否保持一条直线，是否端正，此时，布摩用罗盘再校正一下棺的方位。同时在开棺时，通常有一定的禁忌内容，如属相和亡灵葬日相克或者其他原因的只能回避等。

十二是撒沙土封棺：正位之后，布摩撒沙土封棺，孝子们争着去抢沙土，他们认为是财运土，谁抢到沙土谁的运气好，因而通常把抢到的土带回家放到柜里，不管谁抢到，都要喊 3 声父母，喊的时候不允许哭，哭表示不吉利。同时，布摩拎着母鸡喊道：

"生魂出，死魂入！"

意思是让生人的魂跑出坑外，让死人的魂入坑。念完后，大伙儿一起挖土盖棺。在挖土时有一定的禁忌内容，如不能把铁制品盖入墓中，他们认为，铁制品埋入坟中，亡故之人会变成精怪，作祟后人，因而大家很小心。在过去还有一个仪式：如果盖的土与地面相平时，还要在上面架柴，男 9 层，女 7 层，把亡人的旧衣服放在上面烧，同时用灵草在上面甩动几下，随后把灵草拿回家与灵筒放在一起供奉。

十三是"搭建除邪门和砸碗：众人送棺木上山，两个布摩和柴摩❶在家设招灵道场，举行除邪恶仪式及招魂灵草仪式。布摩和柴摩用竹子换去原来做的那道树枝门上面那根木条，在大门口搭一道神门，左下角要搭 27 根

---

❶ 柴摩：东部方言彝语，主要为布摩的助手，通常情况下，在整个仪式过程中起到辅助性的作用，不能单独作祭祀仪式，需要在布摩的指导下才能完成。

小叉子，在小叉子下面放一碗水，这些小叉子是分种类的，若亡人是男的，就不要牵山羊到小叉子旁；若是女的要牵山羊到小叉子旁，还要搓一根毛线，把碗吊在下面。碗下面挖一个小洞，提着山羊从碗上面砸去，一定要把碗砸烂，并吊在小洞里，表示死者在天庭能过上满堂红的日子。"❶

十四是祝福："祝福"彝语为"补洪责"，这一仪式主要是布摩祝亡人和活人各自安度幸福生活，互不干涉。布摩一手拿羊皮顶在一个羊子的上面，同时念诵着"补洪债布（祝福经文）"，如：

某某，你去天庭了。亡人到天庭，天庭欢迎你。天庭款待你，和祖宗共聚。活人安心了，该给的给你。该算得了，一切都齐备。活在人间的，一切保平安。安定过生活，平安无事了。世间无灾难，天庭保世间。请勿扰活人，各度其日子。家里的大房，大房已给你；老林种青树，青树留给你；牛羊和骏马，石梯步步高。石坎留给你，你为我们操；大房和小房，人间自己建；外人拿不走，在世间放心……

十五是扎灵牌："扎灵牌"彝语为"弄塞使"，灵牌用5片竹青来编，竹青是竹子的表层。编好后放在小花箩里，小花箩差不多有6厘米高，然后用红布蒙上，同时布摩念诵"弄塞使布（扎灵牌经）"，如：

"丧事快结束，死者已得安。有了归宿了，请祖师保佑。竹子从远来，悬崖边刺竹。终日晒不了，雨也淋不了，露也沾不了，一直到今天。到了布摩手，拿来做灵牌。春三月怕饿，要给你米吃；夏三月怕渴，要给你水喝。秋三月怕凉，需给你衣穿……"

十六是劝善："劝善"彝语为"补口纸吼"。这一仪式在灵牌之后进行，主要是布摩念诵"劝善经"以教亡灵到祖界如何行善，如：

某某，你已去天庭，不行善，恶会得恶报。世界上的人，作恶祸根。作恶不得福，命运随善恶。恶运致使得，降灾祸给他。使她命运尽，星星

---

❶ 余舒.彝族丧葬仪式的象征意义分析[J].贵州民族学院学报(哲学社会科学版),2011(2):84.

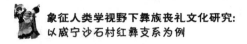

管死亡。都在人头上，脚神管脚也！在人身体上，看人的罪恶。每到庚申日，看其罪过也。罪大命薄矣，不善不能作。为人行善的，善意者受尊……

十七是送布摩神：这一仪式彝语为"布櫧堵"。仪式主要是布摩念诵"布櫧堵布（送布摩神经）"，表达的意思是送请来的布摩神回归原地，以成为凡人。如：

从今做完后，就是凡人了。灵物神带走，福禄留村中。送你到云天，送到天庭上。送你回圣城，你该回你地。你是天上神，我是凡间人。以后遇到事，再请你帮我……

十八是悔过经："悔过"彝语为"拍指吼"。布摩认为他在整个丧葬仪式的操作和念经过程中，错漏是难免的，现在改正，补上遗漏的内容，反映了彝族人具有一种勇于承认错误，及时改正的习惯。如：

想说皆说了，该做的做了，一切都为你，好事都为你。有些念错了，现在我改正。刚掉一小段，现在我加上。衣服需穿好，祖先好认你。一定要记住，有错的已改。掉的已加上，加上也不迟。不小心念错，现在我更正。更正没关系，对你没坏处。对亲戚无害，对家人无害。一切都顺利，每人都会错。念经会有错，改过就行了。最怕是不改……

十九是除邪恶："除邪恶"彝语为"私抖"。这一仪式布摩念诵"私抖布（除邪恶经）"，目的是把邪恶妖怪通通扫除，好的进，坏的出，并且嘱咐家人，该念的词及该做的仪式，布摩已念过做过，不必请其他布摩，以让主人们信任做祭祀的布摩。如：

"火星出，恶心除；各种邪恶出。我所念过的，都是正确的。需念都念过，不必请他人，已经全做好，我所做过的，一切顺利了，不必请别人。一帆风顺了，所做都为你。你不要忘记，给你让你得。所说都为你，不要扰活人。要保佑活人，祖会收留你……"

二十是雨斗（机吼布）：雨斗即给灵牌上祭品，因为彝族人认为一魂守灵，需要对其进行物品献祭。由孝子们准备一个煎过的鸡蛋、一杯茶，在茶里放少许食盐、在鸡蛋里放花椒等，然后把这些东西放在筛子里，端到灵牌下供奉，同时布摩念"机吼布（献祭灵魂的经文）"。如：

"鸡蛋放花椒，茶放水碗中。茶叶里放盐，天庭与人间异。吃法不一样，各有其味道。所给要会吃，路上要节约。两个世界异，饮食都不同。慢慢会适应……"

二十一是"孝子向死者告别：该仪式过程：布摩把孝子叫来，让他们站在竹门旁边，大孝子拿着衣服或被子绕竹门两圈，第三次从门的旁边通过时，每个人手拿着万年青草，将其结成活的套子，表示套住福禄。这时，布摩叫孝子递酒给他，接过酒献给灵牌"。❶ 同时念诵相应的经文，这一经文彝语称为"卜骤布"。这样念道：

某某啊！已将你安顿，安你做护神。你要护佑家，后世子盛昌，百事皆顺利，粮食堆满楼，牛羊满山坡……

二十二是招生人的魂（窝硕口布）：垒好坟后，为了防止生者的魂跟着亡魂走，或迷失道路不能回来，需招魂。招魂时，孝子孝孙坐着，手拿灵草，布摩叫着具体的名字，同时念诵经文，经文彝语称为"窝硕口布"。如：

某某，一切凶心除。一切邪恶除，活人不要怕。一切都复苏，富贵向你来。生命的魂啊，活人的魂啊！天庭水冰冷，天庭地潮湿。回到自己家，可吃好的菜，喝甜美的酒，温情在等待。亲戚朋友魂，一同回来吧！无论滞哪儿，都要启程回；多高的山峰，多险的峭壁，你都要回来。走到岔路口，到亡人墓地，别再那久留。别停留墓地，快回寨子吧！快回自己家，走上石台价，回到厅堂去，有众多乡亲。甜言笑语迎，活人的魂啊！来吃人间饭，来喝人间酒。面容恢复了，身体强壮了。现在每个人，每人都有

---

❶ 余舒.彝族丧葬仪式的象征意义分析[J].贵州民族学院学报(哲学社会科学版),2011(2):84.

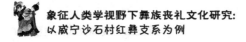

魂。你们魂归来，要把握住了。时机现已到，该做你已做。亡人会保佑，从今天以后，一切都会好，你们莫挂念。亡者前去了，天庭会保佑，从此勿害怕，一切都顺利。幸福将降临……

招完魂后，孝子把灵草烧了，防止被别人偷。柴摩放灵牌于升子口上，升子里装有粮食和一定数额的钱，做完仪式后，柴摩带走粮食和钱，主人把升子和菩萨放在大房子楼上的最高地方，以后无论何时，女的不能爬到超过放升子和菩萨的地方。

二十三是封赠经（油眯布）：此过程主要是布摩念诵"油眯布"（汉译为"封赠经"），嘱咐双方在不同的世界都能过上幸福生活。如：

一切都吉顺，有人送财来。泥土带来粮，野羊变家羊。空手出门去，抱财宝归家。人归天庭，孝子归家来，全家都喜欢。美好的时光，双方都拥有。富贵从此来，一定要把握。该做的做了，该给的给了，该说的说了，互不要打扰。两世界各异，吃的不一样，喝的不一样，富贵不一样，标准各异了。福气各皆有……

二十四是大总结：念完"油眯布"后，接着"五其布"（汉译为"总结经"）。"五其布"是整个丧葬活动的最后一部经文，主要表达的意思是：布摩念的都是为了所有的人能过上幸福日子，如：

今天所念的，对我是好的，对你们也好，皆为大家好。一切都顺利，错的已改过。遗漏者已加，无须在纠错。要迎幸福日，一切靠双手。这才是珍宝，这才是长远。人人要行善，富贵才能来……

实际上，此村彝族人在人生礼仪上是幸福充实的，每个人的重要仪式都受到了高度的重视，社会隆重地欢迎新成员的来临，又隆重地送别老人的死亡仪式。实际上，他们按照一定的程序办理仪式并不费事，层层社会关系网络的监督和保护着个人。可见，丧礼一方面标志着一个人一生的终结，准确来说，是生理意义上终结，死者虽然已经离开人间，但不被人们忘记，他们的社会影响依然存于人们心中；另一方面是人们观念文化、死亡态度、社会生活的真实写照，对社会秩序整合等方面起到了积极的作用。正如孔子所述，"民之所以生者，礼为大。非礼则无以节事天地之神焉，非礼则无以辨君臣上下长幼之位焉，非礼则无以别男女父子兄弟婚姻亲族疏数之交焉。是故君子此为之尊敬，然后以其所能教顺百姓所能，不废其会节。既有成事，以别尊卑上下之等。其顺之也，而后言其丧祭之纪。品其牺牲以敬祭祀。别其亲疏，序其昭穆，而后宗族会宴，即安其居，以缀恩义。……"这段话指出了礼仪的重要性。在民众的生活中，没有礼，就不能节制地祀奉天地神灵；没有礼，就无法区分上下、长幼的地位；没有礼，就不能分辨男女、父子、兄弟的亲情关系及婚姻、亲族交往的远近。所以道德修养的君主把礼仪看得非常重要。认识到了这一点，用礼来教化百姓，使人们在男女结婚、亲属交往等场合中把礼仪弄明白等。等到礼的教化卓有成效之后，才用文饰器物和礼服来区别尊卑上下。百姓顺应礼的教化后，才谈得上丧葬祭祀的规矩、祭祀的礼节。这样，才能安排好祭祀用的牺牲，布置好祭神、祭祖的食物，每年按时举行严肃的祭礼，以表达对神灵、先祖的崇拜之心，排定亲属的次序，区别血缘关系的远近。祭祀以后，亲属在一起饮宴，座次排列有序，这样的聚会之礼能融合亲情，密切血缘关系。❶

---

❶　孔健.孔子全集：下[M].北京：东方出版社，2012：707.

第四章 丧葬仪式观念文化的象征

　　纵观仪式研究，其表述范围越来越大，分类越来越细致，包括宗教仪式、世俗仪式、世俗融于宗教的庆典、集体仪式、季节性活动等。❶ 从仪式神圣与世俗的划分来说，不同学者持不同观点，法国人类学家通常遵循杜尔干，把社会分为两大类，即宗教礼仪和技术性活动，认为前者是神圣的，后者是世俗的。这种分类带来了很多难题，以巫术为例，是神圣还是世俗，显然难以界定。后来马林诺夫斯基把巫术置于神圣类别之中，莫斯又把它归为世俗。利奇通过对前人的研究分析认为，行为是在一个连续的尺度上依序排列，在一个端点有着绝对神圣的、全然功能的和技术性的行为；而在另一个端点有着绝对神圣和技术性非功能的行为，在这两个端点上有很多社会行为，他们同时带有神圣和世俗的两种特点，神圣和世俗并不表示行为的种类，应是任何行为都具有的两个层面。❷ 笔者受到此观点的启发认为，所选择的彝族丧葬礼仪应属于宗教仪式这一分类之中，但不能够把此礼仪作为神圣还是世俗进行绝对的二分，因为神圣和世俗是同时赋予其中的，两者有着紧密的联系。正如利奇在他的《缅甸高地诸政治体系》一文中所述：象征体系具有仪式神圣性意义，同时，也具有现实的意义，并且这两种意义从来都是不能分开的。❸

　　不同学者对仪式研究偏重的角度不同，格尔兹从一个更广义的角度解

---

❶ 彭兆荣.人类学仪式的理论与实践[M].北京:民族出版社,2007.
❷ 埃德蒙·利奇.缅甸高地诸政治体系[M].杨春宇,周歆红,译.北京:商务印书馆,2010:24-25.
❸ 埃德蒙·利奇.缅甸高地诸政治体系[M].杨春宇,周歆红,译.北京:商务印书馆,2010.

释仪式，主要体现在以下几方面：第一，仪式象征符号。他指出仪式象征符号不仅指物体，还包括关系、事件、行为方式、空间单位、语言等，是意义的反映形式，渗入生活的各个领域，其中，一个简单符号表达一个简单的意思，而一个复杂符号涵盖面比较广。第二，仪式观念文化意义的反映。他认为仪式是人们社会生活的和地方文化的再现，在不同场景和群体之中表达意义不一样，各种符号集中在同一领域之中构成了符号系统，仪式正是通过多种意义的符号构成了仪式象征符号系统，从而表达完整的意义，并且同一文化内部成员正是通过这些赋予公共符号的世界观、价值观、时空观等来交流思想的❶；"通过神圣化了的行动——仪式才产生宗教观念是真实的这样的信念；通过某种仪式，形式、动机与情绪及存在秩序的一般观念才能相互满足和补充；通过仪式，生存的世界和想象的世界才能借助于一组象征形式融合起来变为同一个世界，构成一个民族的精神意识。❷第三，指出仪式象征符号和观念文化两者的关系。任何一种象征都是由象征符号和象征意义两种要素组合而成的复合体，其中象征符号是象征意义的表现形式，它们大多以外显或可感知的具体事物显现出来，是人们储存意义的媒介或载体，承担着传递信息的任务，属于象征体系中的表层结构。象征是人类文化的一种信息传递方式，通过采取类比联想的思维方式以某些客观存在或想象的外在事物及其他可感知的东西来反映特定社会人们的观念意识、心理状态、抽象概念和各种社会文化现象。而象征意义则是象征符号所反映的内容，即隐藏在象征符号之中而被人们传递出来的文化信息和密码，代表了人们对特定事物的看法和寄予的期望，属于象征体系的深层结构。换而言之，象征就是用具体的媒介物表现某种特殊的意义，概括起来，就是某种表达意义的媒介物（包括实物、行为、仪式、语言、数字、关系、结构等有形物和无形物）代表具有类似性质或观念上有关联的其他事物。象征符号与象征意义之间形成了一种既相互联系又相互转化的互动关系，在象征这个整体系统中处于特定的位置，并具有各自不同的功

❶ 格尔兹.文化的解释[M].纳日碧力戈,等,译.上海：上海人民出版社 1999.
❷ 郭于华.仪式与社会变迁[M].北京：社会科学文献出版社,2000.

能。"❶ 观念属于一种精神装置，是客观事物在人的头脑中的反映，一个特定民族的思维方式、社会生活与一定的思想观念相联系，是社会文化存在的基础，对人类社会活动的存在和发展起着不可缺少的作用，即是人们对客观存在的认识基础和能动反映。格尔兹把宗教仪式当作文化表演的"文本"，对仪式象征意义的研究重要的是阐释其符号背后的观念文化。如果我们对人们的仪式象征符号观念文化的分析可以了解他们的观念世界，如宇宙观、人生观、价值观、伦理观等。通过这些观念的揭示，同时也反映人们的意愿、祈求、人与社会、人与神灵、人与人之间的关系。他认为，如果我们借助仪式文化载体符号来研究其表达意义，有助于进一步了解人们对世界的态度等作用。他利用深描方法对巴厘岛、摩洛哥等原始社会的礼俗制度进行阐释，把社会仪式、戏剧等文化活动作为素材，把人类学者和当地人内部的眼界结合起来，对各种现象进行了分析演示，对符号进行认知、剖析来揭示仪式观念及其价值意义。❷ 显然，仪式观念文化的象征与当地人的地方知识是相互融合的，因而，我们对仪式观念文化的阐释不仅要关注仪式本身，更重要的是结合该群体的历史文化、神话、地方知识等背景加以阐释。正如拉比诺所述，在仪式领域中，旧的元素和新的元素共同存在其中，这是显而易见的，因而我们不能认为新的元素占主流，而旧的元素是以某种方式残留，应该考虑较旧的和较新的元素如何被赋予形式并共同起作用的问题，这是我们在阐释时不可回避的。❸

综上所述，本书对丧葬仪式观念文化的研究受到了格尔兹研究的启发，即对于礼仪观念文化的阐释需要借助地方知识，这与上面所述的仪式是神圣与世俗的结合是一致的，也就是说，神圣宗教与世俗生活是相互联系的，因此，一切宗教礼仪不管是人神关系或人际关系的宗教行为，都是一定时代群体的社会心理的外在体现。实际上，宗教礼仪的行为是建立在一定的社会生活之中的，与生活习俗、禁忌等相联系，也就是世俗认同的行为准则，宗教礼仪与生活习俗紧密相连。宗教行为内容繁多，但自身的活力与

---

❶ 余舒.彝族丧葬仪式的象征意义分析[J].贵州民族学院学报(哲学社会科学版),2011(2):81.

❷ 格尔兹.文化的解释[M].纳日碧力戈,等,译.上海:上海人民出版社1999.

❸ 拉比诺.摩洛哥田野作业反思[M].高丙中,译.北京:商务印书馆,2008.

日常生活是分不开的，这就是宗教行为与世俗生活的互通决定了宗教的生命力。可见，宗教礼仪并不是无源之水，无根之木，而是与社会生活交织在一起的，且随着社会生活的变化而发生变化。如彝族先民用形形色色的自然崇拜、图腾崇拜、祖先崇拜及巫术仪式等宗教活动来表现宗教生活，这些都是该群体生活的重要内容。可以这样说，仪式活动是该群体信仰宗教的一种反映形式，同时，宗教仪式生活是该群体的生活方式和行为方式的写照。我们也看到，随着时代的发展，千姿百态的社会生活丰富了宗教活动，宗教文化随时代的发展增添了新的内容。

仪式观念文化的反映在很多民族中存在，如藏族的转经仪式所表达的是佛教中的轮回观念。佛教认为，世界上的万事万物循环不已，流转无穷，人也一样，死后可以转生，转生的形态取决于他生前的行为（业），行善者得善报，行恶者得恶报，有的可以进入天道、祖道（人间），有的则堕入兽道，沦为畜生，这样轮回不止。❶ 实际上，仪式从其外在形式到行动背景及一些加于其上的本土阐释，部分是由无意识动机和观念所形塑与铸造的。民众生活在一个既定的文化环境之中，在观念的支配下，实践着长期以来形成的生活方式，人们利用自己民族的精神装置认识客观世界，解释千姿百态的自然和社会现象，进而通过宗教、科学等手段适应和改造客观存在，形成了具有自身特色的哲学思想、宗教思想、伦理意识、人生价值等观念，从而创造了整个民族的文化传统和特色。

笔者研究的彝族村庄是一个乡土社会，人们的精神世界必然带有极大的乡土性，与他们的社会经济、社会环境发展的水平相适应，建构了相应的精神装置，从而适应社会环境。因而，本书从丧礼探析彝族观念文化时，借鉴格尔兹的阐释论，结合彝族历史文化及其生产活动等内容，从一个生态的、或者说是村庄人们生活的地方环境及其历史背景知识来理解人们的文化、生产、生活。以前很多人类学家、社会学家把研究的这些人看成是封闭的，好像人们很多概念与这些人是无缘的，因此，在阐释观念时为了

---

❶ 何星亮.象征的类型[J].民族研究,2003(1):43.

避免这样的错漏，需要了解各种观念是如何在生产过程中依据周围的环境来形成的，因为某一习俗的形成和其他文化知识是分不开的，无论哪个民族都不会简单地抛弃自己流传千年的传统，而完全把新的知识面貌接受。有的人类学者认为，文化人类学传统的研究注重从自身特点对对方文化进行理解，缺乏从本地人的想法、观念等角度分析对方文化，这样，他们站在当地人的立场看待自然、理解社会的眼光，因而，导致了理解不同民族文化的很多偏见。但是笔者认为，仅从当地人的角度对其仪式象征意义进行解释也有很多不可信的地方，因为实践者也不懂得其包含的意义，如以丧葬仪式为例，有的人只是机械性地按照布摩的安排去执行。鉴于此，本文在借鉴前人研究理论的基础上，对由一系列物质、事件、行为方式等符号系统组成、蕴含多种含义（人们观念及其价值）的彝族丧葬礼仪进行研究时借助深描方法，介于外来者和本族人之间进行非功利性的评价阐释这些观念是怎样形成及如何与人们的社会生活相联系，结合地方特定文化及社会背景知识。下面对丧葬仪式所象征的各种观念进行逐一分析。

第一节　灵魂观

灵魂观属于宗教观念中的基础观念，是人们的宗教意识，如果没有超自然的灵魂观念，超自然、超人间的神灵观念就不可能存在，从而所谓的宗教信仰本身也就不存在。正如杨庆堃先生在他的《中国社会中的宗教》一书中指出："中国人现实的宗教生活是建立在对神明、灵魂信仰和信仰的仪式行为、组织基础之上的，对宗教典型的中国式论述是将超自然因素作为中心对象、区别宗教与非宗教的标志，民众宗教生活是以神明、灵魂的观念为中心的，而现在对宗教批判的观点就是宗教含有超自然信仰的成分，如果忽视了超自然因素，没有任何一个宗教概念能够准确地反映中国民众宗教生活的客观内容。"❶

---

❶ 杨庆堃.中国社会中的宗教[M].范丽珠,等,译.上海:上海人民出版社,2007.

对于灵魂观的产生，泰勒在他的《原始文化》一文作了论述，灵魂观念的产生是由于最初社会生产力低下，我们的先民从猿进化为人类面对的是十分恶劣的自然环境，一方面要尽力获取需要的食物和其他资源；另一方面又需崇拜与敬畏强大而神秘的自然界，这样信仰原始宗教就逐渐产生，从而自然万物都是有灵的这一观念也随之产生，一切权力由这个（或多个）神所掌握，保佑人类，也可以对人类进行惩罚，因而人们只有通过沟通神，才能得到庇护和帮助，希望死者能用它的超自然力量来福佑家人，使他们免受各种灾难的困扰。笔者重要关注的并不是对灵魂观念起源问题的梳理，而是村庄人们的灵魂观念如何体现在丧葬仪式上，并且怎样反映在他们的社会生活之中，强调的是彼此的联系，以展示传统文化与社会的互动。村庄老人对葬礼怀有这样一种想法，认为死亡是一件可怕的事情，人们对死者怀有恐惧之感，认为整个丧葬祭祀仪式是不纯洁的，带有邪气的。我们从他们的行为方式可以得知，如在进行各种祭祀仪式之前都要举行驱邪仪式，即第三章在介绍过程时所述的"驱邪仪式"，即把家里和家外的邪气扫除，这样可以防止他们的亲人生病或给其他相关灵魂带来不良后果。这些行为反映了人们的灵魂观，同时无形中强调了祭祀仪式的重要性。

亡灵归宿问题各种宗教信仰都有回答，升天、转世、下地狱或去阴间，在每个民族的宗教中都有不同的答案。据笔者调查，沙石村彝族人认为亡人有3个灵魂，第一个守坟，用彝语称为"措补"，即鬼，有时会回家害人；第二个去天庭，称为"批皮（祖先神）"，必须通过布摩做仪式后才能归祖界，即落叶归根；第三个灵魂供在灵筒里，是家庭的守护神。关于三魂说有关学者研究过，如巴莫阿依对凉山彝族祖灵信仰进行研究时谈到"三魂说"，有这样的记载内容：第一个魂是聪明之魂，经过希摩祭司诵经引导立即奔赴祖界；第二个魂被称为笨魂，在火葬仪礼播叠后，会一直守护在火葬后的坟场；第三个魂既不聪明也不笨，被称为"中间魂"，在制作灵牌仪礼玛都叠后附在灵牌上接受着家族成员的长年供奉，并渐渐地被净化，数年后或数十年后，根据举行的送灵仪礼最终被送往祖界，可以这样认为，三魂的聪明之魂早已到达祖界，而中间魂要经过数年或数十年时间

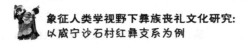
才被送往祖界。❶ 关于灵魂说还有不同的写法,如 12 魂说:在《查母》一
书中记载:

"灵魂十二个,一是于可可,它是在天魂,居住苏纳宫;二是可着兀,
它是附身魂;三是兀罗妮,它是守家魂;四是兀着妮;五是罗成让;六是
让于多;七是于着着;八是兀格克;九是兀文多;十是多文梅;十一是克
陆陆;十二是自莫莫,都是护身魂。十二个灵魂,排队齐齐走,共同寻
祖先。"❷

当然,讨论几魂说是否贴切并不是此处讨论的重点,此处提到灵魂说
主要是表明彝族灵魂观念的存在,不同地方有不同的说法。实际上,从上
述整个丧葬过程来看,灵魂观念贯穿于整个丧葬仪式过程之中,下面举上
述的几个程序来证实:

一是扎草人仪式。布摩穿着与其他人不同的衣服,佩戴神圣、庄重、
严肃的法器进行仪式。扎草人仪式主要是召回先祖灵魂来到堂屋以见证仪
式是否完备、引领亡灵归祖等目的。布摩一边念诵水神、天神及祖先神灵,
如果有的先祖名已忘记的话,就直接用称呼方式召唤,草人上面标示各种
神灵,各有其代表,并且按照一定的程序排好,一边献酒,同时念诵,如:

"天神俄阿普,山神土姆物,树神吐纠觉,水神卑鲁厄,献酒到此啊,
光神诸梅梅,祖灵啊尊祖,献酒到尊前等。"❸

这些内容都体现了彝族万物有灵的传统宗教观念,在此仪式上不仅仅
涉及对人的崇拜,同时融汇有天、地、日、月、人等内容,展现了天人共
生的和谐传统思想观念。实际上,天、地、神灵等祭祀仪式在今天各种节
日活动中都明显体现,如据笔者参加的彝族火把节中都有此内容:在火把
节活动正式举行之前,都要请有名望的老希摩来做仪式,在其中的内容也

---

❶ 巴莫阿依.彝族祖灵信仰研究[M].成都:四川民族出版社,1994.

❷ 师有福,梁红.彝族高甸——聚焦彝族阿哲文化[M].昆明:云南大学出版社,2006:198.

❸ 残存于民间的经书,以手写方式存留,未写编者。

涉及对天、地、水等自然神灵的召唤、祈福等。在这样的长河中进行，一方面也体现了对大自然的至尊思想的渗透；另一方面也体现民族的文化自觉，从而加强了族群之间的认同等价值意义。

二是指路仪式。指路仪式体现了彝族人的落叶归根的传统思想，为亡灵找到归宿，把亡灵沿着祖先的迁徙路线指到祖界。如在第二章指路仪式上所述的路线图：村庄名→塑目比概（威宁上地庙）→把底侯吐（草海）→米嫩奏凯（乌蒙山）→倍后浊（哈拉河）→色举溢帕（牛栏江）→阿五摆（东川小雪山）→买朵迷（东川）→布路赖晒摆（飞鹅石头山）→踏黑摆（雄鹰山）→罗米待（元谋）→洒迷（洱海）→待过摆（苍山）等地。

三是祭祀物品。在人们的心目中，亡灵虽然不在人间生活，但是如同人间一样需要一定的生活用品和社会结构的建立。从布摩念诵的"指路经"内容可知，如：

> "死人可以去，活人不可去。骏马匆匆驰，你自行三日；到此活人回，活人送死人。死人可以去，活人不可去。布与默相会；武与乍相会；糯与恒相会，男与女相会，大家一起会。你到了此时，女伴情不足，你伴情意足，男欢笑不够，你欢笑的够。母不哄其子，但要哄三句。婆不哄其子，但要哄三句。人们多多的，庄稼样样种，只剩一粮仓。地不耕也好，他处无与比。不冷不热地，白云做棉被。不饥不渴地，珍珠当食粮，在这个地方，清泉作饮水。荣日耀月明，不倒不枯树。稠花山花开，不老不少的。你到的时候，洗发用银缸。洗发用金缸，不洗发之人，见偶则害羞，大家会议论。发洁乃为荣，作熬夜之人。你到了此时，抽面巾青线，日前买药喝，月前买药喝等。"❶

如同特纳所述，死亡是生命的一个转折，丧葬仪式是个人从生命或者社会地位的一个阶段过渡到另一个阶段，在这种生命的转折点上发生了很多关系的变化，这种转折仪式不仅以其所围绕的个体为中心，同时还表明

---

❶ 笔者通过访谈布摩所获知的内容。

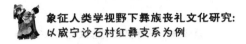
与个体相联系的人们之间的关系变化。❶

村庄彝族人的灵魂观念不仅在仪式上有体现，而且在人们的社会生活之中也有反映。从威宁彝族古书《指路经》一文中所述：

"太阳最先出影子，灵魂从影子生……"

在彝族人的心目中，灵魂和影子是不分离的，他们认为人在世间的生命虽然很短暂，但灵魂永恒不朽，表现了彝族人对人生持有的一种乐观心态。在古人的观念中，万物都具有灵魂，如月亮皎洁明亮，并会随着季节的更替发生一定的变化，故很早就成了人们崇拜的对象。笔者在调查中听到这样的说法："月亮中间有很多神灵，仔细看会发现有一个老人在一棵树下编织衣服，因而，老人经常教育小孩不允许用手指月亮，不然会受到老人的惩罚，如身上会有伤口诸如此类的事情发生。老太婆被他们认为是月神的象征。又如前面背景中提到的例子：在土葬没有代替火葬时期时，彝人实行火葬，在火葬仪式上这样规定，不管堆多少层柴，中间必须留一个空，人处在中间位置，让烟雾直升上天空，去填补天上掉了的那颗星。他们认为地上的人死了，天上同样有一颗星消失。因此，在火葬时期，虽然人的肉体不复存在，但是天上的那颗星星就是人的灵魂。他们认为，地上的百姓好比天上的星星，一颗星代表一个人，开始时用星星来类比人并分辨其身份角色，后来又认同了雨神及与其紧密相关的雷神。雷是雨的先兆，它能发出轰鸣声响，电闪雷鸣往往引起人们的恐慌。雷神也因其特性被人们赋予了不同的神性，认为打雷是天怒的表现，若有人做了不仁之事，就会引起老天发怒，并派雷神来惩罚其人。还有他们认为自然神也有吉利的一面，如人们在埋葬日的那天，下雨或下雪是最好的，对后人比较吉利，雨或者雪的猛烈程度决定对下代人的吉利程度，因此，在过去有这样的仪式，如果哪一家人举行丧礼，在亡灵下葬之前还没下雨，一般有一个小小的求雨仪式，祈求下雨。实际上，灵魂观念在社会生活之中的表现还有很

---

❶　特纳.象征之林——恩丹布人仪式散论[M].赵玉燕,译.北京:商务印书馆,2006:7.

多例子，如彝族人用树木作为神的象征，不同方位神的树木也各不相同，如松树、柏树、捽树、栗树、槐树；宗祠中祖先神灵的媒介物则用木制的灵牌，即一块写有死者姓名和身份的木牌来代表死者受祭，通常用桑树、栗树等木制作。

　　总之，丧葬礼仪上符号所象征的灵魂观念的形成与历史文化、社会生活是紧密联系在一起的，如果对其社会生活不了解是无法理解其仪式象征意义的。因而，彝族人认同的传统文化不能被简单地归结为生产力水平低、落后或者迷信等，它与彝族的传统观念文化是紧密相连的。有关迷信的说法杨庆堃先生在他的《中国社会中的宗教》一书中做了说明：迷信一词是西方人用以概括中国人宗教生活的特征，迷信是超自然力和由此产生的活动、仪式方面是一个未经鉴别而被接受的信仰，它不仅显示着有关自然和人事的非经验性的解释，而且表明人类企图通过主动的控制和被动的逃避来操纵超自然力量的愿望。迷信是一个主观的词，因为它普遍地被那些非信徒用于表达对信仰和行为否定。❶

　　可见，对中国民间宗教的进一步探讨需要研究其观念和仪式层面的关系，即探讨这两者之间的关系及关系形成的原因，从这些层面对丧葬仪式加以系统化的探讨有助于理解中国民间宗教。仪式是意识形态的表达，但也有些仪式行为与意识形态不一致的表现，这主要缘于社会变迁和地方化。❷ 如丧葬礼仪上对亡灵的献祭，是出于对祖先的崇拜之情，但是不仅仅出于此层意思，还有其他方面的表达，如下面生死观是其中之一。

第二节　生死观

　　生死是人生的开端和结束，通过观察一个民族对待生死的态度可以折射出该民族的世界观和人生观。死亡是人的一生终结，不同民族对生死所

---

❶　杨庆堃.中国社会中的宗教[M].范丽珠,等,译.上海:上海人民出版社,2007:21.
❷　王铭铭.社会人类学与中国研究[M].桂林:广西师范大学出版社,2005.

持的观念是不一致的。特别是如今由于所处社会环境的不同，人们的观念与过去有差异，但是生死态度与传统观念是密切联系的。今天的民间丧葬习俗是建立在人们的灵魂不灭的信仰基础之上的，受各种宗教思想的制约，并联系着当地的风俗习惯逐渐演变而成的，生死观是传统文化和现实生活的积淀，在人们的思想上根深蒂固。对于各民族生死观的理解是了解其民族习俗的基础，同时也是了解该民族对死亡所持态度的重要方式。

生是人类的欲望和祈求，毕竟生活是一种乐趣，一种美的存在。死是必然的，人从出生的那一刻起就一天天地向着死亡的目标迈近，因而死是恐怖的、痛苦的。面对着善与恶、生与死的较量，人类会在某种精神、某种意识的支配下做出种种壮举，创造种种奇迹，显示人性的崇高与伟硕，在某种精神、意识的支配下，人会做出种种罪恶，暴露人性的卑劣与渺小。正是这些是是非非，形成了人们对于生命的不一样的诠释，演绎出了形形色色的体现不同人生观的悲喜剧。

从逻辑上来讲，有生便无不死之理；从经验事实来看，千古无不死之人。于是，没有了死，一切生也就没有了意义；没有了生，死也就不复存在。只因为有了死的召唤，人们才会只争朝夕，珍视生命；只因为有了生的渴望，人们才会追求灵魂不死。生死并非对立，在彝族人的心目中，死亡是灵魂脱离肉体，是标志死者的灵魂进入另一个未知世界，丧葬仪式就是重要的表现方式，体现了人们对死后生活的遐想。在人们对世界处于未知状态时，灵魂的命运将如何发展，将取决于人们对他的安排，而死者灵魂用什么态度对待活人在很大程度上也将影响人们的生活，因此，人们实际上对生与死的认识体现了两者的辩证统一性，一方缺少必然影响另一方。

彝族人生死观由他们的灵魂观念支配。关于彝族人的生死观念在由毕节地区彝文翻译组翻译的《彝族指路丛书》一书中有记载：

"人生三阶段，幼为一阶段，靠父母抚育；老为二阶段，靠子媳赡养；死为三阶段，移进翁赤（指的是彝族斋祭时所设置宫殿式的停灵房，汉文书中按音译，有翁秩、翁车、翁寨等，在《大定府志》一书中记载：翁车

者，高四丈，以树木为柱，以草覆之，若亭状，用布或鸟兽花卉于其上悬之……）中，由布摩指路，洁净师主持斋祭"等描述。❶

这些祭祀词体现了彝族先民对故土的情思有如形影相随，生不能回故土，死后要回故土，因而，立下了死后需布摩把灵魂指回故土的规矩，世代相传，相沿成俗。回归祖先使得灵魂继续与祖先生活，但回归的目的绝非让灵魂投胎转世，这与其他民族有区别。

如前所述，彝族人认为人死只是身体的死亡，而灵魂依然存活于人间，"并作祟于生者，亦可保佑生者，人生的祸福由自己的祖先决定，一方面活人尽己所能，处于道德等方面的追求，百般献媚于死者的灵魂，以求其福佑；另一方面又要殚精竭虑地摆脱死者灵魂的纠缠，以避其祸患等，因此，通过举行祭祀仪式后回到祖界继续过世俗的生活，要吃饭需种田、吃肉需养猪等"。❷ 实际上，各个民族在丧礼上都有为亡人准备礼物的仪式，只是内容上有区别，如本村汉族在丧礼上需要扎纸马、纸钱、纸船及纸房子等，他们认为，为亡人准备这些东西并不是表达死者与生者的分离，而仅是为了使死者到另一个地方如同人间一样有各种物质享受，甚至更好。丧葬仪式上有很多环节体现了彝族人的生死观，表现了人们对生死所持的态度。

首先，"雨斗"（汉译为"献祭"）仪式。在丧礼上对亡灵进行献祭食物，以确保亡灵在祖界生活不缺少食物，如从雨斗仪式上的祭祀词内容可知，"大家为你送来你喜欢吃的东西，儿女们为你斟上了酒，点上了蜡烛，献上了茶，你大大方方的接受吧！在路上要节约吃，要学会怎么吃，若做不到这些，就会挨饿。在路上用牲，够给你用的。记住给马料，在上路要骑马。用猪来过年；用羊来解饿，桥边撵牲羊，祭场兴礼仪。礼仪祭牲多，牲肉满祭场。满场的牲肉，执事用牛牲。给你的食物，你要好好背。在哪一节路上，你要节约吃，总该有计划，你要学会吃等。"这一系列的描述表

---

❶ 陈长友.彝族指路丛书(贵州卷)[M].成都：四川民族出版社,1997.
❷ 余舒.彝族丧葬仪式的象征意义分析[J].贵州民族学院学报(哲学社会科学版),2011(2).

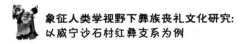

现下一辈经过自己的努力，为老人尽到责任和义务，是彝族人道德观念的流露，同时也表达了人们渴求祖界保佑下一辈的心情，这些都是彝族人生死观念作用的结果。

其次，"移棺"仪式。此仪式上布摩为亡灵念诵的经文主要是叮嘱亡灵不要作祟于人间，保佑人间。如祭祀词内容：

你路自己走，不要来干扰，从今以后啊，家屋无邪气。家屋已无邪，你不要打扰。莫在堂屋转，亡人不居堂。送你出堂屋，你不要回来。死者去得了，活人去不了。送者奉献物，全部你拿去。你要善保管，够你过生活。没给你的物，不会跟你走。给的你带上，给你的有限。家里也有限，你有另一界。坏病都出去，坏东西都出去。人间容不了，今日得平安，坏的不要留，一切都平安。

最后，"撮草绳"和"解冤"仪式。彝族人认为，人在社会生活之中，难免犯错误，结下一些怨尤，比如在"撮草绳"仪式上所念诵的祭祀词，如：

"病死有原因：因屋基不好，会导致死亡，因你砍伐树。那是你不知，树木需保护。脾气有点犟，导致你为此。还有他原因，因坟基不好，侧日子有误，方土养方人；因水土不好，不适你生存。以后到天庭，要改邪归正。听从祖人言，勿随心所欲。"

在人们的心目中，人死后，灵魂并不是都能进入祖界，能不能进入祖界，关键看是否得到祖先的接纳，主要有几个条件，一个是生前的道德行为；另一个是能否得到祭祀指路，这一套祭祀如果做不了，就到不了祖界，因此，这也是人们重视丧礼祭祀的重要原因。在指路仪式之前布摩需为死者解除冤念，使其洁净、清清白白，方能顺利回到祖宗发祥地，祖宗才会高兴地接纳，否则将会成为孤魂野鬼，浪迹天涯，祸害人间。如《彝族指路丛书》有记载：

"解除了冤念，清清白白的，现在这时候，在丧房里面，解了冤尤，解了污秽后，为尊的死者，望你镇静，在者块侯舍（在贵州大方县长石区海嘎村），解除了冤尤，见姆额打伍（在贵州大方县长石区煤洞梁子）等"。❶

关于解冤在陈大进翻译的《实勺以陡数》一书有记载：

"解冤作无为，无冤为清白，如此作之因，因兴解冤制，才建解冤场。宗之有冤念，不进行结冤，六道神纠缠，三种病魔来……"❷

这些内容表达了人们对祖界的认识，他们认为，亡人需要经过布摩解冤才能清白顺利地到达祖界。通过布摩把亡灵在世间犯下的冤念洗完，到祖界遵守规章制度，不违背规则，听从祖先的教导等，体现人们对生死的态度和道德意识的表达。这是彝族人一种特殊的生死观，这种生死观引导了整个彝族的社会生活，显然，离开了他们这种生死观的理解是很难理解彝族的文化与社会生活的。❸

实际上，生死观在各民族的社会生活之中都有体现，以回族为例，笔者在威宁村庄调查时发现，回族信仰伊斯兰教，老人们通常在他们空闲之时在险恶的地方为行人搭桥等善事，他们认为，如果在人间不做好事，在阴间就会受到相应的惩罚。又如田汝康先生在他的《芒市边民的摆》一文中有这样的内容，芒市边民在做摆仪式上做了大量的消耗，他们为什么要做摆？他们一致回答："做了摆可以在天上有宝座，离开尘世后，可以有极乐和尊荣的去处，如果在天上订到宝座的人，受人间的尊崇。"❹ 还有埃马纽埃尔·勒华拉杜里在调查蒙塔尤村庄时发现，在蒙塔尤周围地区的人对死亡的解释自然是基督教式的，他们相信人死后还会有新的生命或灵魂；他们在人世间表现得有德还是有罪，这将决定其死后上天堂还是地狱，而

❶ 陈长友.彝族指路丛书(贵州卷)[M].成都:四川民族出版社,1997.
❷ 陈大进.实勺以陡数[M].贵阳:贵州民族出版社,2009:23.
❸ 伍雄武.少数民族哲学对人类学的意义[M]//王铭铭.中国人类学评论(第10辑).北京:世界图书出版公司,2009.
❹ 田汝康.芒市边民的摆[M].昆明:云南人民出版社,2008:87.

在蒙塔尤的地方，流传着关于人死后灵魂可以复生，会在人或动物身上获得转世的信仰。❶

　　总之，丧葬习俗得以传承和发展的最根本的原因来源于人们在心理上对生与死的认识和态度，虽然在一定时期经历了大规模的移风易俗活动，甚至受到政治运动等方面的冲击，但这样还是改变不了人们的意识观念。在经济发展的今天，一些传统的丧葬礼俗复燃并且受到人们的隆重对待，在有的地方甚至还刮起了一股丧葬奢靡之风，对这一现象我们应作理性的审视。在审视的过程中，从形成、发展、演变过程、观念等角度对丧葬进行研究是不可避免的，特别是研究生与死的认识及其表现形式等都是不可缺少的。总而言之，人的生死观积淀着中国几千年的传统文化，扎根于人的心里和生活之中，因此，需要很好地引导。今天有的丧葬陋习在一些地区的蔓延也带来了一系列社会问题，显然，要广泛开展生死观教育，唯物史观的宣扬，促进人们更新思想观念，树立起科学的生死观。由于灵魂观、生死观作为基础，人们的行为活动与之相互联系，从而形成一定的道德伦理观。

第三节　道德伦理观

　　"道"即孝道，孝道最早萌芽于新石器时代的农耕文明，周初得到了统治者的强调，但真正对"孝"进行理论归纳和总结的是儒家。孔子在《论语》一文中所述，"为政以德，譬如北辰居其所而众星拱之"，意思是用道德去治理国家，就好像是北极星一样，踞坐在它的位置上不动，周围的群星都会拱卫着它，又如，"今之孝者，是谓能养。至于犬马，皆能有养，不敬，何以别乎？"。❷道德伦理观在维护社会秩序、保持社会稳定方面具有一定的现实意义。因此，孝道在中国的传统文化中不仅是一种"善事父母"

---

❶　勒华拉杜里.蒙塔尤[M].许明龙,马胜利,译.北京:商务印书馆,1997.

❷　齐豫生,夏于全.中国古典文学宝库[M].延吉:延边人民出版社,1999.

的日常伦理意识、规范和实践，实际上也是儒家思想的核心，是整个中国文化的首要精神。总之，孝是中华传统文化中道德观、社会观、人生观为一体的核心和首要观念。下面分析丧葬仪式是如何表现彝族道德伦理观的？以沙石村彝族为例，他们认为对老人举行隆重的丧葬礼仪一方面是一种义务，旨在对已故祖先尽"义务"和"特殊责任"的礼俗与仪轨，同时也是敬重老人的评价标准。以"指路仪式"为例，指路仪式主要做两件事：一是送亡灵归故土；二是招灵于灵筒并安放于灵房内。送走的那个灵魂永不回转，和祖宗团聚过幸福生活，而居于灵筒内的那个灵魂居住于子孙周围，享受祭祀，保佑子孙。指路送祖仪式是使亡魂保佑后代的重要途径。父母与子女之间的责任关系、家庭关系的伦理道德的教化也往往由此而表露出来。人们常常把此宗教仪式当作实现人生价值和提高个人声望的一个途径。"指路"经文指出了回归祖界路线，阐述了万物都有发生、发展、消亡过程的规则，赞美了对祖先们的高贵品质，体现了对祖先发源地的眷恋和对祖先的崇拜，体现了祖先们的崇高道德品质。还有指出路途不平坦，需经过荆棘丛生的路程才能与祖先团聚，亡灵要爬坡、下海、过河，经过风吹雨打等困难因素，生动描绘了亡灵回归祖界的坎坷之路，里边渗透了人们对祖灵的关心、爱护之情，体现了彝族尊敬长辈的真实写照。

在人们的心目中，通过布摩主持丧葬等各种仪式，后人可以互惠性地获得祖先赐予的福禄和庇佑，同时表达了对祖先的崇拜。祖先崇拜与自然崇拜、图腾崇拜有差异，其崇拜的对象是与崇拜团体的成员有血缘关系，并有共同社会生活的社会成员。据任继愈主编的《宗教词典》一文中所述，祖先崇拜始于原始社会后期父系制开始形成的时期，并于奴隶制社会和封建社会的宗法体制下得到充分发展。原始社会后期父系制开始形成、确立，正是图腾崇拜所依存的氏族部落制衰退的时期。人们将寄希望于自然界，图腾对象的佑护，转向希望于在世时深得其恩惠的祖先亡灵。❶ 每当村里老人故去，亲戚、家族、朋友、邻居要主动前去丧家帮忙，并且根据与亡者

---

❶ 任继愈.宗教词典[M].上海：上海辞书出版社,1981:824.

不同关系带上不同的礼物敬上一份孝心，在不同仪式上象征性地向亡灵敬献物品，如上面所述的"献活牲"仪式上，人们向亡灵敬献活牲和牲畜肉。在献活牲仪式上，首先把孝子、亲戚和家族中送来的牲畜，如牛、羊、猪等牵到祭祀场，在布摩念诵祭祀词和做一定仪式后进行献祭。然后念诵"活牲经"：如：

> 你领走牲畜，你需要注意。路上牵牲畜，慢慢牵着走。你不必匆忙，你不要惊慌，别人早卸鞍。你莫早卸鞍，你若早卸鞍，怕你的马死。举侯休息处，你亦可休息，你这样做嘛！豹多如黑云，你不必害怕。死者骑魂马，赶牛快速行。死者赶着牛，似红粟开花。善终者好啊。死者天庭人，活牲畜属活人，给你的你得。绵羊当大事，绵羊皮铺路。森林难通过，用牛带着路；你可走过去，牛叫要给料；好好保护牛，它替你开路；你好好骑住，路途有用处；猪要好好管，不要丢失了。你要的牲畜，好好地牵走……

这样有的牲畜通过活牲献祭给亡灵，而有的牲畜通过布摩结合亡人的生辰日进行盘算和进行系绸著仪式后才能献祭，如上文所述，首先，大孝子拿麻栗棒在每个牲畜的头上轻敲一下，再请屠夫杀牲等，布摩同时念诵道，"我非超人也，我只是念经。你可取之也，叫的是你名。其他人不给，只能让你得。你须慎用之，注意方法也！方法刚说过，你要熟记之。拿到天庭去，不要忙食之。等到最想食，你方可用之。那样对你好，你要会节约。礼节要注意，规矩不能违……"在丧礼上进行的这些隆重的牲畜献祭表达了人们对老人的一种孝道。实际上，各种行为体现了多层观念，这种孝道是建立在彝族人的灵魂观念基础上的，是对祖灵表达的一份心意。在他们的心目中，亡人的灵魂还像活着的肉体一样生活，需要钱、衣、食、住等。同一父系血缘关系的人，即同一家族的成员仍旧生活在一起，因而，活着的人要像赡养老人一样供奉逝去的祖先，否则会受到长辈的惩罚。又如在上文仪式过程中介绍的"劝善（彝语为"补口纸吼"）仪式"，这一仪式布摩念诵"劝善经"以教亡灵到祖界如何行善，如"某某，你已去天庭，不行善，恶会得恶报。世界上的人，作恶祸根。作恶不得福，命运随善恶。厄运致使得，降灾祸给他。使她命运尽，星星管死亡。都在人头上，脚神管脚也！在人身体上，看人的罪恶。每到庚申日，看其罪过也。罪大命薄矣，不善不能作。为人行善的，善意者受尊……"布摩所做的这一仪式一方面教育亡灵到祖界后行善，同时也体现了向群体们宣传行善。彝族"劝善经"在彝族祖辈的传承过程中有很多积极的因素，如忠孝观念的提倡，人与自然的和谐等，如布摩在丧葬仪式上进行除邪仪式上有这样的内容，你的死亡是由于不行善，砍伐了家边的老树等这样的句子。当然，他们对老一辈的孝敬是一代代往下传的，在丧礼上的孝敬之情并不是一下子形成的，在日常生活中也有很多例子。如在春节将要来临之际，小辈通常给老辈赠送猪头、冻肉等以表达对老一辈的敬意之情；通常情况下，献酒是表达敬意的一种重要方式，在彝族传统文化中，酒是最大的敬意，当然还一直流传至今。在彝族古书如《摩史苏》（古代彝族社会的一种职业，地位次于君长，与地位居于第三位的布摩有紧密联系，摩史掌握和宣诵的典籍，庆典与外交活动时用的称为"摩久"，婚礼时用的称为"诺讴"）一书有记载，此书主要是从对伦理义务的强调和对生死观的认识两大主体展开，如"向摩史的威望献酒，向摩史的声势献酒，酒是高贵的，用烧酒（白酒）献酒，美酒有来历，缘于高山果，缘于平地花，天地见酒喜，云星见酒乐，有酒聚议也高雅，酒献诸神后，山川原野神，都安顺了……此书还对亡人的敬重之意有这样的记载内容："既到了如今，以死者为尊，威仪形象，如一堂山花，瞻而生敬意，说来了死者愿，说来为恭敬死者，是这样的啊！"❶ 在社会生活中还有其他的很多例子表现出人们的道德文化观，如用火塘作为标志，过去火塘由锅庄或石头砌成，如今烧炭火，但是不管是什么形式的火塘，通常情况下，老人坐在火塘上方，其他围坐在两边，对面坐客人，如果哪一位年轻人不让这样的位置给老人坐，他们会认为该人不懂家教。可见，彝族人在丧葬礼

---

❶ 贵州省毕节地区彝文翻译组.摩史苏[M].贵阳:贵州民族出版社,2001.

仪中用一系列的象征符号礼仪表达的道德伦理观念与他们的历史传统是分不开的。

孝道在其他社会的表现有学者关注过，如人类学家维克多·特纳（Victor Turner）在调查恩丹布人的伊瑟玛仪式时发现，恩丹布语"仪式"称为Chidika，它有另外一层含义，即"一项特殊的责任"或"义务"，这与人们的观念是分不开的，即每一个人都有义务对祖先表示尊敬。恩丹布人认为，一个与身边的同伴和睦相处、对逝去的亲属心存敬畏的女人就应该结婚生子，拥有"活力十足、人见人爱的孩子"（译自恩丹布人的表白），但是，如果一个女人生性爱吵架，忘记了她祖先（她逝去的母亲或外祖母或其他已经逝去的母系长辈），那么，她就冒犯了祖先的阴影，其生育能力就有危险，远在非洲的恩丹布女性，因对已逝母系祖先阴影的忘记和不敬，这种"冒犯"导致自己的生育能力受到影响，所以要举行伊瑟玛（Turbwiza）仪式。该仪式对恩丹布人来说，首先意味着一种义务，是后人对祖先表达道德伦理的一项"特殊责任"。如果不能尽这一份责任和义务，就会受到不能繁衍子孙的惩罚。❶

总之，以祖先崇拜为核心的丧葬仪式的举行是以血缘为纽带而树立的宗教意识为核心，强调同一血缘的群体成员的共同利益与遵循伦理价值趋向一致，以将祖先这一血缘纽带传承下去。正如《国语》《礼记》等古书所述，祭祀的世俗功能就在于培养孝顺、忠诚等伦理价值，祭祀是为祈求超自然力量的庇护和祝福而进行的一种仪式。这也是以儒家崇德报功为由，认为举行祭祀是文明发展的要求。为什么用这种祭祀方式来表示敬仰之情，并不是用世俗的手段呢？在《荀子》一书中有这样的记载，"圣人明知之（指祭祀），士君子安行之；官人以为守，百姓以成俗。其在君子，以为人道也；其在百姓，以为鬼事也……"❷杨庆堃先生认为，这种二元性，即知识分子所持的怀疑思想和百姓的鬼魂信仰成了儒家学说通过超自然观念来

---

❶ 特纳.仪式过程——结构与反结构[M].黄剑波,柳博赟,译.北京:中国人民大学出版社,2006:11-12.

❷ 冯友兰.中国哲学史(上下)[M].上海:华东师范大学出版社,2000.

巩固社会价值、控制大众的一种机制。他认为某些理性的儒家学者可能认为祭祀的目的旨在倡导孝顺、忠诚、家族延续等宗族价值，但是对大多数人而言，对超自然的佑助和对自然惩罚的畏惧，使人们对稳固亲族体系有强烈的依靠，而亲族体系正是儒家社会组织体系的核心。❶ 显然，在村庄举行的丧葬祭祀之类的活动，上面所述的二元性因素同样存在，对祖先崇拜的伦理之情和祈求祖先对其保佑等方面的追求都同时存在于人们的心中。对祖先表现的一种道德伦理观与家族是密不可分的，下面对彝族家族观进行探索。

第四节　家族观

祖先崇拜主要通过祭奉和追念已故家族祖先的认祖方式来发挥认同道德伦理观、认同感，增强内聚力。由于多方面的原因，在历史上曾经有过长时间、远距离、大幅度的频繁迁徙分散在不同地域而不经常相见的同一祖先的后代，通过这种方式提供人们共聚的机会以辨别宗亲和联络感情。家族观念形成于一定历史过程中，以父系血缘为纽带、认同为标志的文化积淀。缘于村庄家族观念为基础的社会环境，因而在很多彝族社会生活与其有密切联系。上面所述的丧葬仪式就是典型的例子，安排、执行、协调葬礼整个过程等都是由有威望的家族成员管理和家族成员的帮助，如上文所述：只要是村中发生诸如婚丧嫁娶等大事时，家族内的其他成员就会有钱出钱，有力出力，有粮出粮，一起来完成在礼仪活动中一系列繁杂的工作。关于彝族家族互助观念在彝文古书有记载，如由毕节地区彝文翻译中心翻译的《实勺以陡数》中有这样的内容：

"家族犹如参天树，在危难之日，靠家族相助，祭先祖，祭祖灵之日，属地的事务，族人来承担……"《实勺以陡数》中的"实勺"系氏族名，汉文史书中的"实勺"写蜀叟，彝语"以陡数"汉译为"结冤书"，全书为

---

❶ 杨庆堃.中国社会中的宗教[M].范丽珠,等,译.上海:上海人民出版社,2007.

实勺氏结冤书，习惯称为"实勺结冤经"。❶

　　在彝族丧礼的指路仪式上家族亲属按照一定的顺序进行排列，由关系的亲密程度来决定，如亲家族—远家族—亲戚—邻居—朋友等，顺序排列后听从布摩的安排，布摩一边念诵经文，人们按照一定的顺序进行转圈，经文内容："转斋场一圈，接着转两圈，接着转三圈。到了斋祭场，舅舅一把火，外侄一把火，亲族一把火，家族一把火等。"❷ 这不仅体现了村庄彝族人把互助看成是自己应尽的义务，也把家族中其他成员的互助看成了一种权利，把个人和家族看成是一个整体，以解决生产生活中所出现的困难和问题。在他们的心目中，一个人的死亡并不是他本人的事情，而是整个家族的事情，因而必须兼顾家族的意见，人们要按照现实生活的情境来安排，如墓地位置的选择等，这些都关系到一个家族的兴衰、经济实力的大小和社会地位等，此外，还盛行这样的说法，安葬地点的选择甚至会影响整个家族的兴衰存亡，在家族文化背景之下形成了传统的家族墓地之说。正如王铭铭教授在他的《理解少数民族哲学——宇宙观研究》一文中所述，彝族人个人的选择与集体是相互纽带的，即个人的选择受他所生活的地方、社会、此民族或者超民族的地区的整体文化氛围的影响。❸ 显然，墓地的选择不仅反映了彝族人的风水观，同时也反映了彝族人的家族观。据村庄老人介绍，在过去要举行规模比较大的还愿仪式，此仪式仅次于丧葬仪式的重要祭祀仪式之一。在什么样的情况下举行此仪式呢？如果家中不安宁，不是人病，就是牲畜不顺，特别是一年内牲畜连续死亡，就要向亡故的祖父母或父母许愿，请求保佑，到秋天杀猪祭祀，如不守信会带来很大的灾难时，就要举行此仪式。在举行还愿仪式时，请布摩择定日期，然后通知亲友，重要的家族和亲戚必须参加，因此，人们无论事情怎样繁忙，都要请假来参加此仪式。实际上，彝族人的家族观念不仅体现在丧礼

❶　陈大进.实勺以陡数[M].贵阳:贵州民族出版社,2009.
❷　陈长友.彝族指路丛书:贵州卷[M].成都:四川民族出版社 1997:180.
❸　王铭铭.理解少数民族哲学——宇宙观研究[M]//中国人类学评论:第 10 辑.北京:世界图书出版公司,2009.

上，在历史和日常生活之中也不例外。下面从历史和日常生活的层面对家族观进行梳理。

首先，历史层面。从前文村庄背景情况可知，此村是一个彝语地名相当丰富的村庄，这与村庄历史是分不开的。笔者在调查期间获悉：以前此区域主要是彝族，后来由于多种原因其他民族搬迁到此地，有的为租种地主的土地、有的在新中国成立前为地主做事、有的属于自由民在此地实行刀耕火种从而在此地安居等。新中国成立前地主拥有大面积的土地，有一个村落土地和房屋完全是一家土目的，他的土地有的出租在外，有的由雇用人来种植，土地租种和其他事务上完全由他的家族和亲属来协调完成。如果卖土地给其他民族时，需要家族或者下一辈的同意才能售出，并且通常情况下，在卖土地时，家族成员优先。关于家族成员优先考虑的例子在古籍文献《大定府志》一书记载的"则溪制度"中有说明："则溪"的组织形式是彝族内部军政合一的，在军事职能方面，则溪的职能是管治兵马，管理赋税的征收是它的行政职能，这是由彝族内部社会结构来确定的。本地方军、政最高长官是则溪首领，而民众则是"战时为兵，平时为民"两种身份的混合。这种身份致使普通彝族百姓不但要承受经济上的纳粮负担，同时还要服兵役，因此，负担格外沉重，则溪的下面"有四十八目（又作部），又其下，有百二十罵衣（亦作裔），千二百夜所（亦作奕续）"，从夜所、罵衣到则溪，由下至上构成了一个严密而稳定的政治网络，共同鼎立起水西土司的最高统治权威，其中管理这些区域的首领通常是土司的亲戚和家族成员。❶ 实际上，从历史传下来的家族优先制度在目前也有体现：如一个家族村落如果其中一家由于商业或者其他原因搬迁走了，他们家不在此村居住，有人要买他的房子来居住，那么，首先通知家族的老人和家族成员来共同商量，需要经过家族成员的允许才能做出决定。可见，今天的很多行为方式与过去传统行为方式是分不开的，要了解目前的文化，需要对其历史进行一定程度的把握。

---

❶ 贵州省毕节地区地方志编纂委员会.大定府志[M].北京:中华书局,2000:989.

其次，日常生活层面。中国是一个农业人口占多数的国家，这样的生活使村落的人们几乎都以某种方式联结着他们的土地和劳作。由于各地社会环境的差异，在不同地方的经济农作物、家族的联络等形式有差异，如弗里德曼在《中国东南的宗族组织》一文中记述的，在福建和广东，稻田是最普遍的农耕土地，以稻米为主食，大量的稻米冲积着产量。由于稻种经济生产率高，使财富积累变得比较容易，从而促进了宗族祠堂的建设和宗族的形成。❶ 笔者调查的沙石村与上述介绍的东南有很大区别，此村属于西南地域，是贵州威宁海拔比较高的地带，气候寒冷，处于半农半牧的状态，在改革开放前，人们主要以洋芋、玉米、荞子为主食，因为这些农作物对水的要求不高，非常适合在高寒山区种植，改革开放后，由于生产力的提高，畜牧业的发达和洋芋产量丰厚，大量的牲畜和洋芋往外地销售，因而，如今种洋芋、玉米的人以玉米、荞子为贵，因而吃稻谷已经变成司空见惯的事情。通常情况下，由于此村有畜牧业和大量农作物，比如洋芋和荞子等农作物的栽种导致了他们避免不了频繁的互助形式，从这些方面体现了家族的重要性。如笔者在调查时发现，人们在秋天收获洋芋的时节，每一家种植的洋芋至少上万斤，又由于交通不方便，要靠人背或者马驮才能从山地运回来再运往街上卖，如今相对方便一些，因为修通了一般的农村公路，但是靠一个人仍然是很难办到的。因而，他们通常靠家族或者村寨的亲戚们相互帮忙。在笔者调查期间就遇到这样的一家：这家姓禄，32岁，在今年由于他儿子剃头发，需要办理酒席，因而未按期挖收地里的洋芋，但因为冬季即将来临，如果不挖的话，洋芋将会被冷冻。在此时，他的家族成员和邻居亲属们纷纷向他家伸出援助之手，避免出现巨大经济损失的情况。显然，这样的经济形式一方面增强了他们的家族观念；另一方面也体现了家族的凝聚力。当然，日常生活中体现彝族人家族观念的例子还有很多。

总的来看，彝族人在丧礼上的家族观念与历史传统和人们的日常生活

---

❶　弗里德曼.中国东南的宗族组织[M].刘晓春,译.上海:上海人民出版社,2000.

的家族观念是息息相关的，并不是一时形成的，而是历史文化的积淀。彝族人的家族观念和汉族的宗族观念有些差别，如弗里德曼在《中国东南的宗族组织》一文中所述，汉族一旦自己的家庭建立之后，在法定意义上，两个或者两个以上的兄弟不再具有经济上的当然权利，他们之间的经济互动应该是合理地按与陌生人相同的处理方式来制定契约性条款，也就是在建立法定意义的独立家户的时候，这些家户之间的关系逐步淡化。[1] 显然，彝族人有些不同，彝族人的家族并不是如同弗先生所说的，村落与汉族宗族明显地重叠起来，彝族的家族由于迁徙等方面的原因，而使他们分布在不同的地方，但是在有大小事时，大家都会互相帮助，无论在祭祀祖先仪式还是其他日常生活中，大家族都要相互通知共同商量。他们通过彝族的能依来确定是否属于一个大的家支或者大家支，当然，在四川凉山一带的彝族目前取名仍然用彝名，而在笔者调查的村庄，他们改为汉姓，但是彼此都知道对方的"能依"，因而在很多习俗上都遵循彝姓。如同上文所述，汉姓相同但可以相互通婚，因为他们不是一个家族；反之，不同的汉姓也有属于同一家族的现象，彼此不能通婚，如盛行这样一种说法金姬一姓、安刘一姓等。家族观表现了彝族人一种价值观念的追求，下面将分析彝族价值观是如何反映在仪式及其日常生活之中的。

第五节　价值观

价值观是与现实生活的每个人有密切联系的现实问题。本尼迪克特认为，文化的存在形式是文化模式，而文化模式的核心是民族精神，它决定着一个现实的文化特点和发展前途，掌握了民族精神就可以从整体上掌握一个文化的现实形态，而在民族精神中价值观是最核心的。[2] 所谓价值，是指事物（物质的和精神的）对人的需要而言的某种有用性，即事物对个

[1]　弗里德曼.中国东南的宗族组织[M].刘晓春,译.上海:上海人民出版社,2000.
[2]　本尼迪克特.文化模式[M].王炜,译.北京:社会科学文献出版社,2009:3.

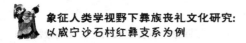
人、群体乃至整个社会生活所具有的积极意义。价值观是人们关于价值的一定信念、倾向、主张和态度的基本观点,是现实的人对全部生活实践所产生意义的一种评价标准、判断标准的思想体系。通俗地讲,价值观是人们关于某种事物对人的价值、意义、作用的基本观点、看法和态度,简单地说,就是一个事物对我们是否有用的问题。价值观是隐含在人的意识中最深层的东西,常常不为人们所觉察,但对人的心理、情感、意志、信念和行为的影响却是非常巨大的。价值观解决的是"为什么做"的问题,它决定人们行为的方向和目的。人的任何活动都是在一定的价值观的指导下形成的,人的实践活动的方向和方式及实践的结果无不打上价值观的烙印。价值观渗透到现实生活的各个领域,人们的信念、信仰、追求和理想等都属于价值观的范畴,它既具有行为导向作用,又是一种行为动力。在现实生活中,无论是社会的经济、政治、道德和文化领域,还是个人生活的方方面面,都普遍存在着价值判断和价值选择,人们如何理解和对待这些问题,内心究竟相信什么、需要什么、坚持什么和追求什么都是价值观所特有的内容。❶

　　价值观作为"软实力"的组成部分,包含着十分丰富的内涵和极其广泛的外延。例如,宗教观念、经济观念、道德观念、生活观念等都是价值观的有机组成部分。各个民族的价值观由于历史、环境的不同,各自有其特点。价值观渗透于人们日常的饮食起居、婚丧嫁娶、为人处世、待人接物、工作学习、休闲娱乐、旅游购物等活动之中,无形而有力地左右着人们的思想和行为,制约着活动的方方面面。各个民族根据其自身历史文化及所处的社会环境有着各自不同的价值观,下面以彝族为例:

　　彝族传统价值观是指在悠久的历史文化沉淀下来并至今仍然影响和支配着人们对客观事物的价值评价、价值选择和价值追求的基本观点。价值观是抽象的,也是具体的,它要通过特定的载体来表现,而这些载体中除了建筑、节日、交通等具体的东西外,还存在一些象征性的物体,如民族

❶　康来云.中国农民价值观变迁[M].郑州:河南人民出版社,2008:1.

的图腾、宗教象征等。每一个民族内部的价值观都有可能是多元的。彝族人宗族的集体主义价值观是其他价值观念的基础，彝族传统观念认为，人是集体的不是个人的，这个集体首先是宗族，他们评价一个事情的好、坏、善、恶的标准就是民族的自尊、尊严，这在前文的家族观念中有表述。在彝族古文献的谱牒中严格的悠久父子联名制就表现了一种宗族的集体主义精神，如乌撒地区的《确区恒索》一书记载了143个家支的谱牒，其中每一个家支的谱牒在下面还可以再分支，是一部内容丰富的历史书籍，还有《西南彝志》上有多处记载彝族各布的谱牒，如扯勒、播勒等家支，并且对每一支系的迁徙、背景等作了详细的描述，这些历史就是家族的生存史、繁衍史。这些历史不讲个人，是以家支、宗族为单位写成的谱牒，谱牒中讲的个人只是一个最早的祖先。发达的谱牒说明：他们在看历史、看自己民族过去的时候，每一个家支的谱牒是民族历史最为重要的轨迹，在集体价值观念基础上表现的内容是多方面的，如道德伦理的价值观等，从彝族丧礼上来看，以道德观念为基础的面子、慷慨、好客和互助等方面都是彝族人价值观念的体现和追求。

一是慷慨、大方。在彝族丧礼上体现的慷慨实践行为是以彝族人的伦理道德为基础的，他们认为这是对老人应尽的义务和权利的表达方式，这是他们价值观念的表现，同时也是一种价值的追求。传统丧葬礼仪的核心是孝道，作为一种心理积淀仍然很深地影响着人。因此，在丧葬中，展示孝道是非常重要的，"孝"成为"孝子"们追求的目标，丧礼的隆重与否成为体现"孝"的价值和子女能否光宗耀祖的一个标准。今天，随着农村经济的发展，农民收入有所提高，不仅旧的礼俗逐渐得到恢复，而且丧事的档次和规模也空前提高，颇具不可控制性。可见，丧礼的举行使活着的人从实践仪式中得到某种人生的体悟，正如有儒家学派所述，仪式有助于培养德行，尤其是子女的孝心、孝道，有助于促使支持这些观念的人类情感更加细致。❶ 在《大戴礼记》一文中有这样的记述：丧祭之礼，所以教仁爱

---

❶ 杨庆奎.中国社会中的宗教[M].范丽珠,等,译.上海:上海人民出版社,2007.

也，致爱故能致丧祭，春秋祭祀之不绝，致思慕之心也。夫祭祀，致馈养，
况于生而存乎？故曰：丧祭之礼明，则明孝亦。❶ 在村庄人们的道德观念的
支配下，大家认为，孝子不仅要在父母在世时赡养他们，在父母的丧礼上
也要精心安排仪式，以表达发自肺腑的、持久的孝心。在丧礼上慷慨主要
表现在人们对亡人准备的礼物方面。人们在丧礼上对礼物准备状况与社会
关系的网络结构密切相关。正如阎云翔先生所说："中国与其他国家不同，
中国礼物馈赠有极远的意识，馈赠状况并不是以凝固的社会制度支撑的，
而是由流动的、个体为中心建构的社会网络关系来确定的。"❷ 根据人们与
亡人之间社会关系远近来看人们对礼物准备状况。第一层，父子关系。亡
人的 3 个儿子和 2 个女儿。这次丧礼上，小儿子作为承办方除了准备必要的
饭、菜、酒等（酒一般是苞谷酒共 200 斤）外，还买了一头 400 多斤重的
肥猪，其中在葬礼举行完后猪头送给布摩；3 只鸡冠子红得发亮的公鸡（在
出殡时和坟场上用）：1 只公鸡看坟墓，1 只祭祀完后由主人家喂养，1 只送
给布摩。上面所举出的部分礼物是主人家为亡人准备的必需品，当然还有
很多零碎的东西。大儿子不是承办方，出于帮忙，同时对老人表达孝心，
买了 1 只毛色油亮的白色毛羊，给出 500 元人民币以作为帮补；小兄弟没有
买羊，只给 100 元钱；大女儿送了 5 只毛羊，二女儿送了一头 200 多斤重的
猪，为老人缝制老衣（亡人的衣服）。第二层，姻亲关系。亡者的后家送了
3 只毛色比较光滑的白色毛羊和两床铺盖面子；儿媳妇的娘家送了一床棉
被，200 元钱；亡者丈夫的两个姐姐送了 4 件老衣和 400 元钱。第三层，宗
亲关系。亡者丈夫的大兄弟买来 5 只毛色好、体质健壮的白色毛羊。远家族
成员送了 10 只羊和 2000 元钱，2000 元钱排成一行放在棉花被里，主人家
用一根竹竿把家族中送来的东西高高地挂在门前，一抬头就能看见，显然，
这在炫耀本家族力量大小的同时，也表达了慷慨之情。第四层，邻居关系。
大多数邻居出于互助，除了带钱外还送啤酒，一般一家一箱，关系比较好
的邻居送 5 箱啤酒和 100 元钱，大多数属于礼尚往来，送 20 元、30 元钱。

---

❶ 冯友兰.中国哲学史[M].重庆：重庆出版社,2009：345.
❷ 阎云翔.礼物的流动[M].李放春,等,译.上海：上海人民出版社,2000.

第五层，朋友关系。这些人大多来自其他村寨，礼物各异，有的送钱、有的送酒、有的送花圈、鞭炮等。以沙石村来说，由于人们以联姻及其父系为纽带生活在同一个区域，从事着相同的生活方式，受一定的道德规范制约，不甚频繁的社会交往。虽然人们创造和积累财富，但主要是追求一般的社会生活，因此，财富比较有限，主要目的并不是追求更多的生产剩余产品，大家生活水平差不多。他们在传统文化的规范下和谐共处，普遍认可的生存状态比较均衡或均质。在他们的心目中，财富被视为一种中介物，常常被分成以下几份：一份防荒防病，一份敬神，一份养老抚小，个人可以关注财富，积累财富，但不能独自占有；反之，会遭到社会舆论的谴责，从而被边缘化，在村区中生活就会变得艰难。获得财富的追求并不一定是幸福，得到周围人们的信任、尊重、爱戴和赞誉才是获取财富的目的。这种观念来自红彝人的传统宗教财富观念。

　　二是互助。笔者在调查中无意听到关于互助的一首歌：我们有着共同的祖先，共同在一座森林里成长；我们同住一个寨子，同喝一口井水，我们同创我们的手工业，共创我们的先祖文化，根连着根，难以分离。互助是体现彝族人人际交往的价值观。正如费孝通先生所述，"中国传统乡村社会是一个生于斯，死于斯的社会，这使其人际关系出现了一种特色。每个孩子都是在大家眼中看着长大的，在孩子眼中周围的人也是从小就看惯的，因而，这是一个'熟悉'的社会，没有陌生人的社会。"❶ 人们长期在这种彼此熟悉的环境中建立了相互间的信任感和很好的合作关系，使得互助不仅成为村庄人们处理人与人交往的基本道德规范，而且通过互助可以解决日常生活和生产中的困难与问题。特别是在诸如上面介绍的丧礼等这些重大仪式的时候，只能依赖于这种乡帮互助体制才能达到所要的结果，单凭一家人的力量是无法完成的。伍雄武先生认为，宗族集体主义是彝族价值观念的核心，在彝族价值观中人们认为义务重于权利，也就是说，自己对家族的付出与对于家族中其他人的帮助，和对父母的孝顺都是一种义务。❷

---

❶　费孝通.乡土中国[M].北京:北京出版社,2005.
❷　王铭铭.理解少数民族哲学——宇宙观研究[M]//人类学评论:第10辑.北京:世界图书出版公司,2009:159,160.

实际上，义务重于权利也体现了一种道德至上的观念，一切以道德为标准来做。人们如果不这样做，会受到相应的惩罚，在彝文古籍中有相应的传说，如彝族的创世史诗所述：洪水过后几代人，比如独眼睛的人后来被淘汰了，直眼睛的人再被淘汰，直到横眼睛的人，前面几代的人为什么会被淘汰，不是他们不能适应环境，而是因为他们不道德，从而受到上天的惩罚。可见，道德决定着历史的进步，决定着人的生存，整个人类的发展就是这样，彝族道德传统观念认为，就个体来说，一个人之所以是人在于道德；一个人受教育，首先就是要懂道德，受道德教育，也就是树立一种家庭的、家族的集体主义。关于彝族的道德观念在前文已述，在此不再重复。彝族的宗族观念强调的是一种义务至上的观念，这种观念和市场经济是不合拍的，市场经济强调个体的独立和平等，父子之间的经济账也要算清楚，这样才能够做交易，但是在彝族村庄这样的事情是不存在的。笔者在村中调查时无意中听到了村中发生的类似例子：

姓陈的一家在村中开了一个卖酒的小店，大家经常干活累了就到他家去打酒喝，通常很多人认为大家是同一村寨，没带钱就赊账或者几块钱就用不着给了，或者人们到他家去要、互相串门倒酒喝是不应该要钱的等之类的事情经常发生，因而开来没多久由于亏本就倒闭了。

互助的例子还有在上文已提到的，如由于杨某的病逝，子孙非常悲伤，但在短时间内所要做的仪俗繁多，许多事情又要按传统规则办事，所以丧事由孝子们请当地有威望、有经验的杨村长（他们家族中的）来当"总管（主要调节这一丧事的大、小事情）"。总管征求孝子意见后，负责预算开支，排定丧事有关的其他事情，孝子们丧事期间只管守铺尽孝，别的事情不用担心。全村人都会来帮忙，在总管的安排下进行丧事的各环节，然后总管请帮忙人，具体分为：做厨（烧水做饭的）、报丧、哭丧等。主持整个葬礼的人是初中文化，相对来说是村里受教育程度比较高的，是村里有威望的50多岁的杨某（杨某的老亲戚）的侄子。人们在主管人的领导下紧密合作，共同帮助主人把丧事办好，这些行为方式体现了村庄人们的一种互助之情。当然，这种互助之情不仅在这样的隆重仪式上有体现，在日常生活中也有很多例子，上文也有介绍，在此不一一列举。

总之，丧礼上这种互助的实践行为是长期形成的。互助体现了祖先崇拜的伦理道德观念，正是在这种观念的支配下，人们认为同一祖宗的成员之间有福同享、有难同当，表现为互助盖房，换工协作，煮酒共饮，杀猪共食，每逢宗亲中有婚育、丧亡或遭受灾难时，宗亲成员不用邀请也定会主动前来帮忙。通过祖先崇拜这根神圣的血缘纽带维系了人与人之间的彼此认同与互助的伦理价值取向。

第六节　宇宙观

宇宙观（也称世界观）是人对于整个世界的本质、世界上各种事物即自然界、社会和人的思维关系、人与周围世界的关系、人在世界中的地位和生存价值等一系列问题的根本看法和所持观点。它是人在实践中对世界本质问题探索的思想结晶，是人认识和改造世界的立场、观点和方法的统一。任何一个思想健全的人都在其实践中形成一定的世界观，没有世界观的个人、阶级和社会是不存在的，不管是自觉还是盲目、是系统还是零散、是清晰还是模糊、是坚定还是摇摆、是正确还是错误、是科学还是愚昧、是先进还是落后的区别。世界观是否相同，最终表现为人们在认识改造世界的立场、观点、方法的差异上，是社会存在的反映，其基本问题是精神与物质、思维与存在、主观与客观的关系问题。在一定历史发展阶段上，人们的世界观取决于当时的社会生产和科学的发展水平。

我国是一个地域广阔、历史悠久的多民族国家。由于各民族的历史背景、社会发展不平衡、经济生活水平有高低，因而，各个民族的思想观念是有差异的，如对宇宙的认识各有其自身特点。任何一个民族对宇宙的认识都充满着复杂、曲折的过程。由于主体和客体的各种因素，在认识思想上存在这样或那样的不足和缺陷，引起后人继续思考，进行深入探索。彝族先民对宇宙的认识同其他民族的认识思想一样，都遵循着人类认识发展的一般规律，探讨着相似的问题，对宇宙的认识都沿着从低级到高级的道路发展。

彝族的宇宙观，首先一个，就是发生与演化的观念，即人是一代代繁衍的，宇宙也是发生和演化的。实际上，彝族人的宇宙观在彝文古籍中有记载，因而，要理解彝族丧礼反映的宇宙观有必要对彝族历史书籍记载的有关宇宙观知识的了解。众所周知，彝族有自己的文字，史称彝文，又称为爨文、爨字、僰文、罗罗文、毕摩文，是彝族先民智慧的结晶，与汉文一样具有悠久的历史。彝族人民用自己的文字写下了彝族古代文明的摇篮，至今古老的彝文文字仍然在流传，用彝文书写的碑刻琳琅满目，文献典籍卷帙浩繁。这些经典的彝文书籍为后人研究彝族的传统文化奠定了基础。对彝族宇宙观进行阐述的书籍：如毕节地区彝文翻译组翻译的《西南彝志》第一卷和第二卷、《宇宙人文论》《物始纪略》《彝族源流》第一卷、第二卷、第五~第八卷等。虽然，对民族史文化的了解是民族史学者的重要责任，要研究今天的彝族文化离不开对彝族历史文化的了解，这样的研究有助于探讨中华民族和中华文化多元一体的形成过程，从而具有深远的历史意义及现实意义。因此，要想完整、深刻地认识一个民族的文化，必须追溯这种文化形成的过程，而历史为我们提供了基本的观点和方法。回顾历史，我们可以清晰地看到民族文化传统的积累、演进过程，特别在文化变迁的今天，更需要历史文化的洞察力，一个民族文化的更新，总是在传统文化基础上的更新，抛开昨天，不可能很好地认识今天，正如吴文藻先生所述的那样：根据实地调查的社会学研究方法与根据文献档案的历史研究法，二者是相辅相成的。❶ 彝族先民的宇宙观主要表现在以下几方面：

一是天地的形成。彝族先民对宇宙万物的认识，既能从客观物质来论述，又能从发展变化来说明，这可以看出，他们的认识水平达到了何等的程度。而彝族先民的认识思想正是在这个坚实基础上不断发展起来的。关于彝族先民对于天地的形成在《西南彝志》和《宇宙人为论》中有阐述。

---

❶ 徐平.羌族社会——一个古老民族的文化和变迁[M].北京:中国社会科学出版社,1993:6.

前者是贵州省毕节地区彝文翻译组翻译出版的，具体翻译者是王运权老先生。此书共 26 卷，原名叫《哎哺啥额》，主要讲述了彝族先民天地及其万物的形成，如啥额是一种物质，由清、浊气构成，清气和浊气结合形成哎哺，哎和哺是一种物质，结合形成天地又变化产生万物，从而天象形成，哎和哺同时出现，且与舍一并产生。天地之间，日月运行，高天亮堂堂，大地分为南、北、东、西四方等；《宇宙人文论》一文中指出，"气"是宇宙万物的总根源。在天、地未产生的时候，整个大地是一片"哪赫赫、哪贾贾"的"无极"空间；后来，"慕古鲁"和"米阿哪"由于"气"的发展变化，形成天和地的"太极"图像，彝语称为"天父"和"地母"清、浊二气互相接触，一股气一路风就兴起了两者又接触，天地产生之后，万物也跟天地人一样，由清、浊发展变化而成。清、浊二气的相互作用和变化使得雨露、霜雪、云雾、雷电等自然现象出现了，金、木、水、火、土"五行"产生了，万事万物也不断形成了。总的来看，天地产生的认识思想的脉络都是相似的。

二是古部族名。哎哺、尼能、鲁朵、哼哈等这些都是天文宇宙的称谓，是名称逐渐演化而导致的结果，显然，人们的日常生活与人们的宇宙思想观念是息息相关的。在王子国先生的《彝文化同宇宙观的研究》文中还举了一个部落支系的名称，如卓洛举，彝语卓，汉译旋，洛是月，举是日，即日月旋之意，意思是天下都围绕着一个日月旋转，一方面体现了人们的生活观念与日月的旋转紧密联系；另一方面也是部落政治权力的象征。对于名字的记录反映在人们的思想意识之中，这在很多民族中也有体现，如苗族信仰基督教，他们的宗教思想观念反映在日常生活中，如在威宁莫伊村庄有这样的例子，小孩的名字几乎都与《圣经》中的人名一致。

三是服饰。服饰的标志与不同部族对应。据《西南彝志》的部族演变来看，不同的部族代表不同的颜色，如哎是白色，为天；哺为地，为黄色，从而有黄土之说。"尼能"部族有青、红的标志，东部方言彝语"能"汉译为"红"。由于他们先以青、红二色排识清、浊二气，其尚青者，部族为"尼"，其尚赤红者，命其部族为"能"，尼、能在彝文古籍记载中有时分

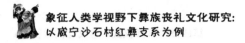
称，有时合称，是联合在一起的两个兄弟部族。至今彝族中大部自称"尼署""诺署"，彝语为"人说""尼署、诺署"，有"青夷、红爽"的概念。古夷人部族中有青衣彝文书中称为"陀尼"一支，是尼部族的后裔，彝文古籍里记载着"陀尼，尼诺孺"，彝语义为"青衣，尼之后裔"。因此，在服饰上，一方面按照各部族的颜色打扮；另一方面与本部族图腾联系起来，如服饰上以红或青为主的话，其他颜色刺绣各种图腾物，如月亮、太阳、星星之类的图腾。

四是彝族五色观。青、红、白、黑、黄5色是彝族先民辨万物的颜色概念，东部方言威宁土语为"纳碌碌"，汉译为"青幽幽"；彝语"吐娄娄"，汉译为"白碌碌"；彝语"呢嘟嘟"，汉译为"红彤彤"；彝语"舍歪歪"，汉译为"黄爽爽"等。可见，色彩作为一种物理性的现象，彝族先民将之同文化观念相关联，与其他事物相联系，并作为一种象征手段加以延伸、扩展。关于彝族五色观同宇宙观联系的研究有学者曾经研究过，如陈英先生的《论彝族先民的五色观》一文指出：彝族的五色来自古代彝语支先民辨识宇宙万物的颜色概念。如彝族先民认为天、地是清气与浊气相交，从而发展变化形成的。清气是"青幽幽的"、浊气是"红彤彤的"。在《西南彝志》有这样的内容记载，彝族先民认识宇宙，东、南、西、北四方赋予相应的颜色标志，东方为青色，南方为赤色，西方为白色，北方为黑色；中央为五方，为黄色。在《周礼》一文中有这样的记述，"中国传统色彩与彝族五方五色之说相似，东方谓之青；南方谓之赤；西方谓之白；北方谓之黑；天谓之玄；地谓之黄"。从而总结，青、红、白、黑、黄五色是彝族先民辨万物的颜色概念。

通过对前人关于彝族宇宙观研究成果的回顾表明，古文献的整理和研究是相辅相成的，后人对于民族历史的研究，古文献的整理是一个不可缺少的部分，也说明了学者对于民族史研究取得了不少成果，从中也体现各民族文化相融合的特点。彝族和其他民族在认识思想上也是相互吸取、相互补充、相互影响的。从《宇宙人文论》《西南彝志》《彝文丛刻》等彝文古典里都可说明这个问题，也应该看到，彝族先民也接受了其他民族哲学思想中的消极东西。例如，他们说"人体是天生的，是仿天体形成的，人知道的天也知道，天知道的人也知道，天上一颗星，地上一个人等内容"，很显然受到古代儒家"天人合一"论的影响，但是还有简单、零碎、朴素和抽象，科学与宗教就随伴，从这里证明，社会存在决定社会意识是一条真理。可见，彝族先民的宇宙观是了解彝族人社会生活的重要方面。如上文所述，彝族的礼仪活动、古彝先民的服饰、五色观念等文化上都是彝族宇宙观的反映。即使在社会全球化的今天，彝族人的各种习俗活动、旅游文化等方面都有彝族先民宇宙观的再现。如彝族太阳历的打造，以10个月为1年，1个月为36天。以阴阳来划分，阳性崇拜日和星，颜色青白之色，图腾飞禽，以鹤为主体。阴性崇拜月和地，颜色红黑等，图腾虎等例子。

关于宇宙观在丧礼上反映的内容，主要表现在以下几方面：第一，仪式活动与日月旋转的联系。笔者在参加上述丧礼调查时发现，在丧葬仪式上，太阳出来、太阳当顶、太阳落山等宇宙的变化对于仪式内容都有相应的规定，如在抬棺仪式时，布摩确定时间是根据太阳或月亮等宇宙现象的变化，抬棺的时间一般是在太阳刚出来的时候，杀祭祀牲畜的时间一般是在一大早太阳刚出来时进行；又如在"指路仪式"上，布摩在对亡者进行指路时，对亡灵在回归祖界的过程中有关于宇宙的描述，如"按彝族的说法，凡人死后，要回翁峨山，你住在翁靡，只能住3年，到了3年3月，要迁离此地，由此上天去，逐层升上天，死者名莫忘，为君的死后，向着太阳行，为臣的死后，向着月亮行，为师的死后，向着星星行，为民的死后，归附于尼好，在高高的天上，给死者归宿处等"。❶ 第二，丧礼上布摩用的法器。布摩作为一个媒介，是人间和祖界沟通的桥梁，因此，在礼仪活动中，他的打扮和其他人不同，主要表现在衣服和各种法器方面。关于布摩法器和宇宙观的联系，王子国先生在他的《彝文化同宇宙观的概念》一文中有这样的阐述，布摩所用的法器具有微吐、洛洪、拖其、采买等，其中微吐代表阳，拖其代表星辰，而且有日月星辰刻画在拖其上。布摩做一系

---

❶ 陈长友.彝族指路丛书：贵州卷[M].成都：四川民族出版社，1997.

列的祭祀时，用拖其一绕，表示一切神鬼都要退位。做斋时以3位布摩为主体，代表阳性的微吐排位在先，称为堂师，代表阴性的穿着法衣，代表洛洪的排位在后面，称为师母，代表拖其的星位排在中间，表示合体的星辰系统，表达了三位一体的君臣师的职位及其各自的权力的象征。在威宁彝族《指路经》上有这样的记载内容，君指到日上，臣指到月上，师指到星上等都体现了彝族文化的宇宙观。

可见，这些彝文古籍文献中记载的历史传说并没有因为与彝族现实社会生活有事件、空间及社会的隔膜，而失去了在村庄彝族精神文化中存在的价值。相反，它们跨越了时空，在彝族民间以简单的口传形式，影响了彝族人的社会心理。可见，民间口承叙事作为彝族人心理结构的一种物化形态，向我们真实地展示了特定历史阶段民众的生活风貌及心理历程。在现实生活中，民间宗教仪式等活动伴随着历史叙事，是古老的叙事，在社会历史不断发展的历程中，经过不断的传承，打上了历史时代的烙印，具有特殊的文化史的价值，这些传统的历史文化不断在社会发展的过程中，并不是消失，而是潜移默化地融合在宗教仪式等场合之中。当然，随着社会的发展，人们意识观念发生变化之时，同一事物在人们的内心中的象征意义会发生变化。正如有的学者所述，与其说神灵信仰作为一种习俗存在于人们的民众生活之中，不如说这些神灵信仰作为一种口传文本，存活于民众的口耳之中，并不断地被地方化、本土化了。❶

总的来看，彝族先民对于宇宙的认识坚持了二元对立的唯物主义的观点，即两者是既相互对立又相互统一的，如上文所述的哎和哺、尼和能、啥和额等这些统一物，后来发展为部族，在相互联系的同时，又发生了变化。显然，彝族先民对宇宙的认识持有一个核心的变的思想，变始终贯穿于其中，万事万物都在变化发展的过程中，呈现了一种辩证唯物的宇宙观的同时，也反映了人们怀有一种改造社会的强烈愿望。关于人的主观能动性在《西南彝志》一书中有"蜘蛛织天"等传说，虽然当时人们不能理解

---

❶ 鄂崇荣.土族民间信仰解读：地方性信仰与仪式的宗教人类学研究[M].兰州：甘肃民族出版社，2009：158.

感性认识和理性认识的辩证关系，不了解如何才能发挥人的主观能动作用，也不懂得社会实践在认识过程中的重要地位，但是仍有相信人的力量能改变环境这一能动性的思想意识的存在。显然，对于彝族宇宙观的研究应该上升到多学科、多角度的研究，这样有利于发扬彝族文化优良传统和打造彝族文化，培养各民族在当今全球化背景下，对自己的文化持有一种文化自觉意识，以发扬其各美其美，美美与共的文化观念。

第七节　时空观

"时空观在丧葬仪式场合中有明显的体现。丧葬仪式象征符号在某些特定事物和行为活动中反映的象征意义只有在一定的时间和空间条件下进行才存在，如果不遵守这些时空条件，它们就不会产生原有的特定含义。这里的时空条件包括仪式行动的具体时间以及具体地点和场所等。显然，时间顺序和空间分布成了文化得以存在的基本条件，是人们利用象征符号来传递文化信息的重要依据。时间和空间意识规范着民族的生活节律，隐含着集体的世界观，是每个民族最基本的集体意识。下面分析时间观和空间观在丧葬仪式上如何阐释。"❶

首先，时间观。时间的连续性和阶段性为人们开展各种不同形式的活动创造了必要的条件，同时也使被人们用来传递信息的象征符号具有相应的象征意义，即某些活动只有在社会规定的标准时间内来举行才具有特定的象征意义，使得时间被蒙上了一层浓厚的文化色彩。正如布迪厄指出，村落的时间不仅是一种抽象的认识论体系，还包括不同的社会文化体系，通过研究村落的时间观，可以看出文化象征体系，是象征与实践结合的产物。这种现象在以上介绍的村庄丧葬礼仪表现得非常明显。如前文所述，抬棺的前一天，天刚黑时，孝子拿着很多用纸折叠而绑在木棒上的小旗子

---

❶ 余舒.象征人类学视野下的彝族丧葬仪式研究——以威宁县浆子林村为例[J].西南民族大学学报（人文社会科学版），2011（3）：45.

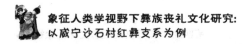
插在第二天早上抬棺经过的路上；第二天抬棺时间选在太阳刚出来的时候等例子都有鲜明的体现。丧礼上的活动，都有一定时间安排，在哪一个时间段进行什么仪式都不是随意安排的，也只有在规定的标准时间内来举行仪式活动，才具有特定的象征意义。如果不按照布摩规定的时间或者超过规定的标准时间来单独举行某些相似的活动，那么，这些活动就不具有象征意义。这种象征符号与时间的特定关系在其他民族的宗教生活中也表现得比较明显。各个不同的社会都形成了举行宗教活动的标准化时间安排，所开展的宗教活动也往往与这些标准化时间安排形成一定的对应关系。例如，信仰小乘佛教的西双版纳傣族规定，每年农历9月关门节至12月的开门节期间，是信徒开展赕佛活动的专门时间，任何人家都不准盖房子和结婚，而要一心一意地从事赕佛活动，这3个月由此而成了傣族一年当中开展宗教活动最频繁的时间。而过完开门节后，原先的禁忌被解除，人们可以随意盖房子和结婚，并开展其他生产和生活活动。这种现象表明，在特定时间中开展宗教活动往往要求人们遵守一定的禁忌规范，宗教禁忌规定什么事情可以做，什么事情不可以做，可以做的是符合神意的事，做了就会给人们带来吉利、好运；不可以做的做了就会冒犯神灵，遭到报应。在宗教活动中，时间的先后顺序往往成了区分神圣与世俗这一二元对立结构的分水岭。当然除了宗教活动以外，还有很多庆典活动也与时间有着密切的联系。实际上，此村彝族人行事的时间观在日常生活中受到自然现象的影响不仅在丧葬仪式中有所体现，在日常生活中，也有很多例子。如在农业生产方面，他们遵循自然规律，春种秋收的季节也按照自然环境的变化来确定，如青干树发芽的时候栽种玉米，映山红开时撒荞麦等。他们确定一年时间和一天时间都按照自然规律的变化。如一天时间，按照太阳出来、太阳当顶、太阳落山等，据笔者调查发现，此村很多彝族人根据所在地理环境观察物候和天象的变化来确立时间，从而构成行事规律。太阳的运行轨迹决定着许多参照点，通常有表示事件时间的一种方法就是指出太阳在其轨道中在那个时候所要到达的地面上的位置，有许多种精确各不相同的表达方式，如太阳照到房檐下的什么位置表示大概几点，这一天该做什么事情都形成了一定规律。除了上面所述的太阳的运动外，还有许多精确度各不相同的方法描述天空中的位置，在各个不同的参照点上人们的活动不同，如太阳到了什么样的位置，要赶牲畜回家等之类的活动安排，这也是他们长期经验的结果。当然，除了太阳和月亮外，他们还观察天体的运动、风的方向及鸟的转移和雾的浓密程度来确定时间。如阴天时，他们以山上雾兆来判断，或者按照一天所做的事情来判断时间。❶ 还有通常情况下，他们不用月份来表示事件的时间，而通常以该事件发生时人们进行的活动，例如，在栽玉米、栽种荞子之类的事情。我在调查期间，无意中问一个老人她的小女儿的出生日期，她告诉我的并不是具体的时间，而是这样的内容：女儿生的时候，正是玉米栽种季节。她这样的表达很容易被理解，因为栽种玉米是在阳历的二月。总的来看，丧葬仪式反映的时间观与日常生活中人们遵循的时间规律而采取的行为模式是一致的。关于人们对于季节及其月亮的变化来组织生活的，其他地方也有同样的例子，如埃文思–普理查德研究的努尔人也一样，季节的变化及其月亮的变化年复一年地重复着，因而在任何一个时间点上，人们都会对他面前的事物有概念上的认识，并且能相应地预测和组织他的生活。❷ 当然，由于地理环境和生活方式的不同，选择的对象是不同的，努尔人在不同的自然变化发生生态性的迁徙，如在普理查德的《努尔人》一文中所述，除了太阳和月亮以外，努尔人还观察其他天体的运动、风的方向与强弱及鸟类的迁徙，但他们并不以此来调节自己的活动，也不用它们作为季节性时间估算的参照点，但那些非常明显地界定着季节的特征的就是控制人们的迁移活动的特征，如水、植被、鱼的游荡等；以牛的需要及食物供应的变化把生态转变成一年的社会节奏。❸ 总的来看，这种时间的估算最终取决于天体的运动，但只有其中的某些单位和标志是直接以这些天体运动为基础的，例如月份、日

❶ 余舒.象征人类学视野下的彝族丧葬仪式研究——以威宁县浆子林村为例[J].西南民族大学学报(人文社会科学版),2011(3):46.
❷ 埃文思–普理查德.努尔人[M].褚建芳,等,译.北京:华夏出版社,2002:25.
❸ 埃文思–普理查德.努尔人[M].褚建芳,等,译.北京:华夏出版社,2002:26.

及白天与黑夜等。❶ 这些参照点之所以受人关注并被选作参照点，是由于它们对社会活动具有重要意义，正是这些活动本身构成了这种系统的基础，并提供了计量单位和标志，而且时间的推移也是在这种活动之间的关系中被认识的。因为活动依赖于天体的运动，而天体的运动只有与活动联系时才有意义，所以人们运用其中一种方式来表示一个时间的时间。因而，人们把与那些对活动来说具有重要意义的自然作为参照点。可见，人类与自然一样也必须依照恰当的节奏行事，人类与自然、万物都处在同样的秩序之中。❷ 总的来说，丧葬仪式时间观的象征并不是临时进行的，而是与人们的日常时间观联系在一起，如季节性的生产周期基本上与周围的生态环境模式有着密切的联系。当地的耕种、收获季节、养家禽和宰杀家禽的季节是季节性周期的基础周期，年祭周期主要包括跨越旧年进入新年的一系列仪式的节奏，因而，在理解仪式的时间观时，必须把两者结合起来探索。

其次，空间观。任何一个仪式都不是孤立存在的，总是在具体的场景中展开的。仪式在特定的时间中进行的同时，也取决于一定的空间，因为空间的制约是不可忽视的。"对于空间的理解，不同的学科持不同的视野。从物理学的角度来说，空间有自然空间（三维空间）与视角空间（人类所感知到的表象空间）；从人类学、民俗学的角度来看，人类的视角空间是一种文化空间。文化空间影响人们的行为方式。这种文化过程是约定俗成和潜移默化的，因此具有民族性和地域性。显然，民族学谈论的空间是一个文化概念。彝族人的空间观在仪式中有明显的体现。在不同空间，人们的行为模式各异，情感反映不一致，有不同的内容规定。如上文所述，丧葬仪式的部分仪式环节在堂屋中进行，堂屋这一空间在彝族人心目中具有神圣的地位，在这一特定时间和空间范围内，人们的行为方式受特定规则的制约。显然，什么仪式在什么地方进行，该怎么做等都有一定时空限制。如布摩第一天做祭祀仪式在堂屋里举行，首先是驱除堂屋的邪气，接着驱

---

❶ 余舒.象征人类学视野下的彝族丧葬仪式研究——以威宁县浆子林村为例[J].西南民族大学学报（人文社会科学版），2011(3):46.

❷ 葛兰言.古代中国的节庆与歌谣[M].赵丙祥，等，译.桂林:广西师范大学出版社,2005.

除房子周围的邪气等行为方式都是按照一定的顺序进行。他们认为，家里
有不吉利的事情发生，主要原因是堂屋或者住宅周围有邪气的干扰。因而，
在做其他仪式之前，首先把堂屋的邪气驱除，随后举行其他仪式才起作用。
在这样的空间中进行的仪式具有相对稳定性。他们认为，房屋的老房和内
房，所摆设的位置必须是人们长期习惯并延续下来的固定地方，只有摆设
的特定位置与祖宗神灵的角色形成对应的配置关系，人们认为祖宗神灵才
可能显灵，并给人们带来幸福和吉祥，否则，就不可能具有相应的意义。"❶
据笔者调查发现，空间观在仪式中意义的反映与他们的社会生活是密切联
系的，家族居住格局与家族的空间观的建构有关，空间建构能力不仅体现
在有形空间的扩展，也是精神空间的建构。这种空间观的建构被赋予了不
同的意义。人们居住空间与传统的历史、结构及村民对空间的理解有关，
村庄空间建构的人文建构不仅是物质的追求，更重要的是精神寄托的所在，
人们精神寄托的象征从村庄空间格局中反映出来。因而，仪式观念的再现
与他们的日常生活是紧密联系的。关于空间的划分，法国社会学家涂尔干
对于空间划分的社会差异性，他认为不同的社会往往赋予空间以不同的意
义。他认为划分空间有一定的情感价值作为基础，并不是冷冰冰的物理参
数，相反，具有一个社会情感价值。他指出，"空间的各个部分并不是同质
的，空间的形象只不过是特定社会组织形式的投射，由此人们才可以在空
间中安排具有不同社会意义的事物，就像在时间是上来安排各种意识状态
一样。这种仪式空间可以理解为布迪厄先生所说的场域，人们在特定时间、
空间状态下，形成相对稳定的行为模式可理解为惯习。人们的思维受社会
各因素的制约，由社会加以组织、加以建构，在一定的社会环境之中建构
了人们的思维模式，突出了场域和惯习之间的相互关系。这种惯习在一定
的感知、社会舆论、社会制度等方面中逐步形成，具有稳定性。场域和惯
习两者之间处于相互制约的关系：场域形塑着惯习，惯习通过场域的变化
而发生变化。正如布迪厄所说，惯习有助于把场域构成一个充满意义的世

---

❶ 余舒.象征人类学视野下的彝族丧葬仪式研究——以威宁县浆子林村为例[J].西南民族大学学报
　（人文社会科学版），2011（3）：46.

界，一个被赋予感觉和价值的世界。在约束和限制下，行动者在实践中形成了相对稳定的思维活动，引导着行动者凭借他们的惯习与情境相适应的思维和行动模式。显然，从仪式的角度来看，村寨的自然生态空间是人们开展活动的基本空间，体现了人们对自然的看法、对人自身与其所处社会的价值观念。"❶

在安排仪式空间上，对社会结构有一定的限制，如"在丧葬移棺仪式上，布摩安排孝子把棺材移到灵堂外，并把设在堂屋的灵堂打扫干净，然后，人们按顺序沿着灵魂出去的路线绕3圈。布摩走在最前面；一个柴摩抬着装有玉米的筛子走在第二位；另一个柴摩端着碗排在第三位；牵着山羊的孝子排在第四位；牵着猪的孝子排在第五位；抱着一只公鸡的孝子排在第六位，后面紧跟其他亲友们"。❷ 仪式按照一定的顺序进行，表现了社会结构在空间上的反映。"对于社会结构空间的反映戈夫曼使用了前台、后台、局外区域等一系列概念为我们勾勒了一种社会学的空间视角，重要之处在于它探讨了社会结构如何在区域空间建构仪式行为者们的角色，并在一定的时空情境之中发生互动而使其被生产和再生产。"❸ 他的空间视角贯穿于综合人格、互动与社会结构的理论尝试，呈现了空间化的社会学思想。又如丧葬仪式这一空间也反映了一定的权威性，如果这一空间不存在，布摩就成了平凡的人，在上文"送布摩神"这一仪式可知，仪式主要是送请来的布摩神回归原地，以成为凡人。如经文内容：

从今做完后，就是凡人了。灵物神带走，福禄留村中。送你到云天，送到天庭上。送你回圣城，你该回你地。你是天上神，我是凡间人。以后遇到事，再请你帮我……

显然，布摩这一权威性是在仪式空间上建构的；反之，权力也只有在

❶ 余舒.象征人类学视野下的彝族丧葬仪式研究——以威宁县浆子林村为例[J].西南民族大学学报（人文社会科学版),2011(3):46.
❷ 余舒.象征人类学视野下的彝族丧葬仪式研究——以威宁县浆子林村为例[J].西南民族大学学报（人文社会科学版),2011(3):44.
❸ 郑振.空间：一个社会学的概念[J].社会学研究,2010(5).

空间的安排上才发挥作用，权力也对空间起建构作用，由权力所创造和组织。在组织场所，规则创造了空间，标记场所并给予价值。他们控制着建筑物、房间、家具的安排，也是观念的。空间是物质和观念的混合体，空间并不是绝对的，特定的权力给予特定的空间。❶ 可见，空间由一定的仪式符号表现出来。象征符号与空间环境之间形成了一种互相对应关系，每一种特定的象征符号都具存在的空间区域，某些特定事物和行为只有在人们划定的空间区域内才能有其文化含义，一旦超出了人们划定的空间区域就失去该层意义。符号与空间之间的关系有许多种不同表现形式，其中一种比较突出的形式是某些特定的象征物必须放在人们的观念意识之中才是合适或正确的空间场所，才能表达其原本的文化意义。在仪式过程中，神圣与世俗由布摩控制，仪式空间的选择，对保证仪式的成功有着重要意义。当然，各民族都有各自的空间观，表现在很多民俗活动中，如"达斡尔族、鄂伦春族、锡伯族祭祀敖包及藏族祭祀玛尼堆必须选择空旷的野外，其中，敖包通常选在平地、高地、山口、交叉路口等处，而玛尼堆则选择在山口、要道通衢、田间、草原、江边、湖畔、山泉和佛塔之旁。本教认为地下的恶鬼和魔鬼住在山、岩石和森林当中，天上的神则以山、岩石、河流等为化身，而玛尼堆是各处路径的保护神。这种现象体现了神灵角色与空间环境之间相应的配置关系"。❷ 还有凉山彝族举行的吉觉仪式也是在一定的空间中进行，通常仪式场地设在主人家，在进行仪式之前布置这一神圣空间对很多方面有明确规定，如布摩、主人各成员面朝门以适应赶鬼、咒鬼方向，布摩右面靠上方的神座象征森林，他们认为神灵通常在森林里活动。在召唤神灵时，仪式场地设在此森林，使各神附于神座上，如山神、天神、地神等。在这个仪式场地当中，三者，如人、神、鬼集中在这一空间，把神圣与世俗融合在一起。在布摩念诵祭祀词时，布摩护法神、主人的祖先神也被招来，通过念诵经文告之神灵要做仪式以驱邪等。❸

　　总的来看，人们的观念通过仪式的象征符号来体现，但是这些象征符

---

❶ 郑振.空间:一个社会学的概念[J].社会学研究,2010(5).

❷ 瞿明安.论象征的基本特征[J].民族研究,2007(5):63.

❸ 蔡华,张可佳.民族学视野下的义诺彝族"吉觉"仪式[J].民族研究,2010(3):39.

号只能在一定的仪式时空中才能被人们所理解。正如特纳所述，象征符号
是社会行动的一个因素，是行动领域的一股积极力量。象征符号和人们的
利益、意向、目标和手段有关，在恰当的时空中，即一定的语境之中，象
征符号的结构和属性才成为动态实体的结构和属性。❶

第八节　风水观

"风水"的"风"原意指能够消散能量的风力或空气，指方向；"水"
指的是线，即形态，它也指水流和任何能量的流动与聚散。风水家或风水
先生的主要观察对象是山脉的蜿蜒状态和地形中相连的脉络，主要与群山
相连。风水一词在古代指天、地，是一种技术上的考察，它与美学有密切
联系，由于它通过美学这一学科来选择和调整建筑物与自然界，如树木、
山脉、水、路的关系，而且通过地来表达人文的象征，通过进一步分类来
表达天、地、人三者的流动关系。风水运用一个规范体系来解释空间，并
用以增强空间关系，为空间关系提供方法，更重要的是介入建筑和自然环
境的设计。空间、时间、事物及动物种类的分类活动，全面支配着中国人
的生活，这个分类活动就是风水的原理，据此，分类活动规定了建筑物的
方位、房屋、墓碑和墓地的建立。❷

"风水作为一种文化创造的产物，植根于普通老百姓日常生活中。对于
风水观的研究趋向于以下特点：一是关注汉族风水观念的研究；二是风水
观念归结为由传统文化的多种因素的结合，如民间信仰、权力和资源相关
的话语等。他们认为，只有汉族才拥有此观念，其实，少数民族也不例外，
沙石村彝族是其例子之一。"❸ 风水观产生的原因主要归于以下几点。

一是由对祖先崇拜和期望子孙兴旺的观念决定的，即家族中"上有祖

---

❶ 特纳.象征之林——恩丹布人仪式散论[M].北京:商务印书馆 2006:20.
❷ 王铭铭,等.象征与社会:中国民间文化的探讨[M].天津:天津人民出版社,1997.
❸ 余舒.象征人类学视野下的彝族丧葬仪式研究——以威宁县浆子林村为例[J].西南民族大学学报
(人文社会科学版),2011(3):45.

宗、下要后代"的一脉相承的思想观念。祖先崇拜不仅是中国汉人的传统观念，也是很多少数民族的传统观念。彝族人认为，祖先、生者和子孙后代是一体的，死亡也并不是彻底的消失，死亡并没有使人间和祖界之间彻底的隔绝。从上述介绍的彝族丧葬仪式过程可知，死去的父母、祖先要靠活着的子女、后代供奉，活着的子女要靠父母、祖先的庇护。如在"孝子贡饭"这一仪式上，孝子向亡灵贡饭，布摩一边奠酒，同时念诵"福佑"经文，其中有这样的内容：

> 某菜你不吃，不吃也要吃。这是心意也，你必须得领。大伙儿敬你，你是保护神。天庭保护神，活人全靠你。要保佑活人，今天大家聚。你要吃得饱，避免路上饿。人间苦头尝，你去天庭乐。天庭开启门，能容你一人。路上遇困难，一定不要怕。神灵保佑你，你路途畅通。你必遇祖先，祖先笑迎你。孝子敬你饭，你必须保佑：愿其荣华贵，愿其白头老。祈儿孙满堂，愿他们健康。祈他们免灾，愿他们快活……

这些祭祀词都表达了彝族人的祖先崇拜和期望祖界保佑人间的观念。他们认为要使自己与祖先有良好的归宿，对住宅、坟墓等风水位置的选择是人们不可忽视的内容，能为祖先或是自己找一块风水宝地，就可以利益子孙万代，所以重风水、争风水就不难理解，哪怕是在有子女的前提下牺牲自己的生命都在所不惜。

二是对于有限资源的争夺。风水强调顺应自然，在原有环境的基础上有节制地利用和改造自然，根据具体自然环境和人文环境创造适合人居和发展的建筑格局。这蕴含着人们对美好幸福田园生活的一种向往，适应人居的自然环境是有利的生存资源，比如土地、山林、水源等。争夺风水也是在争夺有利的生存资源所有权。除此之外，以风水之争为目的资源争夺手段也很常见。更多的是将风水信仰观念与实际利益合二为一而引发宗族斗争。实际上，这方面的例子很多，有的发生在不同民族之间，有的发生在同一民族之间，对于沙石村来说，风水争夺的现象也会发生，笔者在调查期间和一个老人拜谈时也听到这样的事情。当然，这不是主要原因，但是从当今生活环境来看，在人口增长而资源匮乏的状况下，很多人家为了争夺风水以占领山林的例子也很多，如从本村来看，如前所述，此村彝族对于山林的保护意识比较浓，因而拥有一片保护得比较好的山林，从来不乱砍伐，但是对于邻居村的汉族来说，他们通常为了以风水的选择而占领土地。

村庄风水观如何在社会生活之中体现的？我们从前面第一章背景内容可知，"沙石村邻居村居住着汉族和苗族，是一个多民族聚居区域，不能排除各民族文化之间的交流、互融。正如梁永佳先生在研究喜洲仪式时提出的复合文化现象。据笔者调查，此村彝族风水观也是多种文化的复合，是彝族和汉族文化的融合。如文中所述，人们舆论风水好坏与山、水、树等风景物离不开。此村彝族人认为，好风水能让祖先过得舒适、安乐，坏风水意味着祖先的不满，同时影响下一代的发展。因而，两股力量同样重要，一方面表达两者之间的互惠性；另一方面也促使人们对风水观的坚守。在布摩经书中有这样的记载，如某人死亡是因为他家的屋基不好，等等。通常情况下，谁家有不吉利事情发生，人们就会推出这家祖坟或者屋基不好等结论。因此，人们选择墓地时，周围环境、朝向等方面都是他们关注的内容。"● 如在上文介绍的杨某对于坟墓的选择上，选择坟地较为讲究，认为坟地是祖界的房舍，其地形、地势的选择，如同生者建盖房屋一样严肃认真，也讲究吉凶祸福。坟地选择一般遵循后有靠山，坟墓前不能有阻碍视线之物，视野开阔，前方有河流，旁边的树不能砍伐，有的还要栽种各种柏杉树等以保持墓地周围风景秀丽，正对大山，即所谓阴打高山阳打凹，或山脚漫延，左右两山高低长短一致的平地和凹地为吉地的规则。通常有这样的说法：如果靠山一山比一山高大，或者一峰比一峰高大，则认为死者的后代子孙将来和当地的土官来往密切，与其亲戚朋友和睦相处；若靠山不好，将来死者的子孙后代同当地的土官时常发生矛盾，与亲戚朋友不会相处得很好，貌合神离；如果前山的山脚不开阔，认为将来死者的子孙后代出门远行不顺利，不能出人才，反之亦然；如果左边的青龙山不高大，并没有转朝右边的白虎山，认为死者的子孙不会发达兴旺；如果右边的白

● 余舒.象征人类学视野下的彝族丧葬仪式研究——以威宁县浆子林村为例[J].西南民族大学学报（人文社会科学版），2011（3）:45.

虎山没有转朝左边的青龙山，认为只发姑娘不发儿子；如果坟前有龙潭，
认为将来死者的子孙后代中会出秀才之类人等。在选择完毕后，长子事先
准备好一个生鸡蛋，用左手拇指置于地面，如蛋触地而破，认为此地死者
已看中；反之，认为死者不欢，须重新另择。沙石村彝族人看中祖坟的地
理位置，对其有很多规定，他们认为达到这样的标准才能算是"好墓地"。
当然，彝族人对于坟墓风水的选择在其他地方也常见，如滇南自称尼苏颇
的彝族原配夫妻除非正常死亡外，一般葬于一块坟地里，但不合系，两者
间约隔1米，并且不论谁先辞世，后逝者须葬在先逝者的右边，同时，妻子
的坟不高于丈夫的坟亦为习惯。布摩确定埋葬地点是通过对照亡人的出生
日与逝世日得来的。

　　"实际上，彝族和汉族的风水观念都表现了人、自然、祖先三者的有机
结合，一方面体现了人与自然的关系，使天地之气与祖先之气相连接；另
一方面表达了子孙对于祖辈的敬仰之情，尽心于祖先的祭祀，以获祖先神
灵保佑，牵涉人与祖先两界的关系。显然，人与自然的和谐是获得墓地风
水好的前提条件，人与祖先之间的关系是维持好风水的必要保证。当然，
如果人们在选择墓址时处理不当，会引发纠纷。"❶ 如笔者在调查时，和村
庄人们拜谈中曾有这样的例子，陈某在选择墓地时由于干扰堂兄的墓址而
引发了争执。"由于陈某选择墓地范围设在祖坟周围，和他的堂兄提前选好
的墓址'八字（八卦）不合'，为此，他的堂兄要求重新改动坟墓地点，但
墓地的选择依据亡人的'生辰八字（生日）'定位的，不能随意改动，因
此，双方为此事闹起了矛盾，互相之间一直为此事情而设下阴影。显然，
风水观处理得当体现了人与自然和谐，但是选址处理不好，而引起激烈竞
争甚至破坏别人的风水时，是引起村人纠纷的原因之一。"❷ 另外，风水观
也可起到慰藉失落宗族失衡的心理，从而缓解宗族紧张的竞争关系。在人

---

❶　余舒.象征人类学视野下的彝族丧葬仪式研究——以威宁县浆子林村为例[J].西南民族大学学报
　　（人文社会科学版），2011（3）：45.
❷　余舒.象征人类学视野下的彝族丧葬仪式研究——以威宁县浆子林村为例[J].西南民族大学学报
　　（人文社会科学版），2011（3）：45.

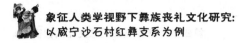
们生存竞争之中，条件不好的人家或在群体之间竞争中失利的人家常会借口对方风水好或风水不好来宽慰失落的心理，也有的通过所谓的风水术来"陷害"对方，以发泄不满。通常情况下，如果哪家后人发展得比较好，当地人便归结为该家人居住地风水好或者祖先的坟墓好等说法。显然，风水观对贫困人与弱势群体接受残酷现实的心理起到了平衡作用，否则，因心理失衡导致的明争暗斗将更加激烈。

小　结

丧葬仪式由多类型的象征符号体系构成，如仪式的物体、行为方式、祭祀词等，其中祭祀词以文学的形式写成，一般为五言七句，以彝文的形式编写而成，是老一辈传下来的，一般要布摩世家才会完整地把这些书籍完美地保留，书中包含丰富的彝族文化内容，如彝族的迁徙路线、相对应的生态环境、伦理道德、相关神话传说等方面的描述，它与现今彝区的社会习俗、道德风尚有直接的联系，并充当这种习俗、道德风尚的标准。笔者在对丧礼象征观念进行解读时，结合了很多彝文文献的相关历史、相关神话传说等形式与当今社区文化结合进行阐释。彝族文献的有关内容和民间宗教仪式之间存在着表里杂糅，互相渗透，你中有我，我中有你这样一种关系，要阐释很多宗教仪式的象征观念文化必须了解其彝文文献的相关知识。总的来看，传统文化渗透到丧礼及其他祭祀活动和日常生活中，具有明显的民俗宗教的特征，这主要是由于长期以来原始宗教民俗化的结果。可见，到了社会发展的今天，很多优良的传统文化在今天同样适用，是过去的延续。

第五章 丧葬仪式的象征特点

据有关资料，"有的学者对仪式文化特点进行了研究，如维克多·特纳对恩丹布人仪式象征符号的基本特点做概括介绍，他认为仪式象征符号具有浓缩性、多义性、统合性和两极性。云南大学瞿明安研究员认为象征具有群体性、主体性、多重性、时空性、传承性等特点。其实，不同仪式在空间范围、历史背景等方面存在差异因而所表现的象征特点是不一样的，下面针对丧葬仪式分析其表现的象征特点。"●

第一节 集体性

丧葬仪式活动虽然是为个人举行的仪式，但是以集体的名义共同举办，不仅涉及家族还有亲属等社会关系，显然，一切为了集体而非个人。如从丧葬的整个过程可知，表面上看是为个人举行的，但实质上是整个家族和亲属的头等大事，是为了整个群体的昌盛而进行的整个活动。在整个群体中，个人的灾祸是集体的不幸，个人被欺负是集体的荣誉，个人的死亡意味着集体的削弱，为个人进行的整个活动是集体的权利和任务。正如上述所述的，无论是家族和亲友有什么繁忙的事情，在丧礼上都要来参加，协助齐力驱逐，这是由整个群体的社会关系决定的。

"从丧葬仪式来看，集体性具体有哪些表现的细节呢？上文有这样的记

● 余舒.彝族丧葬仪式的象征意义分析[J].贵州民族学院学报(哲学社会科学版),2011(2):84.

载内容：不管儿女、亲戚们离多远，都要通知大家赶来参加仪式，还有全村的村民们都要来帮忙。显然，仪式一方面表达了人们对祖先的一种眷恋、敬仰之情；另一方面起着一定的集体凝聚力的作用，为人们提供团聚机会，具有社会整合与团结的社会功能。正如涂尔干在《宗教生活的基本形式》一文中说，宗教与集体是互动的，集体对宗教具有决定性作用。宗教集体性揭开了宗教的神秘面纱，使神圣的东西回归世俗生活。仪式的各种神圣性使得整个集体的人们团结起来。显然，通过神圣仪式符号系统向人们展示社会的道德规范、行为方式。宗教通过生活中不可缺少的一系列象征性手段来巩固社会生活。又如在献祭仪式上，有这样的内容：布摩主持仪式的整个过程，要求孝子们应该怎样献祭，人们向亡人献祭一系列的祭祀品，如羊、猪等牲畜，还要念相应的祭祀词。整个过程一方面向人们展示仪式的神圣性；另一方面也表现了一种集体性。可见，仪式现象的集体性主要是就其群体意义而言的，不是针对个人成员的。"❶

"宗教仪式所表达的集体性是在群体之中产生的行为方式，激发、维持或重塑群体的心理状态。正如格尔兹所说的：仪式象征符号只有在获得社会群体的普遍认可和理解，并在社会群体开展特定活动中出现时，特定事物才具有相应的象征意义，以致成为人们传递信息和表达观念的符号载体。这样的集体性共鸣在丧葬仪式上有明显的反映，以打醋炭仪式为例，在布摩特定时间和特定的场合中进行，规定在堂屋进行等内容体现了人们集体性，不以个人的意志为转移，只有这样才能引起人们的共鸣，激发人们共同强烈的情感和情绪。又如人们给亡人洗澡等一系列的象征行为方式反映的意义不仅为所在社会中的人们所普遍认同，而且也为人们所理解，体现了一种集体的精神和力量。还有叫魂仪式上，布摩为所有的村民祈福、叫魂等的目的是希望村民平安健康、五谷丰登、六畜兴旺等。总的来看，仪式活动不是为某一个人或某一家人而举行的，而是为全体参加的村民举行的。显然，这种社会现象或社会事实在维系和巩固集体意识和社会凝聚力

---

❶ 余舒.彝族丧葬仪式的象征意义分析[J].贵州民族学院学报(哲学社会科学版),2011(2).

方面发挥着重要的作用。正如涂尔干所述的：这些功能所提供的不是人类生理的或物质的需要，而是集体生活的需要，这种集体生活和集体意识对人类的价值，并不在于它是否可以为人类的生理机能提供享乐，而在于它能为人类提供思想道德文化体系。"❶

第二节　差序性

从丧葬仪式而言，差序性主要表现在以下几方面：首先，对于不同亲属关系在行为上表现的差序性。第一，不同亲属关系在丧礼上表现的悲痛程度。死者最亲的人表现得最为悲痛。如死者的孩子哭的最厉害，其次是儿媳妇，要吃最初的饭菜，戴最长的孝帕，守丧时间最长，而死者的侄子和孙子，象征性地哭诉就行，在丧礼上守孝时间不长，在葬礼过程中，人们通过丧服和姿势就能看出此人与亡者之间的关系。家庭成员作为社会组织的基本单位，在整个丧葬礼仪上要受行为上、饮食上等方面的制约，这种差序性对家庭成员重新认识家庭和家庭成员之间的关系起到了重要的作用。显然，当家庭成员的去世使家庭关系面临解体时，丧葬仪式将有助于重新确定家庭成员之间的关系，因此，除了表达死者的情感，帮助追悼者减轻情感冲击的功能外，这样的差序哀悼仪式也显示了家庭成员的团结。第二，丧事上对后家（死者若是女指娘家，男指舅家）的重视。人落气时，第一件事就是派人通知舅家和请先生算吉利的出丧日期，然后才是通知父系亲属及其亲友，通知后家是件重要的事情，通知时下派专人送信，不像普通人一样捎口信，在前述的个案中，舅舅在亡人生病期间来看过。主人派专人去捎口信，并且舅舅到来时有隆重的"欢迎仪式"，后家为最尊重的亲戚，来时必带乐队和炮手，通常在进入家门之前，鸣炮奏乐，意指通知主人，主人闻炮声，即知贵客来到，需马上回炮3声，表示已知，然后由总管、执事人带领孝男孝女，排队出迎，后跟乐队吹奏，同时赶紧帮舅舅接

---

❶　余舒.彝族丧葬仪式的象征意义分析[J].贵州民族学院学报(哲学社会科学版),2011(2).

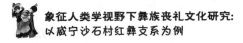

过他送来的东西，如羊、被子等物品，人们把长凳子放在丧房附近的路口上，客人来到后，就在此入座。由正孝孝子双手递酒杯给客人，表示谢意。同时，执事将孝布搭于客人的身上（男的搭在客人的左肩上，女的在右肩上），暂时不戴，之后迎客人进入丧房。当然，在丧礼上这一差序性的表现在很多民族中都有，只是各个民族在环节上有细微差别，如另一个邻居村庄的汉族，丧礼上有一个仪式称为"悼姑妈"，这个仪式过程是这样的：妇女死后，主人家派专人到舅舅（娘舅）家报丧，舅获悉姑妈去世后，领妯娌们烧个烟包去寨门外哭丧，回家立即杀一对鸡（一公一母），先祭奠姑妈，然后舅家人与报丧之人共同进餐享食；反之，如果舅先去世，必须由舅的亲生儿子代其父赴祭。通常情况下，舅舅由于失去了姐妹而感到悲伤，这样，他需要请一位懂得礼俗、能言善道之人随同前往吊祭，孝子家总管在对舅说话时，要热情有礼、守礼节，以诚相待，以礼服人，切忌口出恶语。显然，在各个民族中都有舅舅为大的习俗。第三，迎接女儿及其亲戚。嫁出的女儿为主要客人，来时必带乐队和炮手，有的还带布摩，笔者选取的这一家的女儿没有带布摩，因为她们村庄布摩只有一个，在那期间比较繁忙。主人家听到外面的炮声，马上回炮3下，过去规定只能女孝们出迎，但是从目前来看，大家都出去迎接，不带酒和凳子，此时不发孝。在场面上隆重程度次于舅家。一般亲戚有的带乐队、炮手，如今多数不带。从目前来看，在迎接时，孝子均不出迎，只有主人家总管和执事人在家门后引进丧房。第四，献酒仪式表现的差序性。由前面介绍的丧葬仪式过程内容中可知，对不同亲属有不同的规定："队伍行至灵房前，当亲人们为亡者献祭后，由执事人来主持孝子们对客人的祭拜，其他人此时被排除在外，执事人喊：孝子们行祭拜礼，停止奏乐！然后主方孝子和客方孝子按照辈分、长幼的顺序面向供桌，自上而下排成横队，主方孝子在前，第二次跪下后，即给客方发孝，如果已经在迎接时发过的，此时包上孝布，孝布由主家执事人搭在孝子肩上，孝子跪下包在头上……"这样的行为方式体现了亲戚们的远近关系，在此时关系较疏远的人们明显被排除圈外，进一步拉近了家族和亲属们的凝聚力。

其次，仪式权力的差序性。从丧葬仪式的整个过程来看，仪式权力的差序性表现在以下几方面：第一，主持仪式的布摩。主持丧礼由大布摩担任，成为宗教的实践家；另外的两位，称为"柴摩"，有的称为"小布摩"，他们不能单独完成仪式内容，需要在大布摩的指导下进行，并且对大布摩起到辅助性的作用，有时由于大布摩年岁高，因而在晚上念诵经文时，如果时间过长，就不能连续几个小时念诵，通常就坐在柴摩身旁，脚上摆着经书，嘴里用一根水烟杆抽着叶子烟，同时两眼望着经书在监督两位柴摩念诵经文是否准确。除了这些外，他们还要思考需要的饮食、亡灵的归宿、亡灵所需要的东西，如在祭祀日的第一天大家在饮食上的斋戒等，以体现虔诚、细心和谨慎。通过整个仪式的举行，促成他们拥有一种比其他人更为神圣的地位，他们的知识是深奥的，在庆典上他们代表主人向祖界祈求，由此使他们的神圣性得以展示，与其他参与者相比较，仪式本身赋予了布摩更多的保护及认可。第二，参与主持的家族族长。在布摩举行仪式的场合中，还有家族中比较有威望的人物，在其中起协调作用，同时也起监督作用，如笔者在参加转丧仪式这一环节时有这样的发现：孝子们或者参加转丧的亲戚朋友们不遵守规则，他就会发动他的家族威风势力督促参与的人员认真完成其中的细节；同时布摩分配需要什么样的祭祀品时，他又吩咐人们马上准备以便祭祀，同时安排人们跪拜等。第三，祖界神灵的排位。在前面丧礼过程可知，在"扎草人"仪式上，草人象征不同的祖先神灵的排位，按照一定的顺序排列，众神通过细小的仪式规则来保持他们的不同，比如灵牌的位置摆放、敬贡的人数，还有动物性贡品的种类来确定仪式上反映的等级差序性。第四，总管。各个仪式内容由布摩主持，但是在丧礼其他事情的安排上都有专门人士来指导，称为"总管"。总管一般由村庄具有威望或者办事比较扎实的人承担，笔者参加的这家人的丧礼是由村长担任，村长是彝族，初中文化，在仪式上充当管事，起宏观调控作用，参加丧礼的其他人主要是被动的参与。这种差序性既表现了村落是村民获得权力与资源的连接点，同时又是一个有着地方社会网络的民间文化机构。❶

---

❶　王斯福.帝国的隐喻[M].赵旭东,译.南京:江苏人民出版社,2008:276.

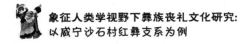
第三节 秩序性

格尔兹和萨林斯对于文化的恢复上做出了重要的贡献，萨林斯认为仪式是一种文化的再现，格尔兹更进一步地指出仪式就是文化，他在《尼加拉：十九世纪巴厘剧场国家》一文中所述，"仪式是政治秩序的载体，权力本身赋予庆典，庆典是一种权力的反映，社会秩序靠庆典来完成，政治是一场礼仪的实践。"❶ 总的来看，格尔兹直接把仪式看作一种剧场，剧场是一种表演，这种表演是一种文本，一切都赋予其中，这些组成部分是一种文化的逻辑，通过一定的结构性组合构成文化的整体性，权力只是其中一个部分。仪式通过一定的剧场表演，反映它的秩序性。

乡土社会是一个人治的过程，人治与法治的不同，并不在两个字上，而是在维持秩序时所用的力量和所根据规范的性质。乡土社会秩序的维持，有很多方面和现代社会秩序的维持是不相同的。❷ 很多人认为乡土社会是一个无法的社会，因而是无秩序的，费老指出乡土社会并不是这种社会，它有很多方面和现代社会秩序的维持是不相同的。乡土社会是用礼来维持社会的，礼是社会公认的行为规范，他们通过这样一种内化为人们之中的一种文化来维持的，是一种无意识的。我们知道费孝通当时在研究乡土时，国家势力相对于现在来说并不强，通常国家权力一般下到县城，村庄里解决纠纷事件通常采取无讼的方式，依靠地方的传统习俗来解决，如有的靠族长之类的人来调节。我们通过对过去乡土维持秩序的情况了解后，想想在社会发展的今天，乡土社会靠礼仪来维持秩序是不是不存在了呢？事实上，通过我们对于村庄调查发现，村庄靠礼仪这种内化传统文化的方式在今天同样重要。人们通过仪式的表演展示传统的秩序性，通过仪式的表演重新创造一种文明的灿烂意象。正如格尔兹对 19 世纪的仪式研究发现，虽

---

❶ 格尔兹.尼加拉——十九世纪巴厘剧场国家[M].赵丙祥，译.上海：上海人民出版社，1999：13.
❷ 费孝通.乡土中国生育制度[M].北京：北京大学出版社，1998：19.

然尼加拉不复存在，但是后来的国家也在不断地举行宏大的庆典仪式来展示一个真实的尼加拉，格尔兹认为从某种程度上模仿重新创造了文明的灿烂意象，他们认为古代国家体现了这一文明，但是后来的堕落国家玷污了他们。❶ 下面我们通过沙石村的丧葬仪式来看，人们是怎样通过仪式来表现传统文化的？实际上，从前文分析的仪式观念的象征文化，如家族观、宇宙观、灵魂观、生态观等文化的表达实际上反映了仪式的秩序性表达。以空间观来说，祭祀在一定的空间中进行，仪式上选择的这一空间是一个神圣的空间，祭司通过这一神圣空间主持仪式的每一过程，其中的各种行为方式都是按照一定的秩序性进行，如祭司念诵了很多关于超自然世界秩序性的反映，如在指路这一仪式时，念诵的经文，"你到了祖界，要找自己的位置，要按秩序进入等"。这些都反映了一种世界的秩序性，超自然秩序的反映。正如格尔兹在他的《尼加拉：十九世纪巴厘剧场国家》一文对神圣空间作了分析，他认为王室这一空间是微观的宇宙，是政治秩序的物化载体，是超自然的一个微观的宇宙。总之，彝族丧葬仪式不仅是村庄最活跃的意识形态表达方式之一，仪式的行为规定、禁忌等内容都构成了规范人们生活的各种社会制度，正是这样的社会制度形成了促进了人们行为的规范化、秩序化。这种行为在一定的秩序化中进行，就表明不是可以随意选择的行为方式，而是必须遵守的行为规则。这种信仰是集体思维的方式，每个成员在这一社会环境之中受到这一文化的内化，因而，对每一个仪式活动和禁忌内容人们自己能够在仪式举行时虔诚地遵守，违反这一行为也是侵犯别人的行为，因为一个人是离不开群体生活的，不管人们的地位、财富的多少，显然，这种强制性执行的行为方式也构成了一定的秩序性。

---

❶ 格尔兹.尼加拉——十九世纪巴厘剧场国家[M].赵丙祥，译.上海：上海人民出版社，1999.

第四节　环境适应性

　　文化的本质在于适应，人们对自然和社会的不断适应，积累起来则形成民族的传统文化体系，新的适应又进一步带来文化的变迁。在最初人类相对隔离的时代，各民族文化的适应，主要是对自然环境的适应，在各自特定的自然生态条件下生存，一代又一代创造和积累起来的文化体系，显示出鲜明的民族个性。每一个民族的文化都是本民族在特定的自然人文环境下长期积累起来的整套适应体系，是适应一定环境的最佳选择。

　　"丧葬仪式过程中提到的彝族人的祖界（天庭）、坟墓地点的选择、参加的人、祭祀品、选用的植物等体现了彝族祖先对环境的适应性。表现在以下几方面：第一，所用的树枝：清末树枝、万年青树、过路环树枝、松枝、柏树枝等，其中松枝要剥皮，树枝中的柏枝、清末树枝被认为是高级的树枝，选择高级树枝祭祀是表示对神灵的尊重。第二，所用的粮食：如酒、肉、荞子等的使用，这些也是与他们的生活环境密不可分。"❶ 第三，在仪式上风水的选择：在指路仪式上，布摩念诵《指路经》，如人死有三魂，一魂守坟墓，守坟墓那一个，坟墓在高山，松树绿茵茵，杉树绿茵茵，花儿金灿灿，鸟儿喳喳叫，前面三座山，三座山环抱，四条河汇合，中间就是好风水……内容反映了人们对美好生态环境的向往。彝族人民追求一种优雅舒适的居住条件，在人们的心目中，在活着之时没有享受到如上所述的条件，实现不了美好的理想，转向祖界，到人死时把坟墓选在山清水秀的风水宝地以期实现在祖界生活中美好的生活。在日常生活中人们通常对坟林有保护（保护措施、植树）的意识，如通常在祖坟旁边栽种杉树，并且旁边的松树等树木都不允许砍伐，这些都是地方社会传统文化得到传承的标志。第四，祭祀品的选择：在丧葬仪式上祭祀的物品来说，据村庄人介绍，厚葬隆重的仪式在历史上几乎是没有中断的传统，几千年来，人

---

❶　余舒.彝族丧葬仪式的象征意义分析[J].贵州民族学院学报(哲学社会科学版),2011(2).

们曾不断地将宝贵的生产器具、生活用品、大量珠宝，甚至活牲畜等埋入地下，从考古的丰富历史宝藏物获知。然而随着时代的变迁，陪葬物的形式、质料发生变化。实物陪葬在现存的民间葬礼中已不占主要部分，取而代之的是一应俱全的祭品，这些祭品除了包括衣、食、住、行等所需要的外，最引人注目的是那些随时代发展所选择的祭祀物，如收音机、汽车等纸质品。祭祀物变迁的缘由更多的是环境的变化，如以亡人穿的衣服布料来说，过去衣服布料用麻线编制成，如今没有更多的土地来载种麻的农作物，用的布料都要从市场上买。再如过去用马、牛、羊作为贡品，如今人们不断地把过去用来放羊、牛等牲畜的场地开垦出来以种植粮食，再也不可能有过去那样宽敞的草场来放养牲畜。沙石村与其他村相比，从目前来看，相对好些，还有喂养牲畜的一席地，因而，羊仍然是祭祀之物，作为财富的象征。从生态人类学的角度来说，环境变化和发展是人类社会变迁的基本前提，环境为社会的生存与发展提供自然资源和物质条件，影响社会的运行和发展，例如，大规模的自然灾害或气候变化，有可能改变人们的居住地点和居住模式；某一地区自然资源的发现和开发会造成人们的生活方式的改变等。对于沙石村而言，村庄彝族人拥有各自的草坡和山林，生态保护得相对完善，但是对于另一个乡镇，如大街乡红彝村庄来说，人口过密对环境带来影响，大量的草坡被栽种，致使以前丧葬仪式上利用很多牲畜祭祀以表达厚葬的习俗，如大量的白色毛羊、牛，现在也发生了变化，目前只有条件好的人家花费大量的资金去市场上买牲畜，因而，以前财富的象征主要是牛，而目前主要是猪或者羊来代替。另外，国家对村庄进行改造时，很多美丽的自然山川消失了，这样在祭祀中所用的很多木材都被砍伐。对于沙石村来说，传统文化相对保护得比较好，这显然与生态环境有着密切关系，从其他村庄的情况来看，此村将来也可能会同其他村庄一样，很多内容会因其环境的变化而变化，这是难免的。正如萨林斯先生所述，在文化与自然的相互作用过程中，自然处于优先地位，决定了文化的实践。❶ 仪式活动生态知识的再现也影响着人们的社会行为。

---

❶　马歇尔·萨林斯.甜蜜的悲哀[M].王铭铭,胡宗泽,译.北京:生活·读书·新知三联书店,2000.

总之，死亡是人们生命的完结，是繁衍生息的必然，由于死亡的必然性，使得人们对它产生了恐惧，由于对此的迷茫和不解，各民族对此的种种设想和追求，形成了丰富多彩、各具特色的生态观，如在村寨里，都有公共坟地坟林，人们把坟林往往视为圣地。村庄人们认为林地是家族兴旺发达的地方，因而对其严加保护，不得砍伐林地的树木，否则有很多惩罚，通常坟林地的树枝叶繁茂，形成了一片生机盎然的景象，维系着优美的生态环境。这种现象不仅在彝族村寨中拥有，在其他民族中也常见，如贵州黔南的水族也有类似的习俗，水族认为坟上树木茂盛可以庇护后人，因此，在坟山栽种杉树、松树等；又如云南哈尼族，他们认为活着的人离不开竹子，因而死去的人也离不开竹子，在埋葬死者的山上都要栽种竹子。

第五节　文化互融性

如前面所述，威宁古称"乌撒"，民国二年（1913 年）改州为县，属于毕节地区管辖。"据史书记载，明清以前，由土司管辖，如平远（织金）、黔西、威宁、大定（大方）四府土司，原属苗蛮，与民不同，以土司管辖，方为至便等，并且，广泛地与中央王朝等地方有密切交往。长期以来，多民族聚居于此，特别是雍正五年（1727 年），由于土官残酷压迫人民，使乌蒙、乌撒等土司管辖之地作为改土归流的范围，土司制度被废除由流官管辖，各地实行流官。"❶ 雍正四年（1726 年），清王朝进行了大规模的改土归流，雍正九年（1731 年），基本上完成了三省的改土归流。因而，大量其他地方的民族迁入威宁，形成今天多民族聚居的格局，主要有汉族、彝族、回族、苗族等，各民族居住呈现大杂居、小聚居的特点，即各自有相对独立的居住空间。在明朝时期，对边疆少数民族地区实行移民屯田垦殖制度，如军屯、民屯、商屯 3 种形式，因此，在这一时期，很多人口密度较大地区

---

❶ 余舒.象征人类学视野下的彝族丧葬仪式研究——以威宁县浆子林村为例[J].西南民族大学学报（人文社会科学版），2011（3）：42.

的人往边疆少数民族地区迁徙，因而有很多外来人迁徙到当地，如目前很多人认为他们从南京、湖南等地迁来，正是这一时期国家对边疆推行这样的政策所导致的。❶ 笔者选为重点调查的沙石村主要居住着彝族，邻居村居住着苗族、汉族。从第一章背景内容可知，各村寨之间不仅表明地理位置的相对区隔，还有文化的差异性。但是，大家毕竟居住在同一区域，文化互融现象是难免的，表现在很多方面。从语言的角度来看：很多彝族人会说苗语，同时苗族人会说彝语等之类的事情比较常见；另外，从宗教信仰的角度来说：各自保留自身文化特质的基础上融有其他民族宗教的文化成分，如大多数彝族信仰的布摩（毕摩、彝族祭司）文化，渗透有其他道教或基督教的成分，汉族信仰的道教文化渗透有彝族布摩文化、苗族信仰的基督教也渗透有其他宗教成分，主要表现在两方面：第一，近祖崇拜占主导。在祭祀活动中，近祖作为祸福所依的崇拜对象，因各种宗教的冲击，以前远祖崇拜现象逐渐转向了近祖崇拜。很多彝族村庄有转魂的说法，彝文送魂经典上没有灵魂转世之说，很多专家认为这种现象与彝族祖先崇拜是不相融的，与后来各种宗教如道教和佛教的轮回观念有很大的联系，目前的近祖崇拜与灵魂的转世说有密切的联系，人们认为，只有尚未转世的近祖与子孙的祸福有很大关系。据笔者调查发现，近祖崇拜已经不是个别彝族村庄的现象，在黔、滇、川有不少彝族地区的信仰已接近于此种形式，因此，在这些地区不仅佛教、道教、基督教的各种观念早已逐步融入，而且基督教也迅速地得到传播，在有的区域基督教已代替了祖先崇拜。但是，总的来看，近祖崇拜在目前仍有很大的生命力。因为，近祖崇拜的主要崇拜对象是与个体家庭尚存在的部分成员有着同甘共苦的亲密关系的直系亲属，特别是祖父母和父母，因而具有特殊的感情，这种感情自然与伦理观念为基础，二者很容易结合，成为一种生命力更强的风俗习惯，显然，从目前来看，这也是其他宗教，特别是基督教在彝区传播中的极大障碍，而且即使接受了它们，它也依然有其适当的位置，会继续成为社会习惯势力，

---

❶ 龚荫.中国民族政策史［M］.成都：四川人民出版社,2006.

对人们的精神生活有强大的约束力。第二，丧葬葬式的选择方式。从前文已述内容可知，彝族丧葬形式从宋代以来，大多数记载火葬形式。从目前来看，由于迁徙，分布在不同地方的彝族由于历史及其社会环境等背景上的差异致使在各地的彝族在丧葬形式上有所不同，如凉山一带实行火葬，而在黔西北一带实行的是土葬等。黔西北彝族从宋代以来实行火葬的形式一直流传到元朝时期大量其他民族迁入的前期，后来由于受到其他民族的影响，彝族人认为，土葬方式对于后代的祭祀等方面来说比较可取，因而，改变了丧葬的形式。由于这样的葬式，有很多因素需要考虑，如墓址的选择等，因此在丧礼上人们注重风水，很多彝族目前也如同汉族一样对于墓葬风水的选择越来越重视，并且看风水主要是请汉族先生来看，因为布摩一般不看风水，如果有些布摩看风水，也是从汉族先生那儿借书和其他器具进一步学习得来的知识。显然，这些是多宗教文化互融引起的文化变迁。这种复合文化的形成与他们相互交往是密不可分的，如不同民族在很多活动中大家相互介入，如邻居村庄在周末晚上唱礼拜歌或举行隆重活动，如丧礼、婚礼等仪式活动时，大家都去参加，有的出于好玩，有的出于帮忙等多种原因。傍晚时分各民族唱诵各自的民族歌曲，如苗族唱苗族歌、彝族村寨男女青年对唱彝语歌等。显然，不存在有的人所认为谁强谁弱的现象，涵化现象是由于彼此之间取长补短，互相学习，互相借鉴，属于不同群体在相互交往而发生文化的互融。

实际上，彝族人对汉族文化的适应并不仅从丧葬仪式内容可知，在历史上就有记载，如在明朝时期，产盐的边疆主要是云南、四川、陕西省即辽东地区，当时以军屯、民屯、商屯所组织的从内地到大规模移民边疆屯垦开发，汉族劳动人民从内地把先进的生产工具、技术、方法和优良品种带到地方，并传播到少数民族中去，大大加快了边疆地区的经济发展步伐。另外，明朝是一个能够包容实行多种宗教并存的历史时期，通过宗教的交往揭示了各国、各民族频繁的交往。

在土司、土官地区实行儒学，这样使土官土司能逐渐符合明王朝的官吏规范，能更好地为王朝统治效力，对土官土司应袭的强制性规定。据

《明史》记载，"以后土官应袭子弟，悉令入学，如不入学者，不准承袭。"❶
当然，也有很多汉族因迁入彝族区域而发生文化互融，表现了文化适应，
如从当今汉族举行的完整丧礼上来看，很多在布摩经书上这样记载的内容，
在目前彝族举行的丧葬上把这些细节已经省去，而在汉族仪式上还明显保
留着，因此，在很多彝族村落丧葬变化的例子在汉族中还有引子。但在多
民族文化互融的同时也加强了自身文化的特质，他们并未丧失自己，反而
在各种外来文化的影响下，不断适应其进步的同时，也包容和影响其他文
化。在村落中，人们还保留着自身的语言、服饰、手工业和祭祀仪式等。
正如王明珂先生提到的，"当一个国家成立时，为政者总是希望各族放下根
基性的族群感情联系，而团结在造成国家群体的公民联系之中，但是，新
国家反而带来更多的对立，显然，政治群体的感情难以取代族群感情。"❷
至于原因是多样的，其中相对独立的居住空间也是其中之一；同时，也正
是苗族、汉族等多种文化的比较，加强了彼此的文化认同，比较有力地维
护着自身文化的完整性。

　　从目前来看，多民族关系的文化互融体现了汉文化已不是一种强制性
的象征，在很多方面代表着进步，有利于各民族的交流，还有新中国成立
后，很多人都不同程度地接受了汉文化的学校教育，各民族在社会主义的
平等、团结、互助的民族政策下，政治、经济、文化各方面的联系大大加
强。彝族不可能再居于单一的生活之中，他们将会被纳入更大的社会网络
之中。威宁沙石村这样一个多民族聚居的社区虽然丧葬仪式有其他民族文
化互融的成分，但是也保持着自身的文化特质。彝族丧葬仪式有着丰富的
文化内容，它的存在有其合理性，这是由其社会性、集体性、环境适应性
决定的。

　　总之，人类文化的适应及由此带来的变迁，推动着人类文明的发展。
各民族文化在相互的交融适应中，必然出现趋同现象。文化上的相互接近，
社会经济交往的日益密切，会逐渐形成更大范围的文化认同。费孝通先生

---

❶　龚荫.中国民族政策史[M].成都：四川人民出版社，2006.
❷　王明珂.华夏边缘——历史记忆与族群认同[M].北京：社会科学文献出版社，2006.

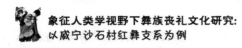
生动地描述了中华民族从多元走向一体的历史过程和发展趋势，他说："中华民族作为一个自觉的民族实体，是近百年来中国和西方列强对抗中出现的，但作为一个自在的民族实体则是几千年的历史过程所形成的。它的主流是由许许多多分散孤立存在的民族单位，经过接触、混杂、联结和融合，同时也有分裂和消亡，形成一个你来我去，我来你去，我中有你，你中有我，而又各具个性的多元统一体。"❶

❶ 徐平.羌村社会——一个古老民族的文化和变迁[M].北京:中国社会科学出版社,1993:225.

第六章　丧葬仪式的社会意义

通过沙石村彝族丧葬仪式观念文化的象征及其象征特点等方面的探索可知，丧葬仪式这一活动具有重要的社会意义，正如弗思所述："宗教仪式活动不是无谓的累赘，它起着重要的作用。"❶ 下面对丧葬仪式社会价值的探讨主要从以下几方面入手：一是社会网络关系的建构；二是文化记忆与认同；三是生态环境的保护。

第一节　社会网络关系的建构

社会交往是人类社会互动及社会得以运转的关键，是社会深层结构的反映，一个具体社会的"人"为了谋生要和不同的人进行交往，这样就形成了一个个复杂的社会关系网。关于仪式社会网络关系的研究在王铭铭教授的《仪式的研究与社会理论的"混合观"》里提到整合理论、联合理论，其中整合理论主张通过对人类行为加以研究呈现社会总体形态与社会各部分之间的相互关系，此理论以拉德克利夫–布朗为代表，如他对安德曼岛民仪式的研究，试图寻求社会群体如何通过仪式联结为一个整体；联合理论主张通过仪式研究来考察群体之间的关系以理解社会到底是什么，此观点以法国的葛兰言、列维·斯特劳斯等为代表。在仪式研究方面，葛关注的仪式多数在村庄与村庄之外的河流、山脉、桥梁等地举行，他把这些区域

---

❶　弗思.人文类型[M].费孝通,译.北京:商务印书馆,1991:100.

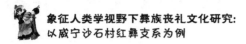

的仪式叫作社交仪式。❶ 因此，笔者在综合前人的社会网络关系研究理论的
基础上来分析人们是如何通过丧葬仪式来建构社会网络关系及这一关系是
如何与人们的社会生活相联系的。

如上文所述，彝族红彝支系相对集中的沙石村并不是与世隔绝的，而
是利用各种方式，如联姻关系、经济关系等形式与外界联系，他们的社会
网络关系涉及多层关系，由多种形式构成。沙石村主要以农业和畜牧业为
主，同时兼有自身独特的手工业（打制农耕工具），他们的商业经济只是处
于萌芽之中，自然经济占主导地位，销售制造的工具和贩卖牲畜主要目的
是换取其他物品，以解决生活需要，并不是追求商品的再生产。正是这样
的经济形式、生活方式和习俗造就了长期以来与其他地方来往。从社会结
构来看，他们主要以父系血缘为纽带，以己为中心，不断的如同水波似的
结构向外扩展，家族和亲属构成整个社区的主要关系，其中婚姻圈是社会
网络空间建构的重要因素，由于此支系目前很少与其他支系和其他民族的
成员通婚，主要与勺俄乡镇和铁匠村红彝通过联姻构成亲戚关系，因而，
近亲结婚的现象是普遍的。同一支系相互通婚从而建立互动的这种传统观
念在这一支系之中比较突出。除了以婚姻形式、血缘建构的社会网络关系
外，还有与其他村寨、市场等方式的交往构成的地缘关系，但地缘关系之
间的联系除了经济上的联系以外，主要还是血缘关系扩展的结果。由于他
们的婚姻范围狭小，地缘关系相对较弱，这样就使得与红彝居住集中的村
落结成的这种亲缘关系相对比较稳定。显然，沙石村红彝与其他民族的网
络联系主要是建立在经济上的交往而建构的地缘联系。这种地缘联系在历
史上就已存在。此村如同黔西北的其他村庄一样，据古书记载，从元朝开
始，中央王朝在黔西北这个彝族聚居比较集中的地方实行羁縻政策，长期
以来，此区域一直被纳入中央王朝的管辖之中，同时实行一定的自治。这
样，各村庄各支系的分布、身份、联姻规则、交往形式各具其特点。从目
前来看，关于各村庄历史记忆内容形成文字的很少，主要以口头形成历史

---

❶ 王铭铭.仪式的研究与社会理论的"混合观"[J].西北民族研究,2010(2):16.

记忆传承下来的。笔者在调查期间收集了有关村庄人们如何交往等很多记忆内容，通过了解其他村庄社会网络关系有助于理解威宁彝族各支系及各民族的交往情况，下面以距离沙石村 5 里路的树林村为例子来展示村庄社会网络关系状况。

笔者通过访谈等方式获得村庄的历史信息。树林村彝语称为"撒丝宏"，此村各组有其彝语地名和相应的历史至今还在沿用，每个地名有其民族构成及其特点：一是彝语"斗洛谷"，简称"仙水"，此村组名有其自身来源。在一定的节日，如端午节，一大早起来就有抢仙水的习俗，在端午节的早上，天还没有亮，各民族成员都会纷纷起早来到此院子的水塘抢仙水，他们认为在早上如果谁抢到仙水，标志着他家在这一年粮食即将丰收、家人吉利等说法；二是"液独嘎谷"（汉译为"水井院子"），此院子从过去到现在居住着彝族，属于白彝支系，有禄姓、龙姓，目前有 10 多家人，他们有自己的"呢依"，彝姓、龙姓称为"哺吐"，在新中国成立时期，他们的老辈成分划为上中农，两姓之间实行本支系通婚，禄姓和龙姓以相互通婚的形式建立亲戚关系；三是"别吐谷"，此地主要彝族支系白彝、黑彝，蔡家人构成，白彝有杨姓，黑彝有刘姓，各自有其自身彝姓，杨姓称为"嘎谷"；四是"呢哼"，此组居住彝族白彝支系张姓，目前有 4 户，黑彝有 10 多户，其他为汉族和苗族，在新中国成立初期划分成分属于中农。据老人们说，最先只有彝族居住于此，在明清改土归流，大量的汉族和苗族往各地迁徙，在此地的汉族和苗族就是在此时期从其他地方，如云南和四川迁来的，在本组共有 4~5 家，服饰和其他民族的不同，从目前来看，70 多岁的汉族妇女头包丝绸帕子，对襟衣服，纽扣从左边扣，前面戴着绣有花纹的白色飘带，裹着小脚，老人穿长衫子，他们称为"二五衣"。各民族各支系实行内婚，各民族互不通婚，汉族经过亲戚的介绍和另一个乡镇兔街的汉族通婚，蔡家人和大街乡牛池水的蔡家人通婚，其中蔡家人有共同的手工业及语言，其中手工业是擀制毡子。此组互相之间只是不实行通婚，在平常大小事情，大家都互相帮忙，如哪家需要擀制毡子就请蔡家人来帮忙；五是"嘎谷"，此组居住着彝族支系白彝陈姓、苏姓，两姓以姻亲

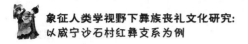
关系结为亲戚。王姓最初迁来此地时，只有两兄弟，起初，没有耕种的土地，随后向彝族黑彝支系刘姓租了一定量的土地以维持生活，后来发展为10多家。王姓在受到迁来此地的汉族的影响，也实行了字辈，如今有5~6代的字辈。据说，此村的刘家在新中国成立前，山林、土地所占范围广阔，刘家只有一个女儿，到了新中国成立时期，此区域的土地、山林全部分给了王姓和陈姓。从目前来看，此村寨全是彝族白彝支系，王姓除了和陈姓结婚以外，和另外一个乡镇的彝族本支系张、李两姓联姻；六是"帝嘎还"，这是彝语地面，帝嘎是这家彝族姓，人们称这家人为帝嘎家，汉姓是刘姓，属于彝族黑彝支系，据老人说，此家以前居住在花篱笆的院子，他们家有三个儿子，此地域是他们家的地盘，后来分给三儿子来管辖此区域，因此，至今只有三儿子的后人居住于此地，很多家族居住在距离他们十多里路的村庄，也姓刘。对于威宁村庄历史以文字记载形式传下来的比较少，笔者获得的这些信息都是懂得彝语及其家族一代一代传下来的老人以口传的形式告诉的，并且如今还没有任何人对地方历史进行编写。地名作为人类文化的独立载体，其命名与地域的社会、历史、政治、军事、经济、交通、宗教活动、人文景观、人类生活环境、联姻规则等密切相关，当然，随着社会和人类活动的变化而发生变化。

在调查中笔者也获知了沙石村的相关历史记忆。新中国成立前，此支系由于有其特殊的手工业，在农业方面只是租种少量的土地，在新中国成立初期，以土地的占有作为标准对身份划分之时，他们被划为中农，被纳入了相应政府的运行之中，从而分到了自己的土地，这样，拥有了相对稳定的居住区域。从目前来看，沙石村彝族社会网络关系主要由血亲、地缘两种关系构成。下面具体分析仪式是如何表现每一种关系的及如何与社会生活相联系的？

首先，血亲关系。血亲关系包括直系亲属、旁系亲属。在解释血亲社会网络关系建构之前我们需要知道不同关系的礼物馈赠规则，因为礼物互惠是影响人们建构各种社会关系的重要因素。从前一章关于礼物赠送方面可知，在这次丧礼上，不同社会关系在礼物赠送上有明显区别，家族成员和亲戚是其中一个重要的组成部分。由于历史迁徙的缘故，同一家族分布在不同乡镇，大家相隔较远，接触的时间不是很多，因此，通过举行丧葬礼仪，大家都来参加，从而加强了家族成员之间的凝聚力。从彝族传统社会至今，个人依赖家族的影响来寻求经济、社会交往等方面的帮助是常见之事，特别是在社会交往有限的日常生活中，为了保持个人的家族群体意识，通过这样的仪式不断地追忆群体的共同祖先，强化共同祖先的所有子孙间的血缘关系，以便使血缘关系带来社会责任一代代的传承，同时有利于家族网络关系的加固。"对于此村来说，三代之间联络比较频繁，相互之间赠送礼物有一定的规则：构成直系亲属所赠送的礼物比较贵重，如上文介绍在葬礼中，叔叔家、儿女家都要赠送羊、猪等祭祀物，并且女儿除了送羊作为礼物之外，还要押礼金。在他们看来，送礼一方面体现了亲属之间的远近；一方面展示了亲属的富裕程度，更重要的是，这样的献祭礼物交换规则表达了他们之间亲密的社会关系，同时也开创了他们与亡人基于生死隔离的另一种长期关联，即供奉与护佑的全新象征性的互惠关系；另外，丧礼礼物馈赠的商量与礼物的最终变化也暗示出献祭礼物交换可能会改变乃至重构他们之间将来的关系。通过多中心的再分配方式，赠予者又同其他亲属朋友形成更广泛的互惠，从而强化和维护了他们之间的关系，显然，礼物来往是送礼者和接受者之间关系性质的证据。"❶ 可见，馈赠礼物是文化意义的交换，"礼"是道德、理念、行为规则的礼仪性揭示；"物"是代表一系列文化意义的象征符号。正如萨林斯所述：经济活动不再独立，被视为文化序列中一个不可分割的领域，是具体生活中价值体系与社会关系的物质表述，文中举了很多例子，如特洛布里恩德岛民在给他姐妹的丈夫甘薯时，同样指望得到他妻子的弟弟的甘薯，在其他人看来，这是一种浪费时间的表现，但是在特洛布里恩德岛民来看，是获得道德声望的表现方式。❷ 从目前来看，由于家族成员人数多也限制了其他成员的参与。从笔

❶ 余舒.试论威宁彝族丧葬"雨斗仪式"的社会网络关系建构——以贵州威宁县树莲子村为例[J].红河学院学报,2011(6):38.

❷ 萨林斯.石器时代经济学[M].张经纬,等,译.北京:生活·读书·新知三联书店,2009.

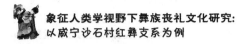
者调查的这次丧礼上参加的人员来看，家族和亲属成员人数占大头，反映
了同一宗族规模的扩大，这样一方面有利于加强同一崇拜集团的内聚机制；
但另一方面又强化不同崇拜集团之间的隔离机制。因此，社会集团中能参
与到同一崇拜组织中的成员比例越来越小，由于同一家族中的成员也能把
事情胜任过去，其他民族及其相对关系较远的人们来参加此活动显得作用
不是很大，因而，成员们会不自觉地减少，这样就限制了不同民族及其不
同关系成员之间的交流。显然，彝族丧礼这一仪式反映了在社会网络关系
的建构中把不具备同一血缘关系的社会成员拒排在外，从很多仪式的内容
发现，主要关心的是具有同一血缘关系的家族小群体成员的利益，因而导
致大群体利益的进一步分化和分解。从总体来看，村庄丧礼等大型的祭祀
仪式活动结合了祖先的光辉历史，尊崇本民族的传统文化，发挥了认识和
教育的社会功能，同时依靠社会团体才能进行的大规模活动，有了为人们
创造凝聚力的机遇。可见，对礼物馈赠这一经济形式的研究是理解人们如
何与当地的社会环境相适应及其理解社会网络关系建构的重要方式。当然，
丧礼上家族这一网络关系的建构还通过其他方式表现，如祖先迁徙内容及
其族谱等记忆来进一步促进社会网络关系的建构，在下一节有介绍，在此
不做细致描述。

其次，地缘关系。地缘关系是跨区域的社会网络，其建构关系如邻居
及其朋友关系是重要的互动方式之一。这一关系的延续也与礼物赠送有着
密切的联系，关于赠送情况已在前文所述。据笔者的调查发现，朋友关系
的社会网络空间是比较广泛的，这与地方社会环境有着密切的联系。村庄
老人经常这样说，现在买东西与以前相比方便多了，人们在本镇上就可以
买到，在改革开放之前，这些地方用的食品，如盐、衣服布料等物品要步
行到昆明、昭通一带购买，卖猪要赶到离村庄 90 多里的地方，赶集回到家
要花很多天，这样多次的买卖及交换商品结识了很多远方朋友。这样建构
的社会网络关系表现了长期以来该村并不是一个封闭的地方，有很多人认
为，这些村民们在近几年来才有电视、修通一般公路，一直以来居住在一
个封闭的场合之中。其实，他们并不是仅仅与当地人或者跨区域的亲戚、

家族成员联系，他们交往的社会圈子是非常广泛的。从第一章背景介绍内容可知，在明清时期，此村由土司管辖，在清朝进行了改土归流，地方上一直以来受到中央的管辖，这种上下关系一直都保持着。另外，地方上独特的畜牧业及其经济形式，如洋芋的生产及其畜牧的贩卖状况下，长期以来，与多个省市的商民们有联系，如牲畜、洋芋卖到广州、昆明、宣威、水城等地，这些土特产的销售不仅具有经济效益，还与不同地方的人建构了一定的社会圈子。在改革开放初期，人们的衣服布料、床上用品等大量从浙江一带赊销到此地。显然，沙石村的彝族在交往中非官方的家族制度与地域上的网络关系建构在当地社会、政治、经济和文化中扮演了更为重要的角色。正如施坚雅强调民间、非正式的社会网络同样适用。"对丧葬仪式来说，地缘关系主要涉及以住宅区域来决定的邻居关系、以市场为媒介从而在赶集时结交的朋友。这两层关系与亲属关系不同，是通过个体的努力而创建的，叫非亲属关系，是一种通过个人培育而创设的私人关系，不能代代相传，在功能上，友情和亲属关系同样重要；村寨以地缘为界限，动员了几乎每一个村寨的所有邻居，逐层建立了亲属、村寨、区域扩展的社会网络关系，而该结构正是通过献祭礼物的赠送。如上文介绍，吃不完的羊肉还要带回赠予者家庭所在的村寨，更多的是，与当事人家没有直接亲属关系的人将受到邀请，共同参与到聚餐中，即各种献祭礼物暂时集中到主人家之后，和本村亲朋好友们分享，然后将被转移到多个家庭共同分享。通过集于一个中心而再次分发的再分配方式，社会网络关系得到了清晰再现和不断重构。从此意义上来说，丧礼献祭礼物的即赠只是象征性借助了交换一般形式后，实施了食物再分配，礼物流动成为人际关系的标识，是许多社会网络关系的建构基础，展现社会关系的再生产等，作为一系列象征符号体系揭示了人们之间构成的多层社会关系，如血缘关系、地缘关系、姻亲关系等，并借此实现了彝族传统社会结构的再生产，从而实现了以家庭为中心的社会整合。仪式对社会的整合向周围村寨进一步扩展。显然，此仪式从整体上不仅强化了该区域多个村寨内外相互之间的地缘关系，而且呈现出向更广泛群体拓展的一种社会整合模式。可见，村庄的人们长期以来社会网络关系建构的区域是非常广泛的,并不是亚细亚生产方式所主张的,中国农村是一个自给自足式的小农经济,这一理论不能揭示此村的经济传统。"❶

丧主家庭与直系亲属以外更为广泛的人群重温固有的关系,目的是重申自己在社会的地位,为了达到此目的,要安排一系列活动,如主人通过多种方式通知亲戚和朋友参加丧礼,这是在努力聚集社会群体的亲戚和朋友等的规模,从而加剧社会网络关系的建构。接到通知的人们带上参加吊丧的礼物,如前文所述,根据关系的远近礼物有很大区别,无论是什么礼物都代表着广泛的社会群体对失去亲人的情感支持物质帮助,象征家庭与亲戚朋友之间的社会联系。对于此村来说,丧礼和婚礼上的规模大于其他任何活动,来参加丧礼的众多亲戚和朋友给死者家庭带来了勇气和信心,同时也表现出主人家的为人等内容。实际上,只要我们不站在民族中心主义的立场上看问题,就会发现文化本身是没有高低贵贱之分的,每个民族都有自己完整的文化体系,每一个文化体系都有自己的特色和生命力,都值得我们充分尊敬。文化是人类社会存在的基础,是每一个人和每一个社会都具有的,而且是必须具有的东西。

"从整个丧葬仪式来看,作为不同社会关系的人,他们的行为方式受一系列宗教信仰、道德规范等方面的制约;对于个人也有一定规则的限制,不管是本村还是由于其他关系而进入本村寨的人,都需要随风随俗。可见,每一种行为规范反映了地方文化、人们的观念、社会关系的互动情况等。"❷正如格尔兹所述:仪式是宗教信仰与实践结合的一种形式,在宗教信仰与实践中,一个群体的精神气质被仪式表达出来,表现了合理性,代表了人们的一种生活方式,而这种生活方式理想地适应了该群体的世界观所描述的真实性,这个世界观之所以在感情上有说服力,是由于它被描绘成一种

---

❶ 余舒.试论威宁彝族丧葬"雨斗仪式"的社会网络关系建构——以贵州威宁县树莲子村为例[J].红河学院学报,2011(6):40.
❷ 余舒.试论威宁彝族丧葬"雨斗仪式"的社会网络关系建构——以贵州威宁县树莲子村为例[J].红河学院学报,2011(6):38.

反映事实事态的景象，这种景象情理精当、合情合理的。❶ "费孝通先生也说过，我们对一个陌生地方进行调查时，首先映入眼帘的是一系列杂乱无章的场面，这时我们可以采用这样的方法进行有序的调查：首先着眼于不同社会角色的分工，调查他们的行为方式，紧接着注重人与人之间的社会关系，再到人们的观念分析。显然，从人们行为方式、互动过程可以清楚地明白社会网络关系的互动场面。仪式展现给我们的是由一个中心向外扩张的社会网络关系，以家庭为中心，基于血缘、姻亲和地缘等多重关系。对于社会网络关系的构成拉德克利夫-布朗研究过，他认为社会生活方式是人们的社会行动和活动方式，指出所谓社会行为和活动方式是人与人之间的作用和相互作用，这种作用构成了复杂的社会网络关系，而这种社会网络关系的排列秩序也就是所谓的社会结构。社会生活方式的延续依赖于社会结构的延续。社会结构的存在和延续过程实际上是由人类各种行动和互动所构成的社会过程。为了维持社会结构的存在和延续，就需要有明确制度和习惯礼仪来对人与人的互动加以调节和控制。"❷ 可见，仪式上人与人之间的互动形成了一定的社会网络关系，形成了不同的社会结构，构成的社会网络关系并不是个人的偶然连接，而是由社会过程决定的，并且，任何一种关系都涉及人们互动时的行为受到各种规范、规则或范式的制约过程，因此，在社会结构内的任何一种关系中，人们都知道他们被指望能按照这样的规则行事，同时也有理由指望别人按章行事。那些在一个特定社会生活方式中已确立的行为规范通常被称作制度，制度是某种可区别的社会关系和互动类型，从而我们在一个特定社会中，我们发现一套被人们接受的、有关制约人们行为方式的规则，这样就形成了不同层次的网络建构的相对稳定性。

可见，在经济发展的今天，单从社会网络关系的建构这一点来看，地方上长期以来形成的社会网络关系建构的传统观念在现代化发展的今天同

❶ 格尔兹.文化的解释[M].纳日碧力戈,等,译.上海:上海人民出版社,1999.
❷ 余舒.试论威宁彝族丧葬"雨斗仪式"的社会网络关系建构——以贵州威宁县树莲子村为例[J].红河学院学报,2011(6):39.

样是起作用的, 今天人们的观念和祖先传统观念是息息相关的。正如费孝通先生所述, 传统与现实的力量都同样重要, 因为中国变迁的真正过程不是从西方社会直接转渡的过程, 也不是传统受到干扰。这与最早认为民间传统落后, 看到中国文化的传统和基督教精神格格不入, 主张基督教文化取而代之的殖民主义势力自然是矛盾的。在笔者调查发现, 现代化的过程中并没有销毁地方型的民间传统与社会, 正如王铭铭教授对塘东村的调查一样, 现代化的过程并没破坏地方的民间传统与社会, 也不意味着 "全民的" "有文化" 的社会的演化, 相反, 改革开放以来的经济改革没有消灭传统而是伴随着祖先崇拜、地域分类、传统社会网络以及意识形态。❶ 实际上, 有很多例子可以证明, 在改革开放时期, 政府在同乡人之间的社会交往与交往关系的保持, 是以各种传统的人生礼仪为根基的, 传统的人生礼仪是人们进行社会交往的蓝图与 "行动指南", 传统的人生礼仪使人们的社会互动行为与过程变得可以理解与可以预测。社会交往的内在机制是基本的等价互酬 (亲属之间不完全是等价互酬), 可以说传统的人生礼仪是 "人情答礼" 得以实施的基本场地。

综上所述, 我们通过仪式可知, 仪式一方面有助于帮助对方缓解压力和展示办事人在本村中的社会地位、为人的好坏; 另一方面加强了双方之间的凝聚力。显然, 包含丰富符号系统的仪式蕴含了丰富的文化内涵, 如上文的礼物作为符号, 象征人们之间的亲疏关系、邻居之间的亲情关系等。正如莫斯在《礼物》一文中所说的赠礼、受礼、回礼的互换原则, 强调了礼尚往来的互换原则具有将 "个人与他人的对立转为统一的功能, 因而是一种社会互动交往关系的基础。对于丧礼社会网络关系的建构我们从仪式的礼物馈赠情况及其规则的差异可知, 丧葬仪式礼物的献祭背后更多地指向社会网络关系的再生产, 并且充分体现了仪式对各种关系的高度重视。礼物的流动是以多个层次、多种形式、多种性质得以体现的, 指向送礼者和接受者之间特定关系的阶段性结构或重构。一系列的行为方式在一定的

---

❶ 王铭铭.村落视野中的文化与权力[M].北京:生活·读书·新知三联书店,1997:137.

价值观和行为规范中进行，构建了人们之间的社会网络关系、集体意识，形成了一整套社会秩序。显然，在仪式中其成员的集体意识是由该群体聚合形式决定的，并且通过各种象征仪式对其进行维持和强化。集体不仅忠于这些信仰，而且还奉行与这些信仰有关的各种行为规则。这些行为规则不仅为所有集体成员逐一接受，而且完全属于集体本身，从而使这个集体成为一个统一体。每个集体成员都能感受到他们共同的信念，可以借助这个信念团结起来。仪式使人的感情和情绪得以规范表达，从而维持着这些情感的活力和活动，也正是这些情感对人的行动加以控制和影响，使正常的社会生活得以存在和维持，从而增强群众的凝聚力、整合力，形成相对稳定的社会网络，增强族群认同。正如涂尔干所说，社会基本上是一种社会秩序，集体意识是一个社会的价值观和规范。集体意识通过社会化过程植根于个人意识之中。一个社会的秩序维持取决于该社会的团结，而社会团结的维护则必须仰仗于这种意识。宗教仪式是凡人联系超自然力量的途径，一方面，不仅是强化群体之间的纽带和缓解紧张的一种方式，还可以减少很多危机，缓解分裂给人们带来的痛苦，从而使之对个人来说更易于接受，不仅为所有成员逐一接受，而且完全属于该集体成员都能感受到他们有着共同的信念；另一方面，也体现了一种功德信仰之间的关系，在人们之间建立的'功德共同体'使人们具有一种社会归属感，使人们具有一种价值认同和价值关联，发挥一个社会系统应当具有的社会建设功能。"❶

但是通过献祭礼物来表达关系的建构等方面也有其不利的影响，"特别是随着市场经济的发展、人口流动、家庭结构改变等因素导致了传统社会向现代社会的转型，使原基于血缘、地缘等关系的紧密社会链条出现了不同程度的松动。正是这样的历史进程，逐渐带来献祭礼物性质的改变，其原本的经济和社会互助功能随之不断减弱。进而，在经济因素的影响下，少数村民甚至开始有意识地运用献祭礼物来改变甚至控制当地的社会关系。事实上，近年来确实出现了某些富有家庭通过在丧礼上杀更多的牲畜来逐

---

❶ 余舒.试论威宁彝族丧葬"雨斗仪式"的社会网络关系建构——以贵州威宁县树莲子村为例[J].红河学院学报,2011(6):39.

渐改变和提升自己家庭社会地位的现象。可以预见，丧礼上可能出现更多的富有者利用不平等的献祭礼物仪式来争夺和控制社会资源，进而改变原有社会地位。其最终结果，便可能对当地传统社会结构进行重构。从这个意义上来说，献祭礼物仪式的社会关系实质不但没有改变，甚至可以说是更加增强了，充斥着强烈的社会意图与功用，即指向特定社会关系的确认、群体力量的聚合、共同体的稳定乃至既有社会结构的调整和改变。"❶

第二节　文化记忆与认同

各种仪式意义不同，有些仪式大可以不去理会，但有的我们必须去理解它，正如王斯福先生所述，有的仪式是一种社会义务，人们会全身心地投入，每一次做仪式，都会从心理上产生一种依赖感，这属于个人的事情，但仪式的情境及其象征物也在建立一种历史认同的社会周期，在社会生活中很常见，人们都能够经验到不同系统仪式情境，这些情境在影响着他们的生活，其中，每一个社会系统所展示的是一种不同的历史感。❷ 从历史角度来说，区分人们属于什么民族、国籍、宗教信仰（如信仰基督教、伊斯兰教等）等这些都可以由仪式场景或者其他方式来表达，并且每一个内容和传统的历史内容联系在一起。历史认同通过仪式内容重复表达出来，每一次重复都使记忆及一种有关的叙事情境得以恢复及其重现，重复的意义在于被重新证实。除了这一时间的跨度外，在仪式情境的广度和范围上，还有村庄一定的包容和排斥，正是有了这一点，才能够使个体在这一仪式情境之中予以认同。当然，对于不同仪式的认同记忆内容是不一致的，在家族举行的仪式上，重要表达的是整个家族的家族记忆，如家族的迁徙历史、家族的信仰、家规以及各种观念等内容，而对于国家举行的仪式活动，表达的是整个国家的公民，不管是否愿意认同这一节日，但是存在一定的

---

❶　余舒.试论威宁彝族丧葬"雨斗仪式"的社会网络关系建构——以贵州威宁县树莲子村为例[J].红河学院学报,2011(6):40.

❷　王斯福.帝国的隐喻[M].赵旭东,译.南京:江苏人民出版社,2008:1.

排他性，如新来的移民以及敌对者都被排除在外，这些都是仪式所共同具有的特征，但是不同仪式强调的内容存在差异。

族群认同指族群身份的确认，是人们对自己民族归属的认知和感情的依附，通过各种方式表达，仪式内容是人们表达认同的方式之一。各个民族乃至同一民族不同支系的同一仪式表达内容是不同的，是其他族群没有的，成为他们的专属，并且只有该族群才能理解其特定的意义。笔者在调查沙石村时发现，在人生的历程中所经历的仪式内容是纷繁复杂的。如前文提到的人生礼仪、建房仪式等。下面就以村庄相对隆重、内容丰富的丧礼为例，人们通过丧葬的历史、空间文化的符号体系建构了族群认同，构成了区别于其他群体的表达方式。丧礼的整个过程在前文已介绍，内容丰富，包含宗教、历史、家族、组织等，这些方面构成了人们认识社会、认识自我的标准，在认识自我的同时，建构了我者与他者的区分，从而产生了族群认同，显然，仪式在族群中的作用非常重要。正如彭兆荣先生所述，仪式，对外，作为一面旗帜、一种号召、一种宣誓；对内，是一条纽带、一种标志、一个传统。❶ 下面我们要解决的问题是丧葬仪式如何表现彝族文化记忆来加强认同以及如何与社会生活相联系？

在族群性研究中，历史记忆常被理解为一种被选择、被想象的社会记忆，这样就有了一种历史记忆与族群认同之间的关联性。任何历史的发生和表述脱离不了基本的族群背景，任何民族历史和文化的确认终究由某一民族根据自身背景来确认，因而，历史文化记忆内容是该族群认同的重要因素之一。文化标准是族群认同观念所强调的，并不是强调体质标准，族群之间的文化差异主要以信仰、语言、认同意识、价值观等无形差异为主，各民族在有形的体质、外貌及基因等方面是没有差别的，因而人种学理论从来就不是中国民族认同的主要标准。如以汉人来说，核心文化是汉语、汉字和后来形成的儒家伦理文化认同，即以教化内化作为认同标志，汉文化开始向外逐层播化，产生差序格局，认同逐层淡化，这就是以大一统为

---

❶ 彭兆荣.人类学仪式的理论与实践[M].北京:民族出版社,2007.

指导的中国传统文化族群观。当今各少数民族多分布于边疆或山区，就是这种观念外化的结果。❶

从上文丧葬仪式过程来看，丧葬仪式包含彝族祖先的迁徙地、图腾物等方面的历史内容。这些历史内容作为历史叙事、社会叙事与社会记忆互为依据，共同建构知识体系表现和强调族群认同的叙事。❷ 具体表现如下：

一是迁徙及姓氏内容。仪式上讲述的路线地名如阿姐卡、祖姆爆嘎、舍恒、米能走凯……米密恒底（天庭）等地，并且对每一地名环境进行介绍，规定亡灵在每一地点的行为规则。很多民族在举行丧葬仪式时都要指路，但具体名称和利用的物品不同，如汉族称"开阴路""阴路指明"，景颇族称"送魂"，彝族在指路仪式上布摩念诵迁徙路线时需要提供牲畜之类的祭祀品，通常是牛、羊等，他们认为亡人回归祖地时需要羊引路，而此村汉族、苗族在丧礼上都不用此类牲畜，因此，迁徙内容和祭祀品的选择是本族群区别其他族群的标志内容之一。这一迁徙的路线构成了他们家族记忆的依据，当然，作为家族记忆的内容是多方面的，如彝姓氏也是他们迁徙及同一家族建构认同的依据。如上文在介绍背景时所述，黔西北彝族在明朝时期就有汉姓，如水西君主爱翠的汉姓由朱元璋赐给姓氏"安姓"。在明清时期，彝族人普遍汉姓，并且出现了同一家族成员拥有不同汉姓的情况。在村庄丧礼上我们就发现这样的例子，据参加这家丧礼的一个老人介绍，他们同一家族成员有不同的姓氏，在本村姓安、在另外一个村庄则姓刘，因此，村庄出现了不同汉姓认同为同一家族。以下是老人的家族记忆：

"听我的阿匹普（老祖祖）说，我们家在明朝时期居住在云南东川，后来由于生活艰苦，因此各兄弟往威宁不同乡镇搬迁，大哥到龙街投靠王家，主人姓王，因此，大哥就姓王，而在此村庄居住的小兄弟在一家地主家做事，地主家姓安，因而，就跟着姓安……"

---

❶ 卢义.民族概念的理论探讨[J].云南民族大学学报(哲学社会科学版),2006(4):25.
❷ 彭兆荣.人类学仪式的理论与实践[M].北京:民族出版社,2007.

　　当然，汉姓的姓氏来源有多种原因，在威宁彝族村庄，这样的现象很多。不同的汉姓不能说明不属于同一家族。姓氏改为汉姓，但是在家族的认同上还是借助于彝姓，即"能依"，汉姓不代表彝族家族单位，同一汉姓的人并不都属于一个家族，汉姓很难分辨是否属于同一家族，因此，传统的彝名方式采用家支的称谓，这样就不会混乱，虽然本家支的人员增长可以迁徙到各地，更改为汉姓，但不能改变家支的称谓。在举行较大的仪式时，同属于一支的彝族祖先都要参加，哪怕距离很远也要到场，因为它关系到历史源流问题，通常丧礼或者祭祖等之类的活动场面最壮观。据上面所述的仪式过程可知，在祭坛的四周都是来自参加丧礼的各家支成员，他们以先后分支的次序有序驻扎，并要在这次活动中执行自己的义务、行使自己的职权，共同促使仪式圆满结束。如在进行祭牲畜仪式之前布摩首先念诵祖界人士的名字，这样一代一代往下念诵，实际上，整个过程勾起了人们对于家族内部的族谱记忆。显然，村落彝族家支标志着彝族历史发展的特点，象征着人类繁衍的光辉形象，从众多的家支称谓中可以获知人们的基本状况，深入对家支的分析就可以了解到历史方面的知识。翻开彝族的有关历史就能够获悉彝族迁徙的历史影子。当然，有的家谱由于时间过长，有的内容已无法回忆，如家族成员们忘记了祖辈迁徙的时间及原因等，遇到这种现象，人们不断地建构内容是难免的。正如王明珂先生指出："记忆是一种集体社会行为，人们从社会中得到记忆，也在社会中重构、重组记忆。每一种社会群体皆有其对应的集体记忆，记忆常常是选择性的、扭曲的，因为每个社会群体都有一些特别的历史结构。记忆是建立在历史的基础上，是当前经验合理化的建构。"❶ 总之，在仪式上涉及群体很多，但从仪式行为方式来看，关系越靠近主人家，团聚人群的记忆越真实和亲密，这种亲情不易变化，关系越远，凝聚人群的集体记忆历史范围的选择更宽广，想象的空间更广阔，因而，认同容易随社会情境而变化。

　　二是手工业。从前文内容可知，威宁彝族支系有不同的称呼，其中彝

---

❶　王明珂.羌在汉藏之间[M].北京:中华书局,2008:256.

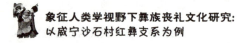
族支系"果"和"红彝"与其他支系有着明显区别的是手工业。这两个彝族支系的名称来源与手工艺有很大的关系。如前文所述，在彝文经书上把红彝支系称为"蜡勾"（彝语），汉译为"铁匠"，他称"红彝"，命名来源于自身独特的手工业——打制农耕工具，如铧口、镰刀、锄头等，并且一直保留至今。通常情况下，只要人们一听到这一支系，首先就会以制作"铧口"这一特色手工业作为区分边界。红彝这一支系的手工业在当今一直保留下来，笔者认为这与当地的生产方式、地理位置有着密切的联系。制作铧口主要是向外销售，人们购买它们作为犁地工具，在本村就有制作铧口出名的禄家，以世代相传，他家的铧口销售区域遍布几个乡镇，甚至有时供不应求，其他乡镇的人还需要提前预订。关于手工业内容的介绍在丧葬仪式上我们也可以发现，如在举行"指路仪式"时，布摩首先念诵祖先名，念完后，接着介绍该支系老一辈传统手工业——打制铁器。长期以来，他们除了在家打制工具外，在集市上也有专门的空间，打制铁器有专门的工具，如大铁炉子、桐木、吹火机等，桐木是穿插在炉火之中的，炉火中间有空气冲入，因此，一边烧火铸造工具，一边用手拉动桐木促使火燃烧更旺，以迅速把铁制品烧红，从而打制成人们需要的工具。仪式上布摩在讲述这一特色手工业时再一次加强了他们的族群认同，同时构成与其他支系区分的标志。

三是图腾物，主要是动、植物及天文图腾。图腾物也是仪式族群认同的内容之一。彝族植物图腾在仪式上有很多内容，如松树、沙树、竹子等。从丧葬仪式的"扎草人"仪式可知，用麦草来扎草人，然后插入竹间，以作为祖先神的象征，一个草人代表一个祖先神，不同方位神代表不同的辈分。宗祠中祖先神灵的媒介物则有竹制的灵牌，即一块写有死者姓名和身份的竹牌用来代表死者受祭。这些植物都是彝族村庄种植的植物，周边其他民族在同样的仪式没有此一类的内容。图腾除了动物、植物外还有天文方面的图腾物，在《彝族源流》第6卷有这样的内容：自哎哺时期起，彝族先民积极探索天象，积累知识，以日、月、星运行定时段，分年月、划季节、制历法等。距今4000多年的时期，彝族先民完全认识和掌握了九大行星和二十八星宿的运行规律。如上文分析灵魂观时提到的：在土葬没有代替火葬时期时，彝人实行火葬，不管堆多少层柴，中间必须留一个空，人处在中间位置，让烟雾直冲上天空，去填补天上掉下来的那颗星，他们认为地上的人死了，天上同样有一颗星消失，因此，在火葬时期，虽然人的肉体不复存在，但是天上的那颗星星就是人的灵魂，古人崇尚"庶民唯星"，即地上的百姓好比天上的星星，一颗星代表一个人，开始时用星星来类比人并分辨其身份角色，后来又认同了雨神及与其紧密相关的雷神，雷是雨的先兆，它能发出轰鸣声响，电闪雷鸣往往引起人们的恐慌。因此，彝族村庄老人们认为，在埋葬人的那天下雨或下雪是最好的，对后人比较吉利，雨或者雪的猛烈程度决定对下代人的吉利程度。因此，以前如果哪一家人举行丧礼在亡灵下葬之前还没下雨，一般有一个小小的求雨仪式，祈求下雨。这些内容不仅表现彝族人灵魂观，同时也体现了彝族人对天文知识的崇拜。显然，社会历史记忆以仪式为媒介不断创造、修整，由一个多元的、易变的综合体构成，在社会生活中不断滋长，加强了族群之间的认同。

四是重视舅家关系而构成的文化记忆。通常情况下，在彝族丧礼仪式上舅舅的礼物种类有特定的规定，如果是家境不好的舅舅，听村子里老人说，在过去至少都要送一只白色毛羊，目前发生了变化，如果买不到绵羊，也可以折扣成钱，同时带上撒拉队，这样一方面也体现了后家的重视；另一方面也增加了仪式活动的气氛。人们常说，树立舅舅形象的同时也是增强外甥的威风。关于在丧葬仪式舅家关系的重视前文有介绍。实际上，彝族对于舅家关系的重视在很多仪式活动中有体现，如小孩3岁剃头发必须邀请舅舅亲自动手，并且给的"手礼"都有明确规定，如桌子、脸盆、帕子等；婚礼也有体现，如果是外甥女出嫁，男方家需要给女方的舅舅相应的财礼和钱，正是通过这种行为方式的规定建构了族群的相互区分。此过程一方面体现了对舅舅的重视；另一方面也体现了送礼这一行为方式是重要的仪式内容之一，告诉我们什么样的亲戚送什么样的礼物，如直系亲属和家族在礼物的赠送上都有一定的差序性，实际上，长时间形成的这种习惯并不是个人随心所欲的，是祖先一代一代往下传的，因而，从某种程度上来说，展现了彝族的传统文化习俗。

五是服饰文化。我们以丧葬仪式的"抬棺"这一环节来看，可以根据服饰判断人们之间的关系。如孝男、孝女包着头帕，帕子圈数比较多，包的方式相对复杂一些，孝帕比较长。关于服装上的规定，经书记载，如：

> 彝家的规定，在场的人们，男孝和女孝全部穿孝衣，麻布做纪腰（腰带），孝媳和孝女，麻布和孝帕头上不包圆，尾要往后拖，本孝也一样，普孝必包圆，所有的内孝，完全穿孝鞋。

显然，这一服饰的差序性表明了一种身份，同时成了内外区分边界的标志。当然，对各支系不同的彝语称呼也建构了服饰的差异，同时也是区分的标志。如东部方言彝语：纳素（黑彝）、吐素（白彝），在人们的心目中，"诺、纳"汉译为"黑"，这种观念在他们的服饰上有表现，如黑彝老人的帕子是黑色的，长衫子上面不绣花纹，颜色相对不鲜艳。在古书上记载，彝族自古以来崇拜黑，在红、黄、蓝、黑、白5色中认为黑象征庄重、稳沉、古朴、百折不挠，表示勤劳勇敢，而且闪耀着富饶与尊贵的含义，实际上，"纳"在彝族口语中的代表范围比较广泛，肥沃的大片土地称"坦纳咪"，一大家族称"坦恩纳"，最大的江河称"纳液"，高贵族称为"稿纳说期"，显然，"纳"不完全意味着黑，而是突出庞大、尊贵的意识观。各支系以相对独立的宅子居住，有各自的称呼，如"纳苏、诺苏、嫩苏、白彝、红彝、干彝"等多种称谓，也有共同的称呼，"呢素"，代表所有的彝族，是彝族的统称，也是彝族的尊称，各支系聚在一起时使用"呢素"的共同称谓象征着彝族各支系之间的团结与和睦。不同服饰不仅在彝族各支系中建构区分，同时在不同民族之中也具有一定的差异。如邻居村庄的苗族亡人除了穿上儿女为其所做的寿衣、寿鞋外，还必须穿上与其他民族相互区别的寿衣，此衣为麻布衣，他们认为要穿上麻布衣才能与祖先相遇。听村人们介绍，虽然如今麻布不多，但是无论如何在亡人身上都要有一块麻布作为标志，并且鞋为草鞋，他们认为，草鞋防滑，能过冰山雪地，苗族的指路歌有这样的内容："那穿缎穿绸的不是你的祖先，那是沙宝，只有那穿麻布衣的才是你的祖先，你要抓住他的衣裙，让他把你带去等。"通常情况下，他们的衣服都用自己栽种的麻布制作而成，特别是女性，无论是裙子和衣服都是用麻编制而成的，鞋子也是麻制成的，在天晴时节，男女都喜欢穿草鞋，下雨天穿雨鞋。可见，各民族在丧礼上对于服饰的选择与他们日常生活中所穿的服饰及由服饰引起的观念文化记忆等因素有着紧密的联系。

六是法器。彝族在丧葬上需要的法器在前文已有介绍，在仪式上选择不同法器构成了民族之间区分的标志。我们以邻居村苗族来说，他们选择的法器与彝族明显不同，苗族在做斋仪式上都要准备一切祭祀专用物体，有钱人有自己的安排，无钱人也有无钱人的安排，苗族做斋时这几样东西是不能少的，如弓弩、拂尘（刺竹作柄，留两节道，一端劈成两瓣，用麻线交错扎于裂缝中，此拂尘供儿女们牵来吊唁哭泣时，拿着它边哭边为父母拂去尘污，相传是亡灵在路过湖泊时，用以驱赶蚊和测量水深之用）、芦笙（与苗族有不可分割的渊源关系，芦笙是表达情感、寄托哀思）、解簸箕等。

七是选择的祭祀品。在丧葬仪式上，村庄彝族人通常以牛、羊、猪为供奉的最佳祭品，并且对所选择的牲畜呈现的毛色尤为重视，牲畜毛色纯与混杂，是人们衡量祭牲好坏的价值尺度，他们认为，用于祭祀的牛、羊、猪毛色是纯的，而毛色混杂的牲畜则不能作为祭祀。在选择牲口的价值标准中，与牲畜毛色同等重要的是牲口的体质，在古人看来，神灵与人一样都喜爱吃美质的肉食，故用于祭神的牲畜必须完好无损且体肥健壮，这样才能尽情地满足神灵的嗜欲，以取信于神灵。"牲口又肥又大"成了人们向神灵表达敬意时使用的一种特定话语，尤其是在祭祖灵时必定选择体肥健壮的牛、羊、猪作为祭品；在食物祭祀方面，通常选择荞麦、玉米等。笔者在调查中获知，他们认为，荞麦是粮食中最早生的，太祖是家族中最原始的，故用荞麦祭太祖最相配，而玉米是粮食中最佳的，太祖是家族中最重要的，所以用玉米来祭太祖最适宜，玉米为五谷之长，祭先祖得用上等

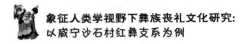
的祭品，反映了人们选用不同种类的祭品来祭神灵具有一定的价值标准。在举行祭祀仪式活动之前，人们还需让布摩检查祭品，只有符合标准的肥牲口才能用于祭祀。宗教祭祀使人们在特定的时间和空间通过祭祀品来向现象中的神灵传递信息，礼品是献给神灵的礼物，属于物化的符号形式。人们供奉祭祀品的象征性饮食行为则是使祭祀品能够顺利地为亡灵所享用。这些祭祀品的选择通常成为他们与其他民族的区别，从而建构了他们的文化认同。当然，随着文化的互融，很多东西成了彼此的借鉴是难免的。

八是仪式场合的差序格局。在仪式上差序性内容很多，在此只列举部分内容说明族群认同而形成区分的这一观点：如上文介绍，在"移棺"环节中，布摩安排孝子把棺材移到灵堂外，人们顺着堂屋绕圈时，牵着毛羊的孝子排在前面，后面是近亲戚和近家族，相对隔着的代数比较远的近亲戚和远亲戚排在后面，其他邻居和朋友排在后面等。排列的秩序这一行为方式是关系远近的象征。通常情况下，人们之间距离的远近关系已经没有引起人们的重视之时，而被这一仪式行为加强了同一族群之间的相互区分，并且族群内部的分支促进了族群内聚力的加固。又如另一例子，仪式中有严格的规定，如"开馆"仪式时，近亲戚、近家族老人需要参加，而其他不要求，他们认为，这是一种必须尽忠的义务，也是一种荣幸，是求得群体接纳的手段。总的来看，这种排他性凝聚了小族群的一种认同感，建构了族群认同的再生产。因此，这些小分支之间的互动强化了每个分支自身的内聚力，就像是坚固的铜豆一样，成为族群的内核，在与其他族群互动的过程中，不易被离散，最终使族群在众多的互动和冲击下得以存续，从而实现了族群认同的再生产。

九是通过立碑的形式表达文化记忆从而加强族群认同。通常情况下，如果经济条件宽裕的人家，为了表达对老一辈的敬重、名望、文化记忆等方面的追求都愿意为老人立碑。笔者在村中听到这样的消息：离沙石村30里远的另外一个村寨一个姓王的人家的碑打得比较好，因而笔者亲自到这个村寨去调查，这个村叫花碑村，此村有两家红彝，姓陈，和红碑村彝族是亲戚，彼此通过联姻的关系构成了亲戚关系。经过调查得知，这家有一个儿子在外地工作很有孝心，为老人立碑，碑面从昭通购买的，在人们的心目中，方圆几十里路来说，这家的碑打得最好。显然，在碑文上把一代一代家族的姓名记载下来有利于家族亲属及家族成员之间的记忆，同时也是一种声望、名望追求的反映。

通过此村丧礼仪式内容发现，人们通过文化来进行不同群体边界的划分是很明显的，正如，王明珂先生在《华夏边缘——历史记忆与族群认同》一文所述，将族群认同当作是主观的认同，并不表示文化毫无意义，他们不是客观划分人群的工具，但的确是人们主观用来划分人群的重要组成部分，并且在族群关系达到紧张时，再细微的差别都会被强化、扩大，通常会被想象。可见，族群的文化特征是人群用来表现主观族群认同的工具。综上所述，个体对整体的一种归属感和认可在群体的相互区分上借助于文化因素建构了群体之间的认同，如通过服饰、姓氏、迁徙、语言等内容。显然，以文化为主的族群之我群与他群的认同意识，即社会成员对自己族群归属的认知和感情依附是族群认同不可回避的重要因素。族群边界不仅是地理边界，更主要是社会边界，他们通过各种文化形式表现彼此边界的划分。

不同民族或同一民族不同支系由于历史及其他相关原因而建构自我认同，但是随着社会的发展，认同随之发生变迁从而缩小了彼此的边界，加强了不同支系及不同民族之间的团结和谐，主要表现在以下几方面。

一是共祖历史。从布摩经书上记载的迁徙路线发现，威宁彝族都是从云南分布过来的，有着共同的祖先——阿普笃慕。有这样的记载，笃慕有6个儿子，居住在昭通，有布家、默家、糯家、恒家、武家、乍家，后来由于人口不断增加，发生了大量的迁徙，其中布默两家迁徙到贵州境内，威宁一带的彝族属于布部家。因此，精通彝文及其历史文化知识的布摩通过仪式这一行为方式向村落人诉说彝族祖先的迁徙地及其祖源，建构了彝族的集体记忆。关于树立同一始祖社会记忆，人们不仅仅通过历史文献彝文经书内容，在当代，通过不同方式表达，如为了打造旅游产业，同时建构同一民族的社会记忆，不同民族采用不同的方式重构、树立共祖意识。如

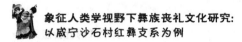

彝族在昭通葡萄井树立彝族祖先阿普笃慕的塑像，于 2011 年 7 月在此处举行彝族共祖阿普笃慕的庆典仪式。可见，通过不同行为方式共建同一民族的社会记忆，对加强民族和谐关系起到了不可忽视的作用。正如王明珂先生所述，传说中的始祖是一个重要的事件，成为一群人重要的集体记忆。古代文献记载的内容或者其他形式都可看作是人群集体记忆的遗存，它们是个人或社会的主观创作及保存下来的。在我们现实生活中，族群认同的产生、群体边界的维持、族群认同的变迁、有关历史记忆的选择都反映在历史研究、精英的言论等领域之中。因此，观察体会一个族群或民族如何通过历史记忆凝聚或改变，一个群体或者社会人群如何借各种媒介来保存与强化各种记忆，将有助于理解历史文献、其他文物及许多民族史料的意义。❶

二是语言。仪式上充当沟通人与神之间媒介的布摩对于村庄其他人来说，掌握彝族历史文化知识和语言文字，因而，他在村落与社会、人与人、族群与族群等认同方面起到了重要的作用。布摩在仪式上把家族、亲属们还有所有参加丧葬仪式的人们聚集起来，翻开经书内容，运用彝语念诵。大家知道，彝族是一个具有自身语言、文字的民族，在历史上就已经用文字写成了很多彝文文献，从目前来看，很多流传于民间。据笔者调查的此村来看，他们请的布摩一般是布摩世家，因而藏书丰富、掌握的知识广。布摩在丧礼上运用同一民族语言向大家传诵，这样就促使了地方社会对自身民族文化的认同，并且彝族不同支系的语言相同，即使其他原因而使自身产生边界，但是同一种语言的使用也建构了本民族的认同，又加强了与其他民族的认同边界。上文介绍，村庄彝族人几乎不管大人小孩都懂彝语，平时在家或者和同一民族相处时都操彝语，除非赶集或者和其他民族相处时或者小孩上学和其他民族相处时操汉语。因而，布摩在仪式场合之中用彝语念诵和群众对于语言的运用也表现了对自己传统文化处理的情况及其官方语言的接受情况，也建构了同一民族不同支系的认同。但是由于一定

---

❶ 王明珂.华夏边缘——历史记忆与族群认同[M].北京:社会科学文献出版社,2006.

历史时期各民族的迁徙，多民族共同居住在同一区域，并且随着社会的发展，各民族之间相互交往频繁，因而，彼此会说对方语言这种现象很普遍，这样，通过语言而建构族群边界认同的方式随之发生变化。

　　总的来看，丧葬仪式一方面加固了该族群认同的凝聚力；另一方面也建构了他们族群边界的进一步划分，从而加大了族群边界认同的再生产。仪式空间表现的内容也是历史内容的再现。空间不是指物质环境的空间，这一空间是社会的空间，注入了该族群的社会结构，通过社会结构的仪式空间看到人们的社会关系，同时空间的关系结构则生成和制约着仪式行动者的空间性行动，从而增强了族群认同。显然，仪式是该群体文化展现的同时，也是族群认同的手段，即仪式通过一系列象征文化体系建立族群的认同机制，成为一种最为直接的边界划分。我们通过仪式这一作为文化原动力的窗户，不仅可以认识该族群的方方面面，如历史形貌的展现等，而且意识到，在族群互动的过程中，文化通过涵化和变迁呈现出来，并不是消失，而且差异依然存在。正如巴斯所述，一个族群的边界，不一定指的是地理的边界，而主要是"社会边界"。在生态性的资源竞争中，一个人群强调特定的文化特征，来限定我群的"边界"以排除他人。在社会文化系统互动过程中，通过变迁和涵化，族群内部相互联系和相互依赖，但文化差异依然存在，因而建构了族群的自我认同。❶

第三节　生态环境的保护

　　仪式与环境的关系在很早时期就有体现，人类最早由于缺乏其他保护方式的力量，通过仪式来控制环境，他们设想周围的环境是由隐藏的力量和超自然的实体控制。❷ 那么礼仪与环境的关系如何体现在具体的仪式之中，从而加强了人的行为与环境之间的紧密联系呢？

----

❶ 弗雷德里克·巴斯.族群与边界——文化差异下的社会组织[M].李丽琴,译.北京:商务印书馆,2014.
❷ 普理查德.努尔人[M].褚建芳,译.北京:华夏出版社,2002:225.

　　首先，以献酒仪式为例。我们知道在上述丧葬仪式过程的介绍中，献酒仪式都几乎贯穿于整个仪式之中。显然，仪式行为的规范、程序是在一定得历史长河之中形成的，其运行有一定的逻辑。通过上述内容可知，献酒在布摩的带领之下，孝子按照一定的社会关系随后献酒，同时念诵《献酒经》，如：

　　"献酒啊献酒，献仪遍天下，高银树、宽金海出现，银树花蓬蓬，金海浪滔滔，含苞花开放，喜看禾苗茂，酿酒从此生。昔日未献酒，仰以观天象，容日不放光，黑漆漆、昏沉沉一片，丛林雾罩掩，石林雾罩遮。先种的果树，结果果不熟。后种的桑树，种桑茧不收。水中养鱼呢，水深鱼不繁。哎哺（氏族称号）女和男，采摘了香花，作曲酿美酒，置于宇宙中。献礼多兴盛，献酒灵验啊。献了酒以后，日月放光辉，星辰齐闪耀，夏秋双丰收。树林雾罩散，石林迷雾开。果树成熟了，献酒灵验啦……"❶

　　显然，丰富的内容展现了献酒礼仪与生态环境之间的关系，有了完美的献酒礼仪之后，无论是天上的日月、地上的生物等万物都复苏了，寒暑调和了，四季分明了，夏秋相互适应了。如上所述的，先种的果树，树上果实都熟了。尼、能两家不闹纠纷了。姑娘们会织布了，小伙子们会打铜鼓了等。这一切都是来自为祖先神灵献酒而来的灵验。

　　其次，风水观。此观念的内容在上文已经介绍，反映了天人合一的思想。彝族人认为，为老一辈选择好的墓地不仅表达对祖先的敬仰之情，同时关系到下一代的发展。显然，举行仪式不仅为人们提供交流机会，更重要的是，仪式文化的展演塑造了个人和集体的道德面貌，为人们从小建立了爱护森林、构建美好家园、尊重老人、热情待人的崇高意识。在丧葬仪式上，人们不仅利用一系列行为方式来展现，同时伴随与仪式对应的特殊而具有旋律调子的祭祀词，如家里出现不吉利的事情，由于你乱砍伐树木、屋基不好之类的语言，使人们感受和意识到保护环境的重要性，坚定人们

---

❶　残存于民间的经书，以手写方式存留，未写编者。

为保护自己的家园而继承发扬这种具有地方性特点仪式的信心，使得仪式
的传承与环境的保护相兼相融。村民在遵守仪式的禁忌与规定的过程中构
建了人与大自然及人与人之间和谐相处的人文生态空间。❶

　　最后，时空观。"在特定时间、空间进行的彝族丧葬仪式有很多例子体
现了人与环境的和谐。在仪式这一特定时空之中有神圣与世俗的划分，有
圣物和禁忌等规则的约束，规定仪式中采用各种神圣树枝，包括竹子、万
年青、墓地旁栽种的树木、山水等。在家边或者其他神圣场域中该选择种
植什么树也有明确规定，如坟墓旁一般栽种白杉、在住宅周围栽种黄杉
等。"❷ 彝族人的生态意识在丧葬仪式的"指路仪式"上也有反映，即布摩
在给亡者指路到达祖界时，沿着彝族迁徙的路线进行指路，对每一地点的
生态环境进行了细致的描述和赞美，如：

　　"那茂密林中，花枝交错，树叶繁茂，枝叶盖地，蔽日掩月树。回到祖
住处，此地树木多，树木青幽幽，师寿常青，实勹兴起斋祭，实逝不解冤，
蕨尖露不干，菁林雾不撤，谷穗不扬花。"❸

　　从指路仪式上看，布摩对每一路线进行描述，站到一处看到另一处，
而且每念诵一个地名，都要对其美丽的景色作细致描述和诉说相关历史故
事，体现彝族人对死亡的意识和对美好生态的向往，如：

　　"到朔恒阻姆，见巴底侯吐；巴底侯吐，鸭翩翩凫水，鹅噗噗凫水；日
月挂高天，巨龙藏参海；天空云彩美，鸽子雁鹤飞；到梧武惹射，见古处
愁惹。在古处愁惹，你到那里后，遍地是毒虫，有虫别害怕；齐形的刺，
密密麻麻得，生在大路上。羊血喂毒虫，毒虫喜盈盈；羊骨赏白狗，白狗
摇尾巴；到了东三月，白雪加白霜，像鹤翅样白，见它寿龄长。回到白云

---

❶ 余舒.象征人类学视野下的彝族丧葬仪式研究——以威宁县浆子林村为例[J].西南民族大学学报
　（人文社会科学版），2011（3）：45.
❷ 余舒.象征人类学视野下的彝族丧葬仪式研究——以威宁县浆子林村为例[J].西南民族大学学报
　（人文社会科学版），2011（3）：45.
❸ 陈长友.彝族指路丛书（贵州卷）[M].成都：四川民族出版社，1997：15,58,68.

间。大地树木多，树木青幽幽，布摩寿常青。坝子石头多，石头硬铮铮。那里有大海，海水浪滔滔。指路指到头，指你到那里，人都这样说。树木长得快，马桑长得快，马桑树长得不高。松树长得慢，松树花絮繁；明火像白马，暗火似白马，火花如流星。"❶

总之，"通过这一祭祀仪式行为的展现一方面提高了人们对于生态保护及其配置资源的认识；另一方面也给人们带来了生存需要，如提供水源、果实及燃料等。可见，仪式不仅是展示社会（集体）力量和唤起集体意识的场所，而且成为人们改造世界文化的窗口。人们可以通过仪式这扇窗口了解生活的方方面面，如民族历史，而且还能够加强人们的历史记忆以规范个人行动。在这种集体活动的场合之中，集体道德意识被重新唤醒或加固，使之指导他们的日常生活。同时，通过仪式的展演使自然环境神圣化，加强了对自然环境的保护；通过仪式的特殊形式和神圣力量来建造一种能够平衡人群与人际关系的生态环境，指明了人类与自然生态的关系。"❷

实际上，彝族人的生态观还体现在其他很多活动之中，如彝族祭山神、祭"蜜枝"、祭龙树等活动以及一些禁忌习俗。以沙石村来说，砍伐树木有很多规定，如砍杂树木时要把中间的树枝留下，带刀斧进山，除了你建盖房屋砍树外，不能乱砍滥伐，坟墓边的树不能砍等。还有保护水的习俗，如上文介绍的离沙石不远的村寨子，彝语称为"仙水院子"，在端午节有抢仙水的习俗。彝族人保护水的意识很强，特别重视山泉、水井、河流对生产生活的作用，如禁止在泉源处洗脸、洗手，更不能洗衣物、洗脚。到人饮水的水潭边喝水，若没有携带盛水器具，要用手捧着喝，不能在里边洗手，他们认为，污染了水质，老天会降下冰雹淹没房屋和庄稼。通常有这样的说法：三十晚上的灯，初一晚上的火，即在大年初一早晨天蒙蒙亮的时候就起来挑水，挑水时在井边或泉边撒上青松叶，心里暗暗地念诵几句祈求水神保佑的话，然后点燃爆竹等习俗。

❶ 余舒,等.从《指路经》探索彝族文化内涵——以威宁《指路经》为例[J].毕节学院学报,2010(2):28.
❷ 余舒.象征人类学视野下的彝族丧葬仪式研究[J].西南民族大学学报(人文社会科学版),2011(3):46.

　　村庄彝族对于居住点的选择都喜欢背靠大山而聚居于山脚底下的开阔地带，村寨背后的山通常被当作神山加以崇拜，崇拜本意在于维护，进而制定具体的禁忌措施加以维护，保持生态平衡，通常情况下禁忌砍伐山上的树，特别是老树，禁止在人们认为神圣的山上开荒或者污染水源，这种对神山的崇拜，无意识地在客观上起到了维护村寨的生态系统平衡的作用及确保村寨的安全。他们认为在村寨背后的山上做人们禁忌的活动都会危害到村寨的安全，很容易造成水土流失而发生泥石流或者滑坡，造成饮水困难等现象产生，每当有这种灾难发生，村民就会怪罪于犯禁者。这种生态观念通过人们对自然的崇拜而表现出来。实际上，这是一种早期的生态观念，但是在经济发展的今天，仍然还在村庄盛行。借助于自然崇拜来维护生态的民族很多，如四川茂县羌族借助于神山育林的习俗，在长期的生产实践中，羌人逐渐意识到森林的重要性，故有护林的习俗，每个羌族附近都有一片树林，称为"神林"，同样认为与风水有关，严禁砍伐，在村寨，每年冬季举行吊狗封山仪式。❶

　　另外，保护生态与人们的生计有很大联系。以沙石村彝族人来说，他们饲养的牲畜主要有黄牛、马、山羊、绵羊、骡子、猪等。对于威宁西北一带，人们喂养这些牲畜是难免的，一方面，通过牲畜可以获取经济收入；另一方面，农耕时可用于犁地、驮运东西等。他们喂养牲畜实行放养，并不是圈养，这样需要大量的草坡，每年4~5月，草场因气温升高、降雨较多，春季萌发各种草种，人们便将牲畜赶到此类草场就食，称为草坡。在改革开放后，实行家庭联产承包责任制，每户人家分得独立的山，每户人家通过多种方式保护山坡，如在山坡上撒草或者保护山上的草和树木，在春天和夏天，牲畜不仅能吃到各类草，还有很多种类的树木叶子可以吃，他们称为"春秋草场"；特别是6月以后，各家的草坡牲畜都可以吃到牧草，牧草品质高，生命力强。树木和草的保护不仅有利于放养牲畜，而且还有很多方面的用处，如在春季孩子们三五成群地到山上去找猪菜（喂猪

---

❶　张桥贵,陈麟书.宗教人类学——云南少数民族原始宗教考察研究[M].成都:四川大学出版社,1993.

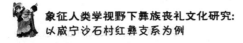
用的菜），到树上去摘树的叶子，孩子们机灵地爬上树，特别是男孩子爬上一般不太粗的小树尖上，两手拽着树尖，往下吊着，这样树尖弯了下来，小孩子们成群地跑过来，急忙往自己的箩筐里摘树叶子。树叶长得比较茂盛，小孩子们不需要多久就能采满他们的箩筐。这样，任务完成之后，大家又开始他们的游戏，玩了一定的时间，大家又哼着歌儿回家。9月底以后，青草枯萎，在这一时期，地里的庄稼已经收割完，人们就用不着用特定的劳动力来管理牲畜，称为放野牲畜的季节，这些牲畜们可以自由地到山里或者土地里，特别是到地里去吃野菜或者吃在地里未被发现的洋芋。有的人家在秋季就撒上"绿肥（一种栽种喂牲畜的植物）"，到了冬天，就可以割秧苗来喂养牲畜。在新中国成立前，地主家专门有人来管治牲畜，保护喂料和放养，处于中农成分的人家，家里通常安排老二在家照料牲畜，通常在彝族人家有这样的习俗，把老二或者老大留在家里守业，他们认为，如果孩子读书将来出去工作，家里没有人守家业，因此，通常都要留一个孩子将来在家守家业，包括树木、土地等财产；新中国成立后，在集体公社时期，有人专门照料一个村的牲畜；改革开放后实行家庭联产承包责任制，很多农民家庭留一个孩子在家帮父母放养牲畜，他们的羊，还有猪、牛等牲畜实行放养，不实行圈养，因而，牲畜的质量比较高。据笔者调查发现，由于此村这样的放养方式，牲畜比较畅销，特别是小猪在没有满双月（小猪最低需要到两个月才能销售）时就被其他很多地方预订，特别是想买小猪喂养过年之用的人家。此地的猪不管是大猪还是小猪由于吃天然的植物和实行放养方式，猪的毛色比较好，变化快，因而，大量的猪都被销售到其他地方，如宣威、水城、昆明等地。显然，由于这种喂养牲畜方式，人们必须对当地的生态环境实行优质保护。

综上所述，通过对村庄彝族人生态环境文化适应类型的初步分析可知，丰富多样的生态环境造就了丰富、复杂的生物多样性，而生活于其中的彝族及其他民族为适应这种多样性便创造和发展了丰富多样的民族文化及生产生活方式，形成了与生态环境和生物多样性相互依存、紧密联系的民族文化多样性。一句话，彝族人所持有的生态观与他们的传统文化是不可分离的，并且与社会生活有着密切的联系。正如有学者所述：生态环境是决定生产方式的因素之一，生产方式影响生活方式，生活方式一经形成固定为传统和习俗便会反作用于生产方式并影响生态环境，这是民族文化体系中生态环境、生产方式与生活方式之间相互联系的一般规律。❶ 概而言之，正因为自然与文化在不同的空间、不同的区域内实现了相互依存、相互适应以至高度融合，才使当地的生态环境多样性、生物多样性和民族文化多样性、资源得以持续发展数千年而延续至今，并且在政府贯彻落实科学发展观、实施可持续发展战略的过程中，从实际出发进行指导，在发挥民族传统生态文化保护和传承方面起到积极的作用。

---

❶ 郭家骥.云南少数民族对生态环境的文化适应类型[J].云南民族大学学报(哲学社会科学版)，2006(2).

第七章　丧葬仪式的变迁内容及其动因

　　将仪式作为探讨社会变迁并非由于仪式是人类学研究的偏好，重要的是它作为一个社会或族群生存状态与生存逻辑的凝聚点而存在，并且处于变化之中，同时也是表现和参与社会文化变迁的重要变量。❶

　　通过对贵州威宁县沙石村丧葬仪式的实地调查发现，在社会发展过程中，人们也在积极建构着自身的文化，导致此现象的原因是多方面的，与政治、经济、文化资源、生态等因素复杂关联。下面分析各种因素如何介入村庄社会生活？对仪式生活产生什么影响及人们为了适应其社会怎样建构着自身文化？笔者认为，对国家意识形态及其他因素对民间社会进入及人们有什么回应等问题的探讨，可以使局部的微观性与整个社会与文化的格局连接起来，并成为认识宏观社会结构不可缺少的环节。总之，对仪式变迁及其动因研究有利于认识与解释社会与文化的历史和现实，而且使研究社会与文化的能力得以增强和对传统文化保护的进一步思考。

　　关于仪式与社会变迁有学者研究过，如美国人类学家格尔兹通过分析一次失败的印尼爪哇社会的传统丧葬仪式揭示了葬礼仪式带来的分裂、混乱与不和谐，原因在于文化模式与社会组织形式的不和谐，二者之间存在着本质的不连续性，正是从这种不连续性中，格尔兹找到了变迁的驱动力，进而指出在大多数社会中，变迁是本质特征而不是反常现象。❷ 国内学者也有此类的相关文章，如王铭铭的《灵验的遗产——围绕一个村神及其仪式

---

❶　郭于华.仪式与社会变迁[M].北京:社会科学文献出版社,2000.
❷　格尔兹.文化的解释[M].纳日碧力戈,等,译.上海:上海人民出版社,1999.

的考察》，通过对一个闽南村庄庙的考察，从而揭示仪式变迁与国家政治权力的互动关系。❶ 当然，还有其他学者也对仪式变迁有分析，但由于各地社会历史背景及其当地社会环境等因素不同，同样的研究对象变迁是不一样的，下面以沙石村丧葬仪式作为着眼点。

变迁是人类社会文化的一种恒常状态，所有社会文化都会经历变迁，如果不变迁，必然发生冲突，如上文所述，格尔兹在研究爪哇丧葬仪式时发现，由于文化模式和社会组织的不和谐而发生了分裂，因此总结变迁是难免的。但是，变迁的动因、方式、结果等随着时间、地点、社会环境、人群的不同有差异。以沙石村来说，据村庄老人及其布摩介绍，如今丧葬仪式与其他仪式相比，场面相对隆重，但过程与以前相比简化多了。新中国成立前，发财的人家请布摩做仪式长达 49 天，64 个过程，祭祀物品等非常丰富；改革开放后，一般 7 天或者 3 天，22 个过程。有一位老人对造成此现象做出这样的解释，如今由于做大仪式的布摩逝世了，即使有钱的人家想做大仪式也找不到能胜任此过程的布摩，再加上村落大多数年轻人外出打工，各家农活都比较重，为了避免举行长时间仪式而影响人们的事情，因此，目前彝族丧葬仪式与早期相比，过程、内容趋于简单化。实际上，仪式变迁与国家政策、生态环境、社会环境、人们的观念等方面有着密切的联系。下面分析以上这些因素在社会转型时期对仪式有什么影响以及仪式为了适应其社会的发展发生了怎样的变化。

首先，仪式与国家。我们知道各民族传统文化在历史长河中都有一些相同的经历。在一定时期，民间祭祀活动被官方认为与儒家相左，儒家则是基于一种现代化了的中国大传统，因而，民间祭祀活动受到破坏。在 20 世纪 50 年代末期到"文化大革命"时期，民间信仰体系被认为是一种迷信，因而受到摧毁。以沙石村彝族为例，当时人们进行的民间祭祀活动受到国家阻止，致使很多祭祀活动发生了变化，人们精神上也深受打击。据说，当时吹唢呐也被视作迷信活动，唱山歌也被认为是粗野的。目前很多

---

❶　郭于华.仪式与社会变迁[M]//王铭铭.灵验的遗产——围绕一个村神及其仪式的考察.北京:社会科学文献出版社,2000:11.

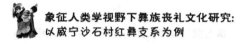
村庄民族语言的消失也与当时实行的政策有密切的关系，笔者在调查中听老人说，在那时候，人们做仪式都是在非常隐蔽的地方完成，很多布摩家里所藏的大部分书籍被烧毁，如今举行各种仪式所用的经书都是后来重新书写的，或者有的是通过很多办法把书籍藏起来并加以保护而流行的，如在地下挖坑，在最底层用干树木叶子，把书放在上面，然后又在上面铺一层干叶子。在党的十一届三中全会以来，随着国家政策的变化，民间活动又重新得到恢复，特别是 20 世纪 80 年代以来，作为旅游发展的地方，为传统文化恢复、发展、再建构提供了机会。如以彝族祭司布摩为例，传统布摩具有多重身份，从宗教职能来看，他是祭司，又是彝族原始宗教礼仪的主持者，是沟通人与神的中介，在古代彝族"君、臣、师"的政权结构中，布摩担任着"师"的职责。彝族最先是把世界归之为有神灵之主宰，在这种思维意识中就逐渐产生了"万物有灵"的神灵观念。无论是为生者求福，还是为死者安葬，祛邪驱鬼、上观天缘、下降地魔、纳祥求福、拜神乞药，都寄托于人神之间作为媒介的布摩身上。通过布摩与神灵交往，祈求一切能平安如愿。在漫长的社会历史演变过程中，布摩成了为彝族社会生活中主持祭祀、占验吉凶、主持盟誓及进行裁判的神灵代表。从目前来看，很多彝区世袭精通彝族文化的布摩逐渐减少，有部分的彝族青年目前在提倡各文化平等、传承优秀民族文化的背景下学习了彝族语言、彝族布摩文化，从而肩负起布摩角色的重任。因而，很多彝区在葬礼上，如果请不到彝族祭司或者没有本民族经书的情况下，多少按照汉族道教式的葬礼来操办。以上过程正如杜赞奇先生所述，"国家政权在竭尽全力摧毁社会文化之时，其建立新的沟通乡村社会的渠道又进展甚微，就只能削弱国家政权对村庄文化控制的力量。[1] 总的来说，人们的行为方式都是与国家的政策保持一致的。

其次，仪式与生态环境。对于丧葬仪式上祭祀的物品来说，据村庄人们介绍，厚葬隆重的仪式在历史上几乎是没有中断的传统，几千年来，人

---

[1] 杜赞奇.文化、权力与国家[M].王福明,译.南京:江苏人民出版社,2010:22.

们曾不断地将宝贵的生产器具、生活用品、大量珠宝，甚至活牲畜等埋入地下，这从考古的丰富历史宝藏物便获知。然而随着时代的变迁，陪葬物的形式、质料发生变化。实物陪葬在现存的民间葬礼中已不占主要部分，取而代之的是一应俱全的祭品，这些祭品除了包括衣、食、住、行所需要的食物外，最引人注目的是那些随时代发展所选择的祭祀物。据目前来看，祭品的选择通常在基于传统历史文化基础上的同时，也随着社会转型而发生变化。在举行祭祀过程中，布摩把灵堂装饰得庄严神圣，目的是使祭祀活动具有浓厚的宗教色彩。祭品作为一种献给神灵的礼物，是宗教信仰者向神灵传递信息、表达思想感情和心理意愿的载体。它们的种类、颜色、质量、大小和生熟状态，往往是指神灵角色的一种符号形态。古人用不同种类的祭品来奉献给不同角色的神灵，这是古人选择祭品的一个重要标准。献祭的物品成为人与神灵联系的中介，在这些物品身上表达着原始人对神的崇拜之情。如当原始人类由狩猎经济向农业与畜牧业经济过渡后，虽然通过打猎所获得的动物作为食物来源的重要性逐渐减弱，但在献祭中以动物为祭物这一点并没有变化，动物依然作为人神沟通的工具。据古书记载，在传统祭祀中，以牛、羊、猪为代表的祭祀品，通常被人们用于祭天、祭地和祭祖宗，成为供奉这些显要神灵的最佳祭品。祭天时首选祭品通常是牛。如在《祭活牲经》祭祀词中记载：

"你是善心人，死后亲戚悲，远亲和近友，大家来送你。大牛和小牛，光满牛圈里，绵羊和山羊，挤满羊圈里。今日送你走，拉条黄牛来，隆重献给你。拉条绵羊来，隆重献给你。六代未领羊，今日你先领。拉头黑猪来，隆重献给你。今日送你走，公鸡献给你，献粮送给你。牛羊和猪鸡，杀来献给你，杀来祭奠你。"❶

为什么同样都是祭祖宗，祭太祖的祭品会有差异？彝族人认为，荞麦是粮食中最早成熟的，太祖在家族中地位最高的，故用荞麦祭太祖最符合；

---

❶ 黄建明，巴莫阿依.中国少数民族原始宗教经籍汇编(毕摩经卷)[M].北京:中央民族大学出版社，2009:568.

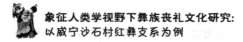
而玉米是粮食中最佳的，太祖是家族中最重要的，所以用玉米来祭太祖最适宜。有的认为，玉米为五谷之长，祭先祖得用上等的祭品，反映了人们在选用不同种类的祭品来祭神灵具有一定的价值标准。在中国传统宗教祭祀活动中，人们对牲口所呈现的毛色尤为重视，牲畜毛色的纯一与混杂，既是人们衡量祭牲好坏的价值尺度，同时也是指涉神灵角色的一种符号形态。古人认为，用于祭祀的牛、羊、猪毛色纯一对于祭祀是很重要的，而毛色混杂的牲畜则不能作为祭祀。在选择牲畜的价值标准中，与牲畜毛色同等重要的是牲口的体质，在古人看来，神灵与人一样都喜爱吃美质的肉食，故用于祭神的牲畜必须完好无损且体肥健壮，这样才能尽情地满足神灵的嗜欲，以取信于神灵。"牲口又肥又大"成了人们向神灵表达敬意时使用的一种特定话语，尤其是在祭祖灵时必定选择体肥健壮的牛、羊、猪作为祭品。到举行祭祀活动时，人们还需让布摩检查祭品，只有符合标准的肥牲口才能用于祭祀。宗教祭祀使人们在特定的时间和空间通过祭祀品来向现象中的神灵传递信息，礼品是献给神灵的礼物，属于物化的符号形式。人们供奉祭祀品的象征性饮食行为则是使祭祀品能够顺利地为亡灵所享用。两者构成沟通人与超自然神灵联系的桥梁，缺少任何一个仪式都达不到祭祀的目的。人神沟通的目的是为了族群情感的需要，也是为了人与亡灵能够协调生活，最终为了活人过上安定幸福的生活。彝族人的心中一直具有这样的想法，亡灵永远存在，只不过生活的空间不同而已。如果他们没有这样的观念，没有一定的意义，为何如此操办呢？所以必定为目的而行。据调查，当地随着地理环境的变化，祭祀物也随之而变化，但是动物祭祀在丧葬仪式祭祀物种还占据着重要的位置。那么发生哪些细微的变化呢？过去用马、牛、羊作为贡品，前几年，人们不断地把过去用来放羊、牛等牲畜的场地开垦出来以种植粮食，就导致了没有宽敞的草场来放养牲畜，牲畜逐渐减少，有的家庭祭祀的牲畜都要去较远的地方去买。目前，国家不断地打造绿色区域，而且很多当地人出去打工，大批土地丢荒因而草木茂盛。目前，喂养牲畜成为当地人每年经济收入的重要来源。葬礼中牲畜祭祀也是重要的消费。当然，在葬礼中很多祭祀内容的变迁是难免的。如以亡人穿的衣服布料来说，过去衣服布料用麻线编制而成，如今很少用土地来栽种麻这种农作物，一方面收入比较低；另一方面，在市场上购买布料也比较方便。显然，环境变化和发展是人类社会变迁的基本前提，例如，前几年过度放牧，草场退化，草畜矛盾日益尖锐，饲养周期长，管理粗放，以防问题严重，近几年采取对陡坡实行退耕还林，荒山秃岭建立人工水土以保持林带等措施。显然，环境为社会的生存和发展提供自然资源与物质条件，影响社会的运行和发展。例如，大规模的自然灾害或气候变化有可能改变人们的居住地点和居住模式；某一地区自然资源的发现和开发会造成人们生活方式的改变等。从前面第二章背景内容可知，沙石村彝族人拥有各自的草坡和山林，生态保护得相对完好，但是对于另一个乡镇大街乡红彝村庄来说，人口过密对环境带来影响，大量的草坡被栽种，致使以前丧葬仪式上利用很多牲畜祭祀以表达厚葬的习俗，如大量的白色毛羊、牛，现在也发生了变化，目前只有条件好的人家花费大量的资金去市场上买牲畜，因而，以前对于财富的象征主要是牛，而目前主要是猪或羊来代替。另外，国家对村庄进行改造时，很多美丽的自然山川消失，这样在祭祀中所用的很多木材都被砍伐。对于沙石村来说，传统文化相对保护得比较好，这显然与生态环境有着密切的关系。从其他村庄的情况来看，此村将来也可能会同其他村庄一样，很多内容会因其环境的变化而变化，这是难免的。正如萨林斯先生所述，文化与自然的相互作用过程中，自然处于优先地位，决定了文化的实践。❶

再次，仪式与涵化。变迁也可以由一个群体强加在另一个群体身上，当两个社会发生特别频繁接触或者不同文化的两个民族频繁而直接接触的时候，其中一个或两个群体原有的文化模式内部会随之发生极大的变化，人们把这种现象称为涵化。对于涵化而引起变迁的研究，很多学者都做过，但是，不同国家由于历史背景及其所处环境的不同，涵化现象是不同的。如威廉·A.哈维兰研究的涵化现象与政治有很大的关系，他认为，一个群

❶ 马歇尔·萨林斯.甜蜜的悲哀[M].王铭铭,胡宗泽,译.北京:生活·读书·新知三联书店,2000.

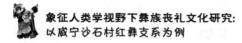
体的文化变迁主要是由于强迫的因素导致，比如在征服中，如果一个群体拒绝另一个群体希望他们做出那种改变，那么他们就会受到含蓄或明确的武力威胁，谁是统治者就强迫屈服者改变其文化，或者两种文化散失了各自的认同也会形成一种单一的文化，就发生了合并和融合。这些现象在西方国家比较突出，如美国的英裔美国人文化熔炉意识形态表达了该层意思。❶ 而对于笔者调查的这些村庄来说，与威廉所述的有些差异，从前面介绍田野点的背景所知，邻居村是汉族和苗族，可见，此区域呈现大杂居、小聚居的居住特点，是一个容有多民族和多元文化的区域，各自都有发挥其文化特点的自由。威宁的很多村庄如同此区域一样，前文已有介绍，长期以来，多民族聚居于此。特别是雍正五年（1727年），由于土官残酷压迫人民，使乌蒙、乌撒等土司管辖之地作为改土归流的范围，土司制度被废除由流官管辖，各地实行流官，因而，大量其他地方的民族迁入威宁，形成今天多民族聚居的格局，主要有汉族、彝族、回族、苗族等，各民族居住呈现大杂居、小聚居的特点，即各自有相对独立的居住空间。从第二章已介绍的背景内容，第一，居住特点。沙石村相邻且冲村、柴目村两个自然村，几乎一个村寨以单一民族的形式居住，主要居住着彝族，且冲村居住着苗族，柴目村居住着汉族，各村寨之间以相对稳定的参照物划分边界，如以河流、大路、山等景物隔开，通常有这样的说法：坡脚、大路上边或者小河边的苗族等；第二，各自保持其自身文化。相对独立的居住空间使他们保持了各自不同的传统文化，具体表现在语言、服饰、宗教信仰、生活习俗、审美、价值观等方面。各村寨之间不仅地理位置相对区隔，文化也有一定的差异性，如傍晚时分各民族唱诵各自的民族歌曲，如苗族唱苗族歌、彝族村寨男女青年对唱彝语歌等；第三，文化互融性。大家毕竟居住在同一区域，文化互融现象是难免的。表现在很多方面：如语言，很多彝族人会说苗语，同时苗族人会说彝语等之类的事情比较常见；宗教信仰，各自在保留自身文化特质的基础上融有其他民族宗教的文化成分，如大多

<hr>

❶ 哈维兰 A.文化人类学(第十版)[M].瞿铁鹏,等,译.上海:上海社会科学院出版社,2006:464.

数彝族信仰的布摩（毕摩、彝族祭司）文化，渗透有其他道教或基督教的成分，汉族信仰的道教文化渗透有彝族布摩文化，苗族信仰的基督教也渗透有其他宗教成分。这种复合文化的形成与它们之间相互的交往是密不可分的，如不同民族在很多活动中大家相互介入，如邻居村庄在周末晚上唱礼拜歌或举行隆重活动，如丧礼、婚礼等仪式活动时，大家都去参加，有的出于好玩，有的出于帮忙等多种原因。显然，不存在威廉所说的谁强谁弱的现象，涵化现象是由于彼此之间取长补短，互相学习，互相借鉴，因而属于不同群体在相互交往中而发生的文化互融。村庄文化互融的现象很多，如多宗教文化互融，如道教、基督教和布摩文化之间文化成分的共融，主要表现在两方面：第一方面，近祖崇拜占主导。在祭祀活动中，近祖崇拜作为祸福所依的崇拜对象，因各种宗教的冲击，以前远祖崇拜现象逐渐转向了近祖崇拜。很多彝族村庄有转魂的说法，彝文送魂经典上没有灵魂转世之说，很多专家认为这种现象与彝族祖先崇拜是不相融的，与后来各种宗教如道教和佛教的轮回观念有很大的联系，目前的近祖崇拜与灵魂的转世说有密切的联系，人们认为，只有尚未转世的近祖对子孙的祸福有很大关系。据笔者调查发现，近祖崇拜已经不是个别彝族村庄的现象，在黔、滇、川有不少彝族地区的信仰也接近于此种形式，因此，在这些地区不仅佛教、道教、基督教的各种观念早已逐步融入，而且基督教也迅速地得到传播，在有的区域基督教已代替了祖先崇拜。但是，总的来看，近祖崇拜在目前仍有很大的生命力。因为，近祖崇拜的主要崇拜对象是与个体家庭尚存在的部分成员有着同甘共苦的亲密关系的直系亲属，特别是祖父母和父母，因而具有特殊的感情，这种感情自然与伦理观念为基础，二者很容易结合，成为一种生命力更强的风俗习惯。显然，从目前来看，这也是其他宗教，特别是基督教在彝区传播的极大障碍，而且即使接受了它们，它也依然有其适当的位置，继续成为社会习惯势力，对人们的精神生活有强大的约束力。第二方面，丧葬葬式的选择方式。从第三章丧葬葬式历程内容可知，彝族丧葬形式从宋代以来大多数记载为火葬形式。从目前来看，

由于迁徙，分布在不同地方的彝族由于历史及其社会环境等背景上的差异
致使各地的彝族在丧葬形式上有所不同，如凉山一带实行火葬，而在黔西
北一带实行的是土葬等。黔西北彝族从宋代以来实行火葬的形式一直流传
到元朝时期大量其他民族迁入的前期，后来由于受到其他民族的影响，彝
族人认为，土葬方式对于后代的祭祀等方面来说比较可取，因而，改变了
丧葬的形式。由于这样的葬式，有很多因素需要考虑，如墓址的选择等，
因此在丧礼上人们注重风水，很多彝族目前也如同汉族一样对于墓葬风水
的选择越来越重视，并且看风水主要是请汉族先生来看，因为布摩一般不
看风水，如果有些布摩看风水，也是从汉族先生那儿借书和其他器具进一
步学习得来的知识。显然，这些变迁是多宗教文化互融引起的文化变迁。

最后，仪式与观念。思想观念是人们对社会存在的认识和价值取向，
具有系统性和稳定性的特点。思想观念属于上层建筑的范畴，受经济基础
制约。思想观念变迁是社会文化变迁过程中人们思想意识形态变化的反
映。在丧礼上人们的观念变迁主要是神圣逐步向世俗的转变。传统自给自
足的自然经济需要稳定的生活方式，人们常常会在过年过节时祭祀天、
地、先祖和其他神灵，祈祷他们保佑风调雨顺，没有旱灾、水灾、虫灾等
自然灾害，秋天有个好收成是他们殷切的希望。长期的农耕生活形成了各
族思维方式直观、朴实的特点。祭祀仪式伴随着人类历史，反映人们的庆
节祈年、贺喜禳灾、祭祖等典礼的一种文化现象。古老仪式伴随原始初民
的劳动生活而产生。因此，由于生产力水平的低下，人们无法改变自然，
所以只有通过一系列仪式向祖先祈祷，求他们保佑，从而过上安稳的生
活。在日常生活中，无论出现什么过错，他们认为是因为没有上贡好祖
先，所以才会发生不吉利的状况。但是，随着社会的发展，人们的这种神
圣观念的追求也逐渐向其他方式过渡，主要表现在以下几方面：第一，社
会舆论。笔者在调查期间遇到了这样的例子：有一位乡村教师为他的父亲
举行了较隆重的祭祀仪式，花了一大笔钱，事后，他向人们诉苦说："我
的孩子多，都在上学，自己收入又不高，为举行这次隆重仪式花了很多

钱，需要几年才能还清债。"据了解，他本人是不愿意铺张的，但是目前村寨在外工作的人家为父母举办的祭祀仪式都比较隆重，如果不这样举行，他的舅家、姑家和父亲的舅家、姑家、邻居、家族等多方面的社会舆论都会给他带来压力。因此，通常情况下，老人不管家里条件如何，举办这种隆重的活动时，都要把远亲戚、远家门、邻居、朋友们招来参加，体现家人为人好，如果办不起就说明下一代没有本事等说法。对于丧葬仪式而言，求孝道是长期以来彝族丧葬礼仪的核心，作为一种心理积淀仍然很深地影响着人们，更多的并不是对神圣的追求。"孝"成了"孝子"们追求的目标，丧礼的隆重与否成为体现"孝"的价值和子女能否光宗耀祖的一个标准。今天，随着农村经济的发展，农民收入有所提高，不仅旧的礼俗逐渐得到恢复，而且丧事的档次和规模也空前提高。第二，娱乐性。笔者在参与丧葬仪式活动中发现，在转丧仪式上，布摩要求参加转丧的每个人至少要转3圈，并且在转到最后一圈时一定要去做一个拉线仪式，线由柴摩（布摩助手）拿着，参加的每个人在作揖时摸线3次，如果转累了也一定要在仪式中等待以参加最后一圈的拉线仪式。笔者在参与转圈的过程中发现，很多参加转丧的年轻人在监督下认真参与完成3圈的转丧任务，但他们并不认为此仪式有多么神圣，大多认为这一活动参加的人多、热闹、好玩。很多老人这样说，农村丧礼仪式非常热闹，不像城市举行的丧葬时间极短，不热闹。从当前举行的丧礼来看，随着经济的发展，仪式活动越来越重要。第三，近祖崇拜。在每一阶段祖先崇拜整体的诸层次之间，往往有一个居于中心地位，形成这一阶段的中心形式，由于各族体的社会环境和自然条件不同，其中心形式的内容是不尽相同的，而且也不是都经历了相同的发展阶段及其中心形式。据彝族史料记载，彝族祖先崇拜经历了以下几种崇拜形式，近祖崇拜是最后一种，它们是图腾女始祖崇拜、母系氏族女性祖先崇拜、以男性祖先为主的父系氏族男女祖先崇拜、以贵族男性祖先为主的村社部落男女祖先崇拜、以宗族长家庭男性祖先为主的宗族男女祖先崇拜、家族男女祖先崇拜、家族男女近祖崇拜。这几种

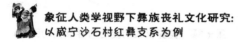

形式的更替反映了祖先崇拜这一中心形式随社会发展变化而变化的规律。历史事实表明，祖先崇拜这一基本形式并不因原始社会的瓦解而消亡，它以新的中心形式适应新的社会基础而继续存在下去，但是新旧两种中心形式，虽然都是祖先崇拜，而其内容和性质是不相同的。在"文化大革命"期间对民间祭祀活动的打击，不允许祭山神、土神等，人们都好像无动于衷，处之泰然，但烧毁灵筒，人们认为是最大的灾难，不能为父母举行送魂仪式，引为终生遗憾，这种观念一直盛行至今，而作为祭祀山神、土神在新中国成立后至今都不经常举行了，唯有祭祖一直坚持到今天，继续保持其隆重性。在节日期间皆献祭，在祖先祭祀仪式上，参加的人几百甚至有的上千，历时几天，宰杀的牲畜数目多，而其他祭祀仪式相对规模小的多。近祖崇拜观念的形成也与社会历史背景有密切联系。在奴隶制度和封建制度阶段，彝族则以宗族为中心的宗族祖先崇拜，例如在明朝水西一带，彝族贵族统治阶级实行宗亲制度，以长子为大宗，其余为小宗，各有自己的领土，大宗管辖小宗，平时祭祖以小宗为单位，在一定时期，各小宗会聚于大宗，祭祀的祖先是贵族阶段宗族的祖先，以此提高凝聚力。明代，土司制度并没有改变宗亲制度的统治关系，是以各宗的首领为土目，从而每一土目管辖一定的区域。到清初，吴三桂对水西和乌撒进军，严重打击了封建领主势力，实行改土归流，这样大量的汉苗人民迁往各地区，清政府没收了土司的土地，彝族和汉族都有了自己的土地，纳粮的方式改变了不再受领主的剥削，作为宗族祖先崇拜的社会基础也就消失了。❶ 另外，以家庭为生产单位的个体经济是近祖崇拜的基础。随着人们获得了土地和人身自由，各个农民家庭有了独立的人格，主要以父子两代和祖孙三代小家庭为共同生产劳动和照顾则成为财富的来源和幸福，财产继承也是在父子或祖孙间进行，三代便成为幸福的根源，这样近祖祭祀成为子孙关心的大事，从而近祖祭祀仪式逐渐居于中心了。

---

❶ 胡庆钧.明清彝族社会史论丛[M].上海:上海人民出版社,1981:37.

结　论

　　彝族丧葬仪式由一系列符号系统组合而成，如上文所述，指路经、劝善经、雨斗经（献祭经）等祭祀词；以道具、服饰等物件；交换等行为方式等。这些符号蕴含丰富的文化意义，渗透社会生活的诸多领域；不同的符号蕴含意义不同，简单符号表达简单意思，复杂的符号涵盖面很广。参与彝族丧葬仪式活动的人们正是通过了解赋予在这些公共符号上的文化意义来表达和交流彼此的观念与情感的。正如吉尔兹所述，各种符号是成体系的，符号作为文化载体表达其意义，符号是影响行为者看待世界、理解世界的，同一文化内部的成员通过这些赋予公共意义的符号交流着自己的世界观、价值观和社会情感。不同文化是不同民族对其所处世界不同理解的产物，因此，要了解一种文化，必须把自己放在该文化的基点上。❶ 笔者对丧葬仪式符号的把握，重要的不是对各种符号分类的把握，而是探索这些符号如何赋予和反映人们的各种观念文化及价值意义何在等方面。沙石村彝族丧葬仪式不仅是传统文化的再现，重要的是随着社会的发展，背后组织形式、动机、情感及其意义发生变化，是不断适应社会环境而进行的礼仪。本书以沙石村彝族丧葬仪式作为研究对象，用实证研究方法深入调查，接近当事人所生活的世界，明白当地文化，结合地方社会知识，与象征人类学的相关理论形成对话，放在文化变迁的大语境中去解读，把一套复杂的意义层次揭示出来，主要目的是从小礼仪透视社会大变迁，从小社

---

❶ 吉尔兹.地方性知识:阐释人类学论文集[M].王海龙,张家瑄,译.北京:中央编译出版社,2004:36-37.

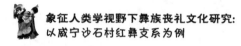
区透视大社会。由于由一套象征体系构成的丧礼所反映的象征意义是人们在谋求生存和发展过程中，内化为对各种自然和人文环境的心理反应与行为规范，或者说是"意识形态化"的结果，所以，对丧葬祭祀词及仪式的考察是理解彝族传统文化和彝族地区现实的需要，为进一步交流搭建平台。

本书通过对沙石村彝族丧葬仪式观念、特点及意义的研究发现，在国家、生态、涵化等因素的推动下，仪式内容、结构、观念等随着社会的发展建构，从而揭示了传统文化与社会的互动。但在以上因素变化的过程中，根深蒂固的文化元素同样渗透到仪式之中，如当前地方上发生灾难时，首先村庄人们会赋予传统文化知识的解释；当人们生病时，他们会认为在祖先祭祀方面做了不道德的事情，或者是不讲究风水等一系列的问题所引起的，显然民众有自己的解释。可见，人们在社会转型过程中不断建构自己文化的同时，遵循着自己文化的核心，争取了文化空间，实现了文化自觉。此文化形态是地方性文化体系经过现代社会文化的渗透、吸收、调适后表现出来的文化形态，而并不是以牺牲传统文化来接受没有任何根基的现代文化样式。正如安东尼·吉登斯所述，现代文化是传统与现代的统一体，并非是人类新发现创造出来的，而是传统文化在现代社会的再度复归、再生产过程，是彼此的交织、相互吸收的文化样式，是多元文化决定了文化的多元。❶ 总之，传统并不完全是静态的，是动态发展的，是继承上一时代文化遗产的基础上再加以创造形成的，在处于特定环境之时，不会抗拒变迁。因此，传统是被发明的和不断被重新改造，是在环境的需要下不断变化和创造的，这正是文化的生命力所在。

---

❶ 吉登斯.现代性的后果[M].田禾,译.南京:译林出版社,2000:33.

参考文献

[1] 威宁县委党史研究室.中国共产党威宁彝族回族苗族自治县历史(第一卷)1934—1978年[M].贵阳:毕节地区求实彩印厂,2007.

[2] 威宁县委党史研究室.中国共产党威宁彝族回族苗族自治县历史(第二卷)1979—2003年[M].贵阳:毕节地区求实彩印厂,2007.

[3] 中国科学院民族研究所贵州少数民族历史调查组.贵州省威宁县法地地区别色园子和东关寨解放前社会调查资料[M].贵阳:中国科学院贵州分院民族研究所,1964.

[4] 威宁彝族回族苗族自治县地方志编纂委员会.威宁彝族回族苗族自治县志[M].贵阳:贵州人民出版社,1994.

[5] 魏治臻.《清实录》彝族史料辑要[M].昆明:云南民族出版社,1986.

[6] 胡庆钧.明清彝族社会史论丛[M].上海:上海人民出版社,1981:37.

[7] 贵州省毕节地区地方志编纂委员会.大定府志[M].北京:中华书局,2000:989.

[8] 陈长友.彝族指路丛书:贵州卷[M].成都:四川民族出版社,1997.

[9] 贵州省毕节地区彝文翻译组.摩史苏[M].贵阳:贵州民族出版社,2001.

[10] 毕节地区民族事务委员会.西南彝志:第三卷—第四卷[M].毕节地区彝族翻译组,译.贵阳:贵州民族出版社,1991.

[11] 毕节地区民族事务委员会.西南彝志:第九卷—第十卷[M].毕节地区彝族翻译组,译.贵阳:贵州民族出版社,1998.

[12] 陈英,等.宇宙人文论[M].北京:民族出版社,1984.

[13] 陈大进.实勺以陡数[M].贵阳:贵州民族出版社,2009:23.

[14] 王子国.彝文字释[M].贵阳:贵州民族出版社,2009.

[15] 贵州毕节地区彝文翻译组.彝文典籍目录[M].成都:四川民族出版社,1994.

[16] 王明贵,王显.彝族源流[M].北京:民族出版社,2005.

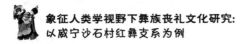
[17] 贵州彝文翻译组,等.彝文金石图录[M].成都:四川民族出版社,2005.

[18] 禄绍康.威宁彝族辞典[M].贵阳:贵州民族出版社,2009.

[19] 鲍伊.宗教人类学导论[M].金泽,何其敏,译.北京:中国人民大学出版社,2004.

[20] 马林诺夫斯基.巫术科学宗教与神话[M].李安宅,译.北京:中国民间文艺出版社,1986.

[21] 马凌诺斯基.文化论[M].费孝通,译.北京:华夏出版社,2002.

[22] 吉登斯.现代性的后果[M].田禾,译.南京:译林出版社,2000:33.

[23] 普里查德.努尔人[M].褚建芳,译.北京:华夏出版社,2002:225.

[24] 布朗.原始社会的结构与功能[M].潘蛟,译.北京:中央民族大学出版社,1999.

[25] 布朗.安德曼岛人[M].梁粤,译.桂林:广西师范大学出版社,2005.

[26] 弗里德曼.中国东南的宗族组织[M].刘晓春,译.上海:上海人民出版社,2000.

[27] 巴纳德.人类学历史与理论[M].王建民,译.北京:华夏出版社,2006.

[28] 弗思.人文类型[M].费孝通,译.北京:商务印书馆,1991:100.

[29] 利奇.缅甸高地诸政治体系[M].杨春宇,周歆红,译.北京:商务印书馆,2010:24-25.

[30] 特纳.象征之林——恩丹布人仪式散论[M].赵玉燕,等,译.北京:商务印书馆2006:7.

[31] 吉尔兹.地方性知识:阐释人类学论文集[M].王海龙,张家瑄,译.北京:中央编译出版社,2004:36-37.

[32] 格尔兹.文化的解释[M].纳日碧力戈,等,译.上海:上海人民出版社,1999.

[33] 萨林斯.甜蜜的悲哀[M].王铭铭,胡宗泽,译.北京:生活·读书·新知三联书店,2000.

[34] 哈维兰 A.文化人类学(第十版)[M].瞿铁鹏,等,译.上海:上海社会科学院出版社,2006:464.

[35] 杜赞奇.文化、权力与国家[M].王福明,译.南京:江苏人民出版社,2010:22.

[36] 杜赞奇.从民族国家拯救历史[M].王宪明,译.北京:社会科学文献出版社,2003.

[37] 本尼迪克特.文化模式[M].王炜,译.北京:社会科学文献出版社,2009:3.

[38] 杨庆堃.中国社会中的宗教[M].范丽珠,等,译.上海:上海人民出版社,2007.

[39] 拉比诺.摩洛哥田野作业反思[M].高丙中,译.北京:商务印书馆,2008.

[40] 马尔库斯,等.作为文化批评的人类学[M].王铭铭,等,译.北京:生活·读书·新知三联书店,1998.

[41] 哈维兰 A.当代人类学[M].王铭铭,等,译.上海:上海人民出版社,1987.

[42] 萨林斯.文化与实践理性[M].赵丙祥,译.上海:上海人民出版社,2002.

[43] 萨林斯.历史之岛[M].蓝达居,等,译.上海:上海人民出版社,2003.

[44] 萨林斯.石器时代经济学[M].张经纬,等,译.北京:生活·读书·新知三联书店,2009.

[45] 康纳顿.社会如何记忆[M].纳日碧力戈,译.上海:上海人民出版社,2001.

[46] 涂尔干.宗教生活的基本形式[M].渠东,汲喆,译.上海:上海人民出版社,2006.

[47] 莫斯.论馈赠——传统社会的交换形式及其功能[M].卢汇,译.北京:中央民族大学出版社,2002:23.

[48] 葛兰言.古代中国的节庆与歌谣[M].赵丙祥,等,译.桂林:广西师范大学出版社,2005.

[49] 杜尔干 E.宗教生活的初级形式[M].林宗锦,彭守义,译.北京:中央民族大学出版社,1999.

[50] 布迪厄,等.实践与反思[M].李猛,等,译.北京:中央编译出版社,1998.

[51] 韦伯.新教伦理与资本主义精神[M].彭强,等,译.西安:陕西师范大学出版社,2002.

[52] 斯特劳斯.忧郁的热带[M].王志明,译.北京:生活·读书·新知三联书店,20005.

[53] 韦伯.社会学的基本概念[M].顾中华,译.桂林:广西师范大学出版社,2005.

[54] 格尔兹.尼加拉:十九世纪巴厘剧场国家[M].赵丙祥,译.上海:上海人民出版社,1999:13.

[55] 勒华拉杜里.蒙塔尤[M].许明龙,马胜利,译.北京:商务印书馆,1997.

[56] 施坚雅.中国农村的市场和社会结构[M].史建云,等,译.北京:中国社会科学出版社,1998.

[57] 王明珂.华夏边缘——历史记忆与族群认同[M].北京:社会科学文献出版社,2006.

[58] 王明珂.羌在汉藏之间[M].北京:中华书局,2008:256.

[59] 费孝通.乡土中国生育制度[M].北京:北京大学出版社,1998:19.

[60] 林耀华.凉山夷家[M].昆明:云南人民出版社,2003:24.

[61] 林耀华.金翼[M].北京:生活·读书·新知三联书店,1991.

[62] 郭于华.仪式与社会变迁[M]//王铭铭.灵验的遗产——围绕一个村神及其仪式的考察.北京:社会科学文献出版社,2000:11.

[63] 王铭铭,等.象征与社会:中国民间文化的探讨[M].天津:天津人民出版社,1997.

[64] 王铭铭.社会人类学与中国研究[M].桂林:广西师范大学出版社,2005.

［65］王铭铭.村落视野中的文化与权力［M］.北京：生活·读书·新知三联书店,1997.

［66］王铭铭.溪村家族——社区、仪式与地方政治［M］.贵阳：贵州人民出版社,2004.

［67］郭于华.仪式与社会变迁［M］.北京：社会科学文献出版社,2000.

［68］彭兆荣.人类学仪式的理论与实践［M］.北京：民族出版社,2007.

［69］徐平.羌族社会——一个古老民族的文化和变迁［M］.北京：中国社会科学出版社,1993：225.

［70］巫达.族群性与族群认同建构［M］.北京：民族出版社,2010.

［71］梁永佳.地域的等级［M］.北京：社会科学文献出版社,2005：51.

［72］舒瑜.微"盐"大义［M］.北京：世界图书出版公司,2010.

［73］巴莫阿依.彝族祖灵信仰研究［M］.成都：四川民族出版社,1994.

［74］王铭铭.理解少数民族哲学——宇宙观研究［M］//中国人类学评论（第10辑）.北京：世界图书出版公司,2009.

［75］张纯德,龙倮贵,朱琚元.彝族原始宗教研究［M］.昆明：云南民族出版社,2008.

［76］师有福,梁红.彝族高甸——聚焦彝族阿哲文化［M］.昆明：云南大学出版社,2006：198.

［77］叶舒宪.文学与人类学——知识全球化时代的文学研究［M］.北京：社会科学文献出版社,2003.

［78］瞿明安,等.中国象征文化［M］.上海：上海人民出版社,2001：7.

［79］瞿明安,等.沟通人神［M］.成都：四川人民出版社,2005.

［80］康来云.中国农民价值观变迁［M］.郑州：河南人民出版社,2008：1.

［81］彭建英.中国古代羁縻政策的演变［M］.北京：中国社会科学出版社,2004：6.

［82］褚建芳.人神之间［M］.北京：社会科学文献出版社,2005.

［83］温春来.从"异域"到"旧疆"——宋至清贵州西北部地区的制度、开发与认同［M］.北京：生活·读书·新知三联书店,2008.

［84］徐祥运.社会学概论［M］.大连：东北财经大学出版社,2005.

［85］曾明,罗曲,等.大凉山美姑彝族民间艺术研究［M］.成都：四川民族出版社,2004.

［86］阎云翔.礼物的流动［M］.李放春,等,译.上海：上海人民出版社,2000.

［87］黄建明,巴莫阿依.中国少数民族原始宗教经籍汇编（毕摩经卷）［M］.北京：中央民族大学出版社,2009：568.

［88］田汝康.芒市边民的摆［M］.昆明：云南人民出版社,2008：87.

[89] 黄应贵.人类学的视野[M].台北:群学出版有限公司,2006.

[90] 冯友兰.中国哲学史[M].上海:华东师范大学出版社,2000.

[91] 马戎.民族社会学[M].北京:北京大学出版社,2004.

[92] 钟敬文.民俗学概论[M].上海:上海文艺出版社,1998.

[93] 刘晓春.仪式与象征的秩序[M].北京:商务印书馆,2004:37.

[94] 卡尔·荣格,等.人类及其象征[M].张举文,荣文库,译.沈阳:辽宁教育出版社,1988.

[95] 韩养民.中国风俗文化学[M].西安:陕西人民教育出版社,1998:93-95.

[96] 易谋远.彝族史要(上下)[M].北京:社会科学文献出版社,2000.

[97] 罗惠翾.宗教的社会功能——几个穆斯林社区的对比调查与研究[D].北京:中央民族大学,2005.

[98] 石开钟.侗族款组织的文化人类学阐释[D].北京:中央民族大学,2007.

[99] 张丽剑."民家情":散杂居背景下的族群认同——湖南桑植白族研究[D].北京:中央民族大学,2007.

[100] 张国云.维吾尔人宗教生活的人类学考察——以扎衮鲁克村为个案[D].北京:中央民族大学,2006.

[101] 陆焱.村落社区的傩仪与象征——以贵池傩为中心[D].北京:中央民族大学,2005.

[102] 杨序.中派村丧葬习俗研究[D].合肥:安徽大学,2010.

[103] 张文娟.合肥农村地区回族丧葬仪式的文化研究——以南岗镇瓦屋村为例[D].合肥:安徽大学,2010.

[104] 郑震.空间:一个社会学的概念[J].社会学研究,2010(5).

[105] 李永祥.彝族的疾病观念与传统疗法——对云南赫查莫村及其周边的个案研究[J].民族研究,2009(4):45-54.

[106] 蔡华,张可佳.民族学视野下的义诺彝族"吉觉"仪式[J].民族研究,2010(3):39.

[107] 何星亮.象征的类型[J].民族研究,2003(1):43.

[108] 马翀炜,潘春梅.仪式嬗变与妇女角色——元阳县箐口村哈尼族"苦扎扎"仪式的人类学考察[J].民族研究,2007(5):38-45.

[109] 郑宇.箐口村哈尼族丧礼献祭礼物的象征性交换[J].民族研究,2009(4):58.

[110] 郝瑞.再谈"民族"与"族群"——回应李绍民教授[J].民族研究,2002(6).

[111] 瞿明安.论象征的基本特征[J].民族研究,2007(5):63.

[112] 温春香.祖先何在:人类学视野下的坟墓风水观之争[J].民俗研究,2010(2):95-96.

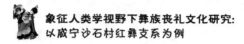

[113] 彭兆荣,路芳.阿细密枝山祭祀仪式与生态和谐——以云南省弥勒县西一镇红万村为例[J].广西民族研究,2009(3):71-72.

[114] 郭家骥.云南少数民族对生态环境的文化适应类型[J].云南民族大学学报(哲学社会科学版),2006(2):15.

[115] 杨甫旺.彝族火葬文化初探[J].云南师范大学学报,2000(6):67.

[116] 弗里德里克·巴斯.族群与边界[J].高崇,等,译.广西民族学院学报(哲学社会科学版),1999(1):16-17.

[117] 彭文斌,郭建勋.人类学仪式研究的理论学派述论[J].民族学刊,2010(2):15.

[118] 东人达.乌撒彝族土司研究[J].贵州民族研究,2010(6):116-121.

[119] 卢义.民族概念的理论探讨[J].云南民族大学学报(哲学社会科学版),2006(4):25.

[120] 张文香.羁縻政策与民族区域自治制度——从中央与地方关系的视角[J].中央民族大学学报,2010(3):12.

[121] 马史火.凉山彝族祖先崇拜与厚葬习俗对社会发展的消极影响及对策[J].西南民族学院学报,2000(S3):53.

[122] 谭志满.从祭祀到生活——对土家族撒尔嗬仪式变迁的宗教人类学考察[J].西南民族大学学报,2009(10):77.

[123] 余舒.象征人类学视野下的彝族丧葬仪式研究——以威宁县浆子林村为例[J].西南民族大学学报,2011(3).

[124] 赵孟雄,杨鸿荣.纳西族丧葬仪式变迁及文化象征意义分析[J].思想战线,2010(36):2.

[125] 费孝通.云南大理历史文物的初步察访[J].考古,1957(3).

[126] 王铭铭.仪式的研究与社会理论的"混合观"[J].西北民族研究,2010(2):16.

[127] 王继超.彝族古乌撒地区的职业社区制探析[J].毕节学院学报,2006(1):13.

[128] 黄卫华,陈燕英.毕节地区彝族土司历史文化研究导论[J].毕节学院学报,2010(10):24-28.

后　记

　　一直以来，仪式是民族学、人类学学科研究社会的重要领域之一。此研究对仪式的研究并不是孤立研究仪式，而是结合民族学、人类学的整体研究方法，把彝族红彝支系的丧葬礼仪放在具体社会空间、社会时间等视阈下而进行的研究。此研究目的不是把红彝丧礼与其他彝族支系的丧礼作差异性、共同性的比较。笔者认为，很多比较是没有意义的。笔者在调查时发现，同一支系在不同区域乃至在同一区域的同一支系，它们的丧礼都会有差异性。而不同支系由于社会环境、人们的观念变化，乃至不同民族的葬礼也有趋同现象。因此，在比较时如果仅仅考虑到不同支系或者是同一区域单一民族或是单一文化背景下比较随之而得出结论是不完整的，而且是站不住脚的。因此，本书目的并不是比较，而主旨在前文有介绍。选沙石村红彝支系作为调查点一方面出于该区域该族群的传统文化保留得相对完整；另一方面出于其文化在社会变迁视野下得到了动态传承等特点所致，在正文中已有赘述。总的来说，此成果受到象征人类学、阐释人类学等学派理论思想影响，如"仪式是人们社会生活的反映"等思想。从目前来看，在社会变迁大背景下，对单一文化背景个案的研究并不能够理解及解决在社会变迁、全球化大背景下很多族群或民族的动态社会生活。因此，在本书完成之际，笔者由此而引发了很多思考，特别在当今经济、文化全球化背景之下，对于礼仪研究仅仅停留在单一村落、单一文化背景下的族群或者民族的研究，对动态了解该群体或该区域显然有其局限性。当

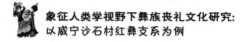

然，引起上述思考是建立在此成果认真研究基础上而引发的。正如有的学者指出，大范围、大视野研究是建立在个案充分研究的基础之上。因此，本书为我今后的进一步研究及思考做了铺垫。此书内容虽然选择一个村寨，但对其研究视野并不仅此而已，考察村寨并不是建立在静态、单一视角下，而是采取鸟瞰式等研究方法。总之，对威宁沙石村彝族村寨考察必然离不开对整个彝族社会文化、区域社会文化、区域史等背景知识的了解。因此，由点而引发的面，由面而结合点的考察方法都是本文不可缺乏的。相关领域的专家对此成果也做了认真评述，部分专家的评述内容如下：

一、贵州民族大学陈世军教授的评述：彝族丧葬礼俗历史悠久，但由于支系繁多、迁徙频繁，各地各支系的彝族丧葬礼俗在历史长河中受历史发展、社会变迁、彼此之间的相互影响等因素所致。因此，可以说，彝族各支系的丧葬习俗存在一定的差异，但总的来说彝族祖先崇拜是其中最核心的。本书以贵州省威宁县沙石村红彝支系的丧葬习俗为个案，结合彝族历史、生产、生活及文化习俗分析了彝族丧葬习俗文化在其产生、形成过程中的一些变化成因，较为全面、细致、系统、深刻地反映了红彝支系的丧葬习俗文化。同时，在红彝支系丧葬习俗文化的解析过程中指出了彝族在社会历史长河中的宇宙观、人生观、价值观等观点并做出了较为详细的分析。另外，文章也对彝族丧葬习俗文化的差异性和互融性做了较为深刻的阐述。总之，全书无论是在理论上还是在数据上及在说理、解析等方面都较有特点，如分析、论证也都比较到位，层次清楚，观点新颖，语言流畅，文字使用娴熟，逻辑严密，论证合理，论据充分翔实，而且无政治上的错误，是一篇较为优秀的成果。

二、贵州民族大学柳远超教授的评述：丧葬礼仪是积淀一个民族文化最多的习俗，可以直接反映出一个民族的宗教信仰、哲学思想、伦理道德、文学艺术、政治制度、社会结构、历史变迁等多方面的文化内涵。该课题选择彝族丧葬礼俗作为研究对象，应用人类学理论对贵州威宁沙石村彝族丧葬习俗进行较为详细的解读。全书根据实际田野调查，系统介绍选择点的文化背景和该点彝族丧葬礼仪全过程；分析研究彝族丧葬文化的象征意义，提出丧葬习俗反映了古代彝族的宇宙观、时空观、价值观、灵魂观、生死观、道德伦理观等独到见解；分析归纳出彝族丧葬礼俗有集体性、差序性、秩序性、环境适应性、文化互融性等特点；最后总结丧礼礼俗的现代价值。该成果运用西方文化人类学理论和本土文化知识相结合，文献梳理与实地调查相结合分析了彝族丧葬文化，研究方法上有一定的创新性。但是在理论方法和他人观点与自己的观点之间的逻辑联结相对简略，应该再详细些，另外有的丧葬意义可再挖掘。

　　三、贵州工程技术学院黄卫华教授的评述：此评述结合研究内容、研究意义、研究方法等方面。第一方面，研究内容。彝族丧葬礼俗内容丰富、过程复杂。红彝举行的丧礼如同其他彝族支系一样，比较隆重。传统文化保留得相对完整，如出生礼仪、成人礼仪、婚俗、丧礼等。各种礼仪活动内容与自身所处的社会环境相适应。该成果选取威宁沙石村红彝的丧葬仪式为个案，其过程丰富，如扎草人、搓草绳、献祭（系绸著布）、移棺（果抖布）、杀祭牲（角搜布）、指路（握么素布）、洁净祭牲、孝子贡饭、扎灵牌（弄塞使布）、送布摩神、悔过、除邪恶、雨斗（机吼布）、告别、招魂（窝硕口布）、封赠（油眯布）、总结（五其布）等。虽然他们在过程上与当地的其他彝族支系相同，但是在社会生活中由于自身历史文化的差异，因而有其自身特点。其自身特点建构了社区文化和而不同、各美其美的生动缩影。第二方面，研究意义。本项目对丧礼的研究并不是对其进行简单描述，而是建立在社会变迁视野下结合地方知识、与象征人类学的相关仪式理论进行对话等基础上对村庄丧礼习俗背后的象征特点、观念文化、价值意义等方面进行研究。此研究从学术理论的角度来讲丰富了仪式理论。纵观仪式理论研究来看，很多西方学者对仪式的研究着眼于没有国家、文字的部落，形成西方社会仪式理论，而中国社会和中华文明的历史有自身特点，这就使仪式理论应用于中国应是一个本土化的要求。从现实意义来

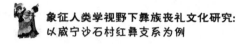
看，对于民族传统文化的保护和传承提供反思及促进了各民族、各族群间的相互理解。第三方面，研究方法。本书主要采用了民族学、人类学、历史学、文学等跨学科、文献收集整理、参与观察法、深描等研究方法。创新之处，从选题的角度来说，关注到以前的学者们没有关注到的人口较少红彝群体的丧礼为着眼点；另外，理论与实践相结合，在田野基础上与象征人类学的相关理论相对话；还有研究视野：该成果动态性地研究了彝族丧礼文化与社会的互动。最后提出了修改意见：本篇论文建议在此研究的基础上，可以再加大历史知识的挖掘、多学科的视野、对丧礼的文化意义进行更深层次的挖掘。

四、贵州民族大学王子尧教授的评述：这部《象征人类学视野下彝族丧礼文化研究——以威宁沙石村红彝支系为例》成果已将威宁沙石村彝族的丧礼文化做了一番认真梳理、研究解读、释义。可以毫不夸张地说，这是一部彝学丧礼文化基础学科研究中至今为止的一部长篇研究专著。它标志着彝学丧礼文化在今后的学科领域研究中将会更上一个新的台阶，是彝族人在不断适应社会环境的过程中进行的一部礼仪文化习俗，是承载该民族传统丧礼文化及社会文化的丧葬习俗之一。它包含丰富的象征符号系统，如指路经、劝善经、雨斗经（献祭经）符号；道具、服饰等物件；祭祀等行为方式。这些象征符号系统文化内涵丰富，是该村彝族人社会生活的真实写照。该书选取威宁沙石村彝族丧葬仪式为研究视角，在深入了解彝族的深层次丧礼文化的基础上，阐释了在社会变迁背景下的彝族丧葬仪式象征符号系统如何反映人们的文化观念、特点、价值等意义及仪式反映内容如何与人们的社会生活相互联系等问题。此成果的研究方法与创新和突破及其表现：简要地梳理此区域背景与历史境遇的概貌为丧礼文化研究做铺垫。在介绍威宁沙石村这一空间文化面貌时不仅关注了现实，同时还梳理了此现象形成的历史原因，如民族居住格局、相对稳定的社会网络关系如何形成等，也进一步指出了当今地方社会文化并不是凭空产生的，而是传统与现代生活的积淀等。该成果的创新突出特色、理论新颖、方法创新、逻辑严密、科学规范。该成果的学风是认真梳理研究彝族丧葬葬式历程和彝族丧葬仪式过程。由于同一民族迁徙、历史背景等方面不同致使丧葬葬式存在的差异，书中主要对两种葬式，如土葬和火葬进行简单介绍，随后结合时间顺序、人们的观念、历史及其地方文化知识对威宁沙石村彝族丧葬仪式个案进行描述，发威正义、建立在变迁视野下进行的动态性研究，在彝学丧礼的研究上属首创。文风复合学术规范的，是不存在知识产权的争议问题。该成果学术价值、应用价值或社会影响如何等。该成果结合地方知识针对性地阐释了上述梳理的丧葬过程所蕴含的文化意义，如观念文化、特点及价值意义等，在阐述其文化意义时不仅关注丧葬仪式文化的本身，同时还注重了仪式内容如何与历史内涵、人们的社会生活发生互动等，如在分析仪式社会价值意义时，不仅关注葬式礼仪文化所包含的文化记忆内容，同时也关注人们为唤起大家的记忆而无法记忆其传统文化时，所采取什么样的方式来进行建构等现象。分析在社会变迁背景下为了适应社会的发展，丧葬仪式在遵循其核心文化的同时，如何随着国家政策、涵化、观念等因素的推动下不断发生变迁。在分析仪式本身内容、社会结构、观念等因素的变迁时，并不是孤立地看待仪式的本身，而是结合地方历史、社会文化等因素进行阐释。该成果通过基于在社会变迁背景下结合地方知识对包含着丰富象征符号系统的威宁沙石村红彝丧葬礼俗的文化观念、特点、社会意义、变迁、社会影响等深入完整的考察得出结论：在社会变迁的背景下，人们为了适应社会的发展不断保持其核心文化内容的同时不断地建构着自身文化，因此，传统文化并不是静止的，是动态发展的，随着社会的发展而发生变化，揭示了传统文化与社会的互动。总之，对威宁沙石村丧葬礼仪的研究不仅有利于人类学相关理论知识与社会实践的结合，理论的验证和支持，而且对传统文化的传承与保护提供一定的参考，对宏观研究是一种必要的补充；该成果的学术价值为人们研究彝族丧葬仪式提供了丰富、系统、翔实、可靠、可信、可用的史料依据。如果说这部《象征人类学视野下彝族丧礼文化研究——以威宁沙石村红彝支

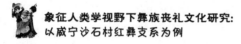
系为例》成果有什么欠缺和不足的话，那就是彝族丧礼文化的理论部分尚待更加深入细化研究。该研究提高的空间很大，希望在彝族丧礼文化研究的基础上还需要深入细化，再做一些系列性的考释与研究论证。彝族丧葬礼俗文化研究是长期争论不休的问题；彝族进入古代文明的丧葬礼俗时间，彝族古代历史丧葬礼俗文化断代分期及其历史年代中的丧礼文化学说标尺、丧葬礼俗历史时间界标等问题一直都在争鸣，不过争鸣，越争越明。

在此非常感谢以上专家提出的宝贵意见，在他们提出的建议中，在此成果中没有渗透的内容，笔者在今后的继续研究中将会逐步渗透、逐步弥补。

致　谢

在成书之际，回顾多年学习和工作生活，使我领略到学术殿堂的美丽动人之处的同时，感恩是心中最强烈的感情。

第一，要特别感谢我的导师沙马拉毅教授，是他给了我进一步学习深造的机会。此书是在博士论文的基础上修改而成，在撰写过程中得到了导师的悉心指导，回首读博3年的日日夜夜，我越发体会到导师在学术道路跋涉的艰辛和循循善诱的学者风范，是他一路上的教导使我走上了并且喜欢上了学术研究的道路。清楚地记得，无论是在课堂教学还是在社会生活之中都教育我们如何做人、如何做研究、如何从研究中找到乐趣等。在论文的选题、提纲、调查计划到行文动笔无不凝聚着老师的心血。老师经常教导我们，做学问和做人是密不可分的，做人要踏实，持着认真负责的态度去对待；做学问也是一样的，要以严谨的态度对待学术，要慎重对待和运用好需要的资料，讨论具体问题还需要深化，观点也需要商讨；唯有这种严谨的做人、做学问的精神才经得起考验。还有，在此还要感谢师母孙国英教授，她不仅关心我的学习，还关心我的生活等方面。师母的贤惠、为人善良的品格也深深地感染了我。

第二，在此还要感谢西南民族大学浓郁的民族风情对我的熏陶，使我深深体会到民族文化的魅力所在。清楚地记得，每个星期五、星期六多民族的民族舞曲都会在地理位置处于中心、环境优美的西南民族大学老校区的操场上响起。无论是哪个民族的同学都可以参与其中、乐于其中，主场舞曲有彝族舞、新疆舞、藏族舞等。同学们经历了一周忙碌的学习生活之

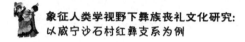
后，在周末参加歌舞锻炼，一方面，身心得到了尽情的放松、学习到了各民族的歌舞；另一方面，还借此机会认识到不同系乃至同一学校或其他学校的同学，进而扩展了同学们的交往圈。当然，还有很多民族活动，如很多民族的节日也在学校得到了施展，如彝族节、回族节、维吾尔族节等。通常在特定民族的特定时期，该民族的老师、同学乃至相关的院系都会参加隆重的活动。如以彝族年为例，时间通常是农历 10 月、阳历 12 月进行，在这一天，彝族师生都会参加各种活动，如歌舞表演、摔跤等，还有丰富的彝族餐，如由原生态荞子做的荞粑粑、坨坨肉、彝族酒等。在这期间，通常会举行有关的彝学研讨会，各界研究彝学的专家齐聚一堂，共同讨论彝学学科、彝族社会文化的发展等问题。当然，民族文化活动不仅仅是上述这些，还有很多丰富多彩的民族活动。总之，校园丰富的民族文化活动无意识地增强了少数民族的文化自信和自觉意识，增强文化记忆，同时也为民族文化的传承和发展提供了动态的保护平台。以笔者为例，从小生活在民族文化丰富的民族村寨，受到多年的汉文化、西方文化的教育后，又再次进入少数民族文化丰富的场域中时，儿时经历的丰富民族文化、活动，如家乡彝族、苗族、蔡族的原生态服饰、歌舞、语言、节日、饮食、观念等文化记忆又反映再次复入眼帘。这些丰富的民族文化在今天称作民族文化宝贝，在经历了多年西方话语的现代化建设之下，很多丰富的民族文化家园逐渐离我们远去。因此，民族文化如何动态性地与我们社会生活的结合问题显然是当今需要考虑的重要问题之一。这个问题也是本书研究的重要缘由所在。

第三，也要特别感谢我的导师昂自明教授。笔者对礼仪的关注从硕士阶段就已开始，从那时就在昂老师的指导下关注了这一领域，只是关注的视野有所区别。昂老师的严谨治学态度也感染了我，清楚地记得对我的硕士论文的认真修改态度，如对标点符号、词、句子、逻辑等方面都进行了反复的修改，一次次对我论文提纲的反复提炼、一次次对田野调查的精益求精等方面的严肃要求都无不影响着我。

第四，还要特别感谢各位老师的帮助和指导。如攻读博士阶段时给我们授课的张建时、杨正文、蔡华、罗庆春、朱建新、秦和平、彭文斌、张原、汤芸等老师认真、细心的授课使我学习了民族学、人类学的相关理论和方法，是你们的教导使我学会怎样思考问题，怎样扩大知识视野以丰富自己的理论与实践相结合的经验。其中还有在西南民族大学民族研究院工作的卢秀敏老师也凭着自己多年严谨治学的学习方法和理论知识指导了我，当我在撰写各种论文遇到各种相关的问题时多次向她请教，她经常以平和、认真的态度给我相关建议和意见，还提供了很多参考资料，给我很多鼓励和支持。还要特别感谢引入我进入民族文化研究领域的云南民族大学卢义教授，在攻读硕士期间，卢教授和他的爱人在学习、生活等方面都给了我无微不至的关怀。还要感谢在撰写过程中很多相关领域的专家学者的关心和帮助，如白兴发、嘉日姆几、普驰达灵、李文华、李相兴、王正贤、陈世军、阿余体日、王继超、陈大进、王子国、王子尧、王明贵、柳远超、陈英、黄卫华、罗德贤、李新秀、吴雪瑞、禄玉萍、吴勰、马辉、罗紫元、沈小玲等老师。

第五，还要感谢和我同系的各位老师一直以来对我的关心和帮助，促使本书顺利完成，如何茂莉、刘峰、杨军昌、张晓、曹端波、杨志强、梅其军、李传兵、尤小菊、闫玉、于衍学等老师。他们的严谨治学精神、浓郁的学术氛围深深地感染了我，他们在学习、工作及社会生活中对我的关心和指导等都使我在此工作环境中找到了从事教学和科研的乐趣。还有感谢读博期间的师兄、师姐、师妹和同学，如毛艳、吴桃、王成平、李金发、叶宏、吉木哈学、罗艳、杨晋熙、王美英、王俊、高文、阿贵、才华多旦、刘星等同学的关心和帮助，和你们的聊天拜谈使我感受到了学习生活、学术研究的快乐。

第六，本书在撰写过程中得到教育部人文社会科学研究项目资金、贵州大学民族学重点学科群建设项目的资助。正因为有了这些资金的资助才得以使我的田野调查等方面顺利开展，在此也非常感谢。同时还要感谢在调查中为我提供资料的，如威宁县档案馆、威宁县民族宗教古籍办、威宁县雪山镇镇政府等部门。特别是感谢威宁民宗局古籍办翻译的李安林研究

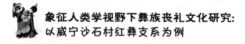

员、雪山镇镇政府的禄镇长、雪山镇的王主任等为我提供了很多相关资料，还有白摩村、沙石村等父老乡亲们对我的关心和帮助。

第七，还要特别感谢我的家人的支持和帮助。此成果的完成离不开他们的鼓励和支持，如我的妈妈——金佳芝、爸爸——余永吉为我翻译古彝语、苗语，耐心讲解村庄史、陪同调查等方面。还有我的姐弟，如余鹤、余静、余光亮的支持、鼓励，在我撰写过程中有什么疑难或者遇到的烦恼事情，他们都会耐心地听我倾诉、分析、找出解决办法的方案，在此也非常感谢。还有在田野调查和修改过程中得到了家人吴金航的热心帮助，尽管他在读博期间比较繁忙，还抽出时间给我修改，并提出建议等。还有我叔叔的女儿——余丽丹对此文的修改也做了不少工作。

第八，还要特别感谢的是贵州大学历史与民族文化学院现任的各位领导，如张清院长、李开学书记、何茂利副院长、陈勇主任等。你们为这套丛书的出版工作做出了很多努力。

第九，感谢知识产权出版社的王辉编辑，他作为本书的责任编辑，对书稿做了大量的编排和校对工作，在此非常感谢。

综上所述，这本书凝聚了众多仁人志士的心血，是大家的共同努力才使本书得以问世。无论是文字的表达、理论与实践等方面，本书都显得有些稚嫩，还存在许多不足之处。我衷心地希望各位读者给予批评指正，那将是对我莫大的鼓励和鞭策。